LE MYSTÈRE FREUD

Psychanalyse et violence familiale

Maurice Hurni et Giovanna Stoll

LE MYSTÈRE FREUD

Psychanalyse et violence familiale

Essai

L'Harmattan

Des mêmes auteurs

La haine de l'amour - La perversion du lien,
L'Harmattan, 1996.

Saccages psychiques au quotidien - Perversion narcissique dans les familles, L'Harmattan, 2002.

5-7, rue de l'Ecole-Polytechnique, 75005 Paris

http://www.harmattan.fr
diffusion.harmattan@wanadoo.fr

ISBN : 978-2-343-02296-3
EAN : 9782343022963

À Pierre-André Gloor

INTRODUCTION

Au gré des années, il apparaît de plus en plus clairement que les travaux de Paul-Claude Racamier ont marqué une avancée décisive dans le développement de la psychanalyse.

Ses élaborations étaient novatrices à plus d'un titre. En premier lieu, par la compréhension qu'elles autorisaient des *pathologies sévères*, psychotiques puis perverses. Avant Racamier, ces affections avaient été ségréguées hors du champ de la psychanalyse ou dans un domaine très marginal, l'intérêt restant obstinément focalisé sur la névrose et sa cure type. En réalité, on s'aperçoit que la pathologie névrotique est, aujourd'hui du moins, peu fréquente, alors que la majorité de nos patients relève au contraire de ces dysfonctionnements plus profonds.

Ses recherches sur la psychose ont aussi amené Paul-Claude Racamier à prendre en compte la *famille*, autre point révolutionnaire naguère, encore largement méconnu aujourd'hui. Intégrant avec brio les notions précieuses comme la disqualification ou le paradoxe, élaborées par les thérapeutes dits systémistes, se tenant en revanche à l'écart de leur vision parfois trop défensive, quasiment mathématique, c'est principalement sur les *relations* qu'il porte son attention – domaine que Freud avait délaissé. Dans cette optique, les patients apparaissent non isolément, mais au contraire comme captifs d'un réseau de relations, passées ou actuelles, qui les perturbent dans leur vie.

La conception même de la pathologie psychique s'en trouve profondément remaniée : il ne s'agit plus de tel ou tel individu qui manifeste des symptômes dont l'origine est à rechercher uniquement dans l'inconscient, mais bien d'un groupe de personnes dont les désirs, les troubles ou les conflits s'entrelacent. Racamier comprend qu'au sein de ces familles, ces problématiques s'emboîtent les unes dans les autres, qu'il est vain de ne prendre en compte que les symptômes d'un seul individu. Ce genre de pathologie doit être appréciée en fonction *d'au moins deux personnes :* l'une, qu'on peut appeler le « porteur sain » ou le « malade ignoré », qui induit la maladie ; l'autre le « porte-faix », qui l'endosse et l'exprime. Cette découverte essentielle amène Racamier à élaborer un feu d'artifice de concepts, en vue d'expliciter les multiples modalités de cette exportation de la pathologie d'une personne sur une autre.

Il met alors en forme les diverses voies de cette éviction, les stratagèmes auxquels elle recourt ; c'est ainsi qu'il va aboutir au concept de *perversion narcissique*, qui peut être compris comme un *mode d'existence* au détriment de celles des autres.

Finalement, il ne peut faire autrement que de se confronter à une notion évidente mais souvent mal abordée par la psychanalyse jusque-là : la *violence*. Violence réciproque chez les conjoints que lie une relation perverse ; violence abusive, autrement dit préjudiciable, lorsqu'elle s'exerce à l'encontre d'un enfant. Physique, sexuelle ou morale, cette violence s'organise au sein de certaines familles selon une dynamique que Racamier a appelée *l'incestualité*[1]. Il s'agit d'une forme perverse de dynamique relationnelle groupale, et ses derniers travaux amèneront même Paul-Claude Racamier à réfléchir à son application à certaines organisations (des institutions par exemple) ou à la *société* dans son ensemble.

Ce bref survol ne rend qu'incomplètement compte du génie et du courage de cet analyste hors du commun. Nous avons, pour notre part, essayé de suivre ses traces et, surtout, de poursuivre ses travaux, notamment sur l'incestualité et les relations perverses au sein des familles. Ce qui n'alla pas sans susciter d'importantes réticences. Non chez les patients, au contraire reconnaissants de trouver des interlocuteurs qui ne les renvoyaient pas uniquement à leur propre conflictualité interne ni

[1] Le concept et l'adjectif *incestuel* ont été créés par Racamier. À sa suite, nous avons forgé le substantif d'*incestualité*, comme il l'a mentionné aimablement dans son livre *L'inceste et l'incestuel* (Éd. Apsygée, Paris, 1995, p. 14). Voici la définition qu'il en donne dans *Cortège conceptuel* (Éd. Apsygée, Paris, 1993, (p.47) : « Incestuel : désigne et qualifie ce qui, dans la vie psychique individuelle et familiale, porte l'empreinte de l'inceste non fantasmé, sans qu'en soient nécessairement présentes les formes physiques. » Dans *L'inceste et l'incestuel*, il en parle aussi comme d'un « inceste moral ».

ne cherchaient à les « névrotiser » à tout prix ; ni dans le public en général, qui s'y intéressa tout de suite – mais qui malheureusement, à travers certains auteurs à succès, s'empara des notions comme celles de perversion narcissique et bientôt même d'incestualité, pour le meilleur ou surtout pour le pire. Mais ce fut particulièrement de la part de certains collègues thérapeutes ou analystes qu'émanèrent les plus farouches objections à ces concepts novateurs.

A quoi tenait donc ce hiatus pénible ? Bien sûr au cadre différent, les thérapies psychanalytiques de couple ou de famille restant aujourd'hui encore confidentielles ; rien n'est plus éloigné de la cure type sur le divan que ce genre de traitements. Au silence introspectif de l'une s'oppose le bruit et la fureur des autres. La rencontre duelle de la première approche favorise la création d'un espace intermédiaire dans lequel les fantasmes ont toute latitude pour se déployer. La consultation conjugale ou familiale, elle, ne bénéficie pas de ce précieux espace ; au contraire, les échanges ont quelque chose d'hyperréel, quasiment de l'ordre de l'acte. La rêverie et l'association libre n'y ont pas cours ; ce sont plutôt des mises en scène de drames auxquels il nous est donné de participer.

Mais ces différences de cadre ne suffisaient pas, de loin, à expliquer certaines attitudes farouchement contraires à ces nouvelles perspectives. Nous comprîmes qu'elles devaient enfreindre un tabou dont nous avions mésestimé l'importance. Plus que celui d'élargir les indications de l'analyse, ce que Freud lui-même avait amplement fait (en s'intéressant aux foules, aux religions, aux mots d'esprit, etc.), c'était probablement la considération différente de la réalité qu'impliquent ces approches, qui posait problème : dans notre optique, le patient est en effet envisagé dans une étroite corrélation avec son environnement, au sein duquel les conflits font rage. Les liens pathologiques qui l'enserrent émanent de plusieurs générations avant lui et se disséminent largement autour de lui. Cette *violence*, tantôt sourde, tantôt ostentatoire, mais toujours redoutable, apparaît comme une donnée majeure, qu'il est impératif d'intégrer dans ces perspectives thérapeutiques. Le fait que certaines personnes exercent cette violence en toute conscience, et parfois même avec plaisir (corrélat du concept de perversion), était probablement un dernier seuil difficile à franchir pour un certain nombre de collègues.

Pourtant, là encore, il était difficile de comprendre pourquoi ces vues novatrices suscitaient parfois de telles oppositions acharnées au sein de la corporation analytique, au lieu d'être envisagées comme des apports intéressants (bien entendu discutables) à un corpus toujours en évolution. Ce tabou, quel était-il au juste ? D'où provenait-il ? Comment était-il formulé ? Et par qui ? C'est sous cet angle que débuta une longue interrogation. Pour ce faire, il nous sembla nécessaire de revenir aux cas princeps de la psychanalyse comme Dora ou même Anna O., et de les envisager à la lumière de concepts comme l'incestualité. Très vite, il nous apparut que ces notions permettaient un regard tout à fait différent sur ces histoires de patientes. Cette relecture mettait aussi en évidence tout ce qui en avait été malencontreusement écarté et qui, déjà à l'origine, touchait à ces sujets de perversion et de violence relationnelle. La fameuse « conversion » de Freud, dite du renoncement à sa « neurotica » (21 septembre 1897), qui a fait couler tellement d'encre, et qui coïncidait presque avec la découverte de l'œdipe, constitue certainement un point nodal de cet itinéraire – et peut-être du tabou qui, depuis, entoure la notion de traumatisme, déclaré une fois pour toute imaginaire, fictif, reconstruit, etc. A nos yeux, il en va différemment : dans les pathologies graves, ces traumatismes sont bien réels. Parfois de type comportemental, comme les maltraitances physiques ou l'inceste, parfois de nature uniquement psychologique, ils sont immanquablement associés à *un ensemble de relations pathologiques* qui sont *présentes dès l'enfance* et qui *perdurent généralement tout au long de la vie*. Ils se différencient des traumatismes névrotiques, qui résultent du conflit entre des instances psychiques, qui sont travaillés par elles, puis façonnés sous forme de symptômes, eux-mêmes partie prenante d'un fonctionnement psychique spécifique (hystérique, phobique, obsessionnel, etc.). Si ceux-ci relèvent d'une cure type, ceux-là nécessitent d'autres cadres, encore largement à inventer. Comment se faisait-il que Freud n'ait pas pensé ce dualisme, qu'il ait au contraire si résolument dénigré toute la voie des recherches sur les traumatismes réels, notamment ceux qui provenaient de la famille ?

C'est ainsi que nous en sommes venus à nous intéresser à la personne du fondateur de la psychanalyse. Le concept d'incestualité pouvait-il, ici encore, nous amener à une compréhension nouvelle de son itinéraire ? Celui-ci avait-il d'ailleurs un intérêt quelconque en regard de son œuvre ? C'était là, évidemment, un point délicat qui méritait d'être discuté – ce que nous avons fait. L'idée de nous en prendre à telle ou telle facette de la vie privée de Freud, éventuellement de la décortiquer au travers de ses rêves ou de ses lapsus (exercice pourtant courant chez ses propres élèves) nous est totalement étrangère. Seuls nous intéressaient les points en relation avec le sujet spécifique de notre recherche, l'incestualité, et c'est sous cet angle que nous nous sommes intéressés à la vie tourmentée du fondateur de la psychanalyse. Nous ne sommes pas historiens de cette discipline, et c'est bien en cliniciens que nous avons essayé de comprendre sa vie à travers des données biographiques que lui-même, d'ailleurs, nous a abondamment laissées, à travers des fragments épars, qu'il s'agissait de rassembler pour tenter d'obtenir une vision d'ensemble.

C'est pourtant peu dire que ces explorations furent ardues. L'incestualité a en effet beaucoup à voir avec le secret, le mensonge, la dissimulation et la confusion ; tous travers qu'il nous a semblé retrouver autant dans les histoires familiales de Dora que d'Anna O. ou même de Freud. Dans l'approche de ce type de dynamique, un travail de confrontation des faits, de mise en évidence d'éventuelles incohérences ou de remise en question de données prétendument acquises est nécessaire. Le moteur d'une telle démarche est souvent un sentiment personnel de malaise, d'incertitude, que nous aurions peut-être tendance au premier abord à balayer, mais qu'il convient au contraire de prendre très au sérieux et qui se révèle généralement fondé.

De telles interrogations se heurtent parfois à des fins de non-recevoir (« pourquoi évoquer tout cela ? »), à des tentatives de disqualification (« cela n'a aucune importance »), à des attaques (« cela ne vaut rien » – éventuellement « *vous* ne valez rien ») ou à des menaces (« vous allez le regretter »). Ces obstacles ne doivent pas être rédhibitoires et l'effort d'une nouvelle compréhension en vaut la peine. Ce questionnement n'a évidemment pas pour but de porter atteinte aux familles ou aux institutions (jusque-là paralysées par ces dynamiques perverses), mais au contraire de les remettre en mouvement, éventuellement de leur redonner vie.

En ce qui concerne plus précisément la psychanalyse, nos recherches ne visent donc nullement à la discréditer, malgré les critiques qui y sont émises. Cette discipline mérite amplement notre considération, particulièrement en ces temps où elle se voit de plus en plus contestée au profit d'une vision normalisante et biologique de l'être humain[1]. Bien au contraire, notre souhait est de contribuer à son dynamisme, à la libre circulation des idées, qui doivent pouvoir y trouver un terreau de prédilection à leur épanouissement.

[1] Roland Gori, *La dignité de penser*, Éd. Les liens qui libèrent, 2011.

ESCAMOTAGE DE LA VIOLENCE ET DE LA PERVERSION CHEZ DORA

INTRODUCTION

Pourquoi revenir, une fois encore, après tant d'auteurs émérites, après y avoir nous-mêmes consacré plusieurs chapitres[1] ou articles[2], à ce fameux cas Dora ? Dans ces publications antérieures, nous avions mis en lumière la dynamique familiale perverse dans laquelle se débattait cette célèbre patiente de Freud[3]. Nous souhaiterions ici poursuivre ces réflexions, en mettant particulièrement l'accent sur le problème de la violence telle qu'elle nous apparaît à travers ce récit. Nous essaierons d'en détailler les variations, les modes d'action, les enjeux, les impacts et les responsabilités. Nous tenterons aussi, cent vingt ans après Freud, d'imaginer d'autres interventions possibles, qui tiendraient compte de concepts élaborés depuis, comme l'incestualité ou la perversion narcissique. Dora, en effet, peut être envisagée comme le prototype d'une patiente assez ordinaire, telle qu'on en rencontre aujourd'hui dans nos consultations de psychothérapie.

Plus on s'attache à suivre les méandres relationnels de Dora et des siens, plus on est saisi par la violence inouïe, mais peu apparente, qui les caractérise – ainsi que, malheureusement, la troublante absence de prise en compte de cette violence, par Freud en particulier. Voyons-en quelques formes.

---

[1] Maurice Hurni et Giovanna Stoll, *Saccages psychiques au quotidien ; perversion narcissique dans les familles*, Éd. L'Harmattan, Paris, 2002.

[2] Maurice Hurni et Giovanna Stoll, La psychopathologie après la découverte de la perversion narcissique. Par exemple : « Dora », *Groupal*, N° 12, 96-112, ou *Saccages psychiques au quotidien*, Éd. L'Harmattan, Paris, 2002.

[3] Nous renvoyons le lecteur, en ce qui concerne le récit lui-même, aux *Cinq Psychanalyses* de S. Freud, Ed. PUF, Paris, 2008, pp. 34-141. En bref, Dora était la victime des assiduités de Monsieur K., un ami du père ; ce dernier fermait les yeux car il était lui-même l'amant de la femme de cet ami.

Les dénis partiels

Paul-Claude Racamier, dans son livre le *Génie des origines*[1], a consacré un chapitre aux différentes formes que peut prendre le mécanisme du déni en tant que défense interpersonnelle – ou peut-être vaudrait-il mieux l'appeler mécanisme d'*attaque* lorsqu'il s'agit de perversion. Il y décrit « un dégradé de dénis » qui va des formes les plus graves d'évacuation d'une réalité interne ou externe, aux formes moins spectaculaires de non-prise en compte d'une *partie* de l'autre. La personne de l'interlocuteur se verra par exemple reconnue en tant que telle (« objet » au sens psychanalytique du terme), mais ignorée dans l'une ou l'autre de ses caractéristiques (le bien-fondé de ce qu'il dit, par exemple). C'est en creusant les variations de cette sorte de dénis qu'il en arrive à ce concept si important, et particulièrement, dans le cas de Dora, de « déni de signifiance » ou « inanisation » : l'autre s'y voit bien reconnu « mais vidé de substance et de signifiance : une coquille creuse, éteinte et insonore. Telle est l'inanité. L'objet inanitaire est donc un objet privé de signifiance. » En d'autres termes, tout ce que dit la victime est « écouté mais pas entendu », tenu pour *insignifiant*. De façon un peu laconique, Racamier met cette manœuvre en relation avec un contexte psychotique, ce que nous pourrions formuler de façon plus radicale en disant que cette façon de traiter l'autre le rend fou[2]. De manière subreptice pourrions-nous encore ajouter, puisque de l'extérieur rien ou pas grand-chose ne transparaît de cette agression aussi dévastatrice que silencieuse.

Bien des formes de dénis partiels pourraient être relevées dans les interactions entre Dora et son entourage. « Ce ne sont que des liens d'amitié qui me lient à Madame K. »[3], prétend le père

[1] Paul-Claude Racamier, *Le génie des origines*, Éd. Payot, Paris, 1992, pp. 214-248.

[2] Nous aurons l'occasion de revenir plus amplement sur des applications contemporaines de ce mécanisme. Les médecins suisses, par exemple, en ont fait la cruelle expérience il y a quelques années, lors de certains conflits qui les opposaient aux lobbys des assureurs maladie. Ceux-ci les écoutaient poliment mais continuaient ensuite à agir comme si les praticiens n'avaient rien dit.

[3] Nous savons aujourd'hui que les parents de Dora s'appelaient Philipp et Käthe Bauer, que Monsieur et Madame K. s'appelaient Hans et Peppina (Giuseppina) Zellenka et que

– qui est en réalité son amant depuis longtemps. « [Monsieur K.] s'était éloigné [de son épouse] » – pour dire qu'une haine farouche opposait les époux K. depuis des années ; Monsieur K. « avait toujours été très aimable envers Dora » – alors qu'il lui faisait une cour assidue et essayait même de la violer ; il ne lui donne que des « petits cadeaux » – alors qu'il lui offre des bijoux précieux et lui fait livrer des fleurs tous les jours. Rien n'est clair : Dora sert-elle de monnaie d'échange pour permettre à son père la poursuite de ses relations avec Madame K. » Il en allait bien ainsi, mais, nuance Freud, ce père « était de ces hommes qui s'entendent à émousser un conflit en faussant le jugement qu'ils portent sur l'un des thèmes qui s'opposent ». Quant à la mère, « sans comprendre ce qui intéressait vivement ses enfants, elle était occupée toute la journée à nettoyer… » La liste serait longue de ces demi-vérités, de ces flous artistiquement entretenus qui forment l'arrière-fond du climat familial dans lequel se débat Dora[1]. Notre but ici n'est pas d'en faire l'énumération, mais plutôt d'en dévoiler la violence et les effets gravement délétères.

En effet, il nous faut contester l'idée qui voudrait que le « petit » déni ne toucherait « qu'une partie » des intentions de l'autre, de sa personnalité ou du réel et serait, à ce titre, moins nocif que le déni entier et massif de tout un pan de réalité. Nous pensons que, sous l'angle des interactions perverses, il en va autrement et qu'on pourrait presque aller jusqu'à alléguer le contraire : alors qu'un déni massif choque, heurte, scandalise par son aspect manifeste, un déni partiel est beaucoup moins aisément perceptible. Ainsi, par exemple, le déni d'un acte tout entier sera-t-il beaucoup plus facilement contestable que le déni de la seule intention qui sous-tendait cet acte. Ou encore, une personne qui serait entièrement ignorée par l'autre serait certes

---

le lieu de villégiature dans laquelle se passe l'action est la ville de Merano, dans le Tyrol.

[1] Il est d'ailleurs étonnant d'observer comme ces litotes se perpétuent dans le temps. Dans son livre sur *Les patients de Freud*, Mikkel Borch-Jacobsen, auteur pourtant très critique vis-à-vis de Freud, dira que Dora était « devenue la confidente de Peppina qui lui *enseignait des choses de la vie* et ne lui cachait rien des infidélités de son mari ». Ou, plus loin : «Hans Zellenka [Monsieur K.], à son habitude, courtisait la gouvernante, pendant que Philipp [le père] *prenait quelques jours de repos* avec Peppina. »

décontenancée mais saisirait rapidement que le problème se situe dans l'attitude de son interlocuteur. En revanche, si ses dires, par exemple en ce qui concerne Dora, ses récriminations, sont tenus pour n'avoir pas de sens ou éventuellement celui, négatif, d'un symptôme hystérique, la victime se voit infiniment plus déstabilisée. Ces entrelacs de vérité et de mensonges, de reconnaissance de réalité et de déni nous apparaissent extrêmement toxiques, brouillant la perception de celui qui en est victime, perturbant son intelligence et inhibant ses capacités de réaction.

Ces considérations pourraient d'ailleurs être étendues à d'autres sujets contigus. Ainsi en va-t-il par exemple du concept d'*incestualité*, qui désigne un ensemble de comportements, d'attitudes et d'interactions qui sont des équivalents d'inceste, sans qu'il y ait forcément passage à l'acte. Ce concept s'est révélé cliniquement très précieux – l'un des rares qui porte sur une *pathologie familiale* ou groupale. Là encore, il s'agit de comprendre que ce qui est désigné par ce terme est une *dynamique* terriblement pernicieuse, qui répète à l'envi les agressions sur l'enfant, mais de manière apparemment anodine, masquée sous un voile de banalité, voire d'amour. Il ne s'agit donc aucunement d'un « petit peu d'inceste » ou d'une atmosphère familiale légèrement malsaine, comme on a pu malheureusement le lire. Bien au contraire, l'enfant qui en est victime se trouve, ici encore, en beaucoup plus grande difficulté pour appréhender ce qui lui arrive et éventuellement le dénoncer que s'il avait subi les « simples » assauts brutaux d'un de ses parents.

Ces dénis partiels font partie de tout cet éventail de relations hautement pathologiques qui peuvent amener un enfant, comme Dora, aux rives de la folie, mais qui ont cela de particulier que leurs instigateurs apparaissent le plus souvent sous le jour d'une totale innocence – parfois même prétendument bienveillante. Nous aboutissons ainsi à ce tableau assez fréquent de familles très pernicieuses qui, non contentes d'avoir rendu l'un de leurs enfants malade, se posent en soignants pleins de sollicitude, répétant cette fiction au gré des innombrables thérapeutes consultés – et aussitôt rejetés. C'est ce que Freud nous dépeint de la famille de Dora. Sous l'angle de la violence, qui constitue notre point de vue particulier, le contraste saisissant entre des parents (apparemment) bien portants, à l'aise, aux affaires florissantes (père de Dora) et les enfants tourmentés, écartelés dans des conflits de loyauté, est insoutenable.

LE SYMPTÔME SOUS L'ANGLE DE L'INTERACTION PERVERSE

Les travaux portant sur la relation perverse font apparaître le symptôme psychique sous un jour très différent de celui qu'il connaissait dans un système de référence névrotique. Dans celle-ci, il est le fruit complexe d'un conflit intérieur. À ce titre, il est évidemment précieux. Forme de compromis dans l'économie psychique du sujet, il est aussi le signal d'alarme énigmatique qui amène le patient en traitement et sur lequel se penche le psychanalyste. Dans la perversion au contraire, une telle élaboration fait défaut au symptôme. Celui-ci doit se comprendre non comme le reflet complexe d'une conflictualité interne, mais bien comme la simple réaction à l'agression subie de l'extérieur. Dans certains cas, cela peut paraître évident, particulièrement s'il s'agit d'une agression physique : une ecchymose, une plaie en seront les effets tangibles qui pourront, le cas échéant, être produits au titre de preuve devant une autorité médicale ou juridique. Mais si l'impact de l'agression subie par la victime se situe au niveau psychique, l'appréciation en devient évidemment plus délicate : telle dépression, telle anxiété seront peut-être d'abord attribuées à un dysfonctionnement psychique individuel avant que d'être comprises comme l'effet d'un stimulus externe. Ainsi, par exemple, pourrait-on imaginer un enfant anxieux ou turbulent dont les symptômes seraient dans un premier temps mis au compte d'un terrain génétique défavorable, avant de comprendre qu'il s'agit bien plutôt des signes de détresse tels que l'enfant est à même d'en produire, réactionnels à un état dépressif *de sa mère*. L'intelligibilité de certains symptômes chez les victimes se complique encore lorsque ces manifestations peuvent apparaître (et nous verrons à quel point cela est dramatique) fallacieusement comme des qualités ou des avantages : ainsi en va-t-il par exemple chez certains enfants trop sages, trop amusants ou même « trop doués »[1] (cf. le « nourrisson savant » décrit par Ferenczi et justement mis en relation avec un abus narcissique, le nourrisson en question étant induit par ses parents à renier son statut d'enfant pour répondre à des attentes d'adultes)[2]. Ce cas de figure pourrait aussi concerner des enfants trop « œdipiens », comme Dora.

Ce long préambule nous amène ainsi à cette patiente, à ses symptômes et à leur interprétation. Très clairement, Freud oscille entre un éclairage de type névrotique, avec des interventions appropriées à cette logique, et une analyse très fine de toute la nasse perverse dans laquelle elle se débat. De notre point de vue, une telle ambiguïté n'était pas judicieuse. Une clarification de tout l'écheveau relationnel corrompu s'imposait, avant toute (éventuelle) interprétation des pulsions intimes. Si, parfois, cette confusion n'a pas trop prêté à conséquence, dans la mesure où Dora pouvait la déchiffrer aisément, en d'autres occurrences elle s'est révélée nettement plus regrettable. Ainsi particulièrement en ce qui concerne tout le monde amoureux et/ou érotique de Dora : bien qu'il mime, ou même singe les affres sentimentales d'une jeune fille, il n'est en réalité que le produit frelaté d'une ambiance familiale dépravée. En effet, chacun des protagonistes qui l'entoure s'emploie à la séduire, à se l'attacher, à l'exciter, le plus souvent non pour elle-même, mais en vue de séduire une tierce personne. Cela crée une atmosphère de tension sexuelle constante, chaque comportement de l'un, chaque attitude de l'autre renvoyant à un dessein d'ordre érotique. Freud le décrit très bien : son père avait fait de Dora, dès son plus jeune âge, sa confidente ; Monsieur K. lui fait une cour assidue, proche du harcèlement, puis tente de la violer (une première fois à l'âge de 13 ans dans son magasin ; puis il la menace une deuxième fois chez lui) ; Madame K. la met dans son lit et compulse avec elle des ouvrages de sexualité (on peut imaginer qu'il y ait eu plus que ces lectures) ; sa gouvernante

---

[1] Alice Miller, *Le drame de l'enfant doué*, PUF, Paris, 2012.

[2] Sandor Ferenczi, « Analyses d'enfants avec des adultes », *in Psychanalyse IV*, Éd. Payot, Paris, 1982, pp. 98-112.

l'instrumentalise pour séduire son père et la gouvernante des K. lui confie ses déceptions amoureuses avec son patron.

Les fantaisies ou émois sexuels de Dora sont donc bien davantage à comprendre comme de tragiques répercussions, chez une jeune fille à peine pubère, des manipulations malsaines de son entourage. Cette distinction doit être soulignée, dans la mesure où certains symptômes se prêtent malheureusement tant à une lecture d'une logique névrotique qu'à celle d'une logique perverse – mais leur confusion entraîne des conséquences cliniques dramatiques. Impliquer une victime dans des manœuvres perverses, l'amener à collaborer activement et, enfin, la convaincre de son désir d'y participer, voilà exactement la finalité de beaucoup de processus pervers, à laquelle une thérapie mal orientée risque de prêter son concours. Freud en tout cas s'acharne malheureusement à démontrer à Dora non seulement sa complaisance à l'égard des avances de Monsieur K., mais même son rôle actif dans ses tentatives de séduction à elle. Il l'accuse d'avoir utilisé les enfants de Monsieur K. comme levier pour s'immiscer dans cette famille et va même jusqu'à réinterpréter la scène du lac et les symptômes qui se sont ensuivis : pour lui, il ne s'agissait pas de la colère d'une jeune femme contre un vieux dégoûtant qui la harcelait, mais d'un simple petit sursaut d'amour-propre, vite regretté, qui n'aurait pas dû prêter à conséquence ni empêcher Monsieur K. de la demander bientôt en mariage.

À y réfléchir, ces symptômes ou ces signes pseudo-positifs, comme un élan amoureux ou le développement d'une sensibilité ou d'une intelligence inhabituelles, sont proprement catastrophiques. Ils contreviennent à la loi fondamentale de l'existence qui voudrait qu'un organisme blessé manifeste, exprime sa souffrance, constituant ainsi la première étape d'une démarche salvatrice. Dans le cas de Dora, comme l'illustrent ses rêves et ses fantaisies sexuelles, ce n'est que de son *aliénation* que témoignent ces signes. Imprégnée depuis son enfance par ce climat incestuel, la victime en vient à penser, réagir comme ses oppresseurs. Des désirs, à elle étrangers, ont été en quelque sorte implantés en elle, au point qu'elle les prend désormais pour les siens. Nous avons là la figure pathétique d'une enfant à l'esprit « colonisé » par son entourage familial pervers – à l'exact opposé d'une jeune fille en proie à des désirs amoureux *sui generis,* tout comme l'inceste est à l'opposé de l'œdipe.

Le jeu avec la victime, la machinerie incestuelle

Un autre aspect qui ressort d'une lecture attentive du cas Dora est la redoutable *organisation perverse* qui existe tout autour d'elle. Nous pouvons appeler cet ensemble un *système pervers* ; ailleurs, nous avons même tenté le terme plus évocateur de *machinerie incestuelle*[1]. L'idée que sont censées transmettre ces expressions est que la victime, en général l'enfant, ici Dora, n'a pas affaire à l'un ou l'autre parent pervers mais évolue dans un environnement *globalement* perverti. Dans le récit de Freud, parmi tous les protagonistes qu'il décrit, pas un seul n'apparait comme « normal », soucieux du bien-être ou du devenir de Dora et lié à elle de manière désintéressée. En outre, tous les membres de ce système sont complices, chacun agit en connivence avec les autres. Freud évoque même l'idée d'un véritable contrat, tacite, entre le père de Dora et Monsieur K. visant à échanger qui sa fille, qui son épouse. On perçoit là la logique particulière qui va régler, ordonner tous les échanges au sein de cet écheveau, orchestrant une chorégraphie que Freud décrit par le menu : par exemple, lorsque la famille part pour la montagne, le couple K. part en même temps, au même hôtel ; lorsque Madame K. prend une chambre au bout du couloir, le père en fait autant ; dès que Monsieur K. part pour son magasin, le père se rend chez Madame K. ; lorsque Monsieur K. rentre de voyage, son épouse (qui ne veut pas avoir de rapports avec lui) « tombe malade », etc. Cette dynamique mérite le nom de machinerie en ce sens qu'elle ne laisse aucune échappatoire à celle qui en est captive et qu'elle broie sans merci. Même le frère de Dora, auquel elle s'ouvre de sa détresse, l'enjoint à souscrire à cette logique et à fermer les yeux sur les turpitudes du père, voire

---

[1] Maurice Hurni et Giovanna Stoll, « Incestualité : une machinerie infernale transgénérationelle globale », conférence au Congrès de psychanalyse groupale et familiale, Paris, 2009.

même à se réjouir « qu'il ait trouvé une femme à laquelle il puisse s'attacher de cœur... » ! On saisit ici que ce n'est pas seulement à un groupe de personnes perverties, ni même à une *logique* perverse, mais bien à une *morale spécifique* que Dora est sommée de se soumettre (à l'instar de son frère). Antimorale, bien sûr, qui pose le mensonge comme norme au détriment de la vérité, considérée, elle, comme dérangeante ; qui postule l'utilisation de l'autre comme banale au lieu du respect ; qui impose la terrible soumission aux intérêts malsains du groupe au lieu de favoriser la liberté individuelle. Nous aurons l'occasion de revenir sur ce thème, si complexe, de la morale. Bornons-nous ici à souligner à quel point cette dimension se révèle capitale dans l'approche de toutes les problématiques d'ordre pervers et que l'ignorer, comme le fait malencontreusement Freud pour Dora, n'est un gage ni de scientificité ni de hauteur de vues.

Racamier avait montré que, dans de telles familles incestuelles, c'est l'interdit de penser qui remplace l'interdit de l'inceste (car toute cette histoire n'est, au fond, qu'un inceste *par procuration*). Plus précisément, on pourrait avancer que la seule forme de pensée qui prévaut dans de tels systèmes est une pensée stratégique, celle qui observe le mouvement des adversaires pour déterminer ensuite la contre-manœuvre appropriée à mener. Dora, toute victime qu'elle fut, nous dit Freud, était passée experte dans ce genre d'observations, au point qu'elle-même n'en pouvait plus : « Je ne peux penser à rien d'autre. » On voit ici à quel point cette malheureuse avait l'esprit envahi par toutes ces manigances sexuelles qui l'impliquaient directement ou indirectement. Les patients que nous avons en thérapie font état, de façon similaire, de cet esprit que nous avons appelé *colonisé* par les désirs, les fantasmes ou les angoisses de leurs parents. Toute leur attention, toute leur énergie est dévolue à la captation obligée de ce matériel psychique parental et à une tentative inlassable, éprouvante autant que vaine, de lui donner une forme viable. Ces patients nous apparaissent en définitive comme *sur le gril* ; on ne leur laisse aucun répit et eux-mêmes, d'ailleurs, ne s'en accordent point non plus – ni n'en laissent aux autres.

L'*interdiction de penser* pourrait donc bien être l'une des finalités principales d'une telle dynamique. Les agissements fébriles, constants, évoqués ci-dessus pourraient être envisagés comme des *défenses interactives* visant à empêcher la divulgation de *secrets* honteux ou répréhensibles. On pourrait même aller jusqu'à dire que toute l'histoire de Dora consiste en un emboîtement de petites dissimulations assez pitoyables, qui pourrait être compris comme une figuration d'anciens secrets, concernant parfois les générations précédentes, et, eux, autrement plus graves. Il est dans le destin des secrets, en effet, de ne jamais rester entièrement celés. *« Saxa loquuntur »,* ([même] les pierres parlent), comme l'avait affirmé Freud lui-même dans *L'étiologie de l'hystérie*[1]. Dans le mythe du roi Midas, ce sont les roseaux qui se chargent de divulguer le secret de ses oreilles d'âne. Selon notre expérience, ces secrets plus ou moins dramatiques ou infamants sont inévitablement transmis aux générations ultérieures. Ces descendants ne peuvent les dévoiler, faute d'en avoir une véritable connaissance. Dès lors, ils vont inconsciemment s'employer à « les mettre en scène » de façon *dépsychisée,* peut-être dans l'espoir que cette forme de message puisse être enfin reçu et entendu – sans qu'eux-mêmes n'en portent la responsabilité.

Dans le cas de Dora, un rapport étroit semble exister entre l'abondance d'informations, d'observations tenant aux comportements de chacun des protagonistes, et le silence qui nimbe la figure de la mère de Dora. Les secrets de familles toxiques faisant parti intégrante de la dynamique perverse, il est vraisemblable que ce rapport inverse témoigne d'un secret jalousement gardé chez cette mère – éventuellement celui d'avoir elle-même été abusée ? Cette hypothèse s'accorderait en tout cas avec le choix d'un mari passablement pervers, avec son refus de la sexualité et son induction d'un équivalent d'inceste chez sa fille.

Cet exemple nous donne l'occasion de noter l'importance du concept d'incestualité dans l'approche et la compréhension des

---

[1] Sigmund Freud, *L'étiologie de l'hystérie*, [1896], *in Névrose, psychose et perversion*, PUF, Paris, 1973, p. 84.

secrets de famille. Sans la notion de dynamique perverse, il est impossible de distinguer des secrets « névrotiques », normaux, voire souhaitables, voire même structurants, de secrets toxiques, paralysant l'entendement de toute une famille au point d'en rendre certains membres fous. Les secrets pervers s'intègrent dans une dynamique tout à fait spécifique : ils sont non seulement cultivés, distillés à petites doses paradoxales (« exhibés-cachés ») mais encore mis en scène dans une répétition dramatique qui utilise les proches comme protagonistes obligés. À ce stade, il devient très ardu de remonter cette chaîne de signifiants, en quelque sorte forclos et insérés, sans retour possible, dans des interactions comportementales apparemment erratiques. Si l'on se réfère à l'exemple de Dora, ce n'est certainement pas par hasard que Freud n'a pas été plus avant dans l'investigation de cette mère et de son influence sur ce drame. Tout était en effet organisé pour orienter son regard sur la fille et au contraire le détourner de la mère.

Les actes dépsychisés

Dans l'histoire de Dora, c'est bien à une kyrielle de tels *actes dépsychisés* que nous avons affaire. Par ces termes, nous entendons certains agissements, très significatifs, effectués par une personne qui en dénie totalement la signification et n'en endosse aucunement la responsabilité.

Paul-Claude Racamier avait déjà approché ce sujet. Dans son *Génie des origines*, il évoquait les « dévastations » qu'entraînaient les « agirs en cascade mis en œuvre dans les transports par expulsion » chez ceux qui les subissaient, qui les endossaient pourrait-on dire. Et il ajoutait : « Ce qui est très remarquable et ne saurait nous étonner, c'est l'atteinte qui dans ces transports est portée au sens et à la vérité des origines: les origines sont "démentalisées". »[1]

Donnons-en un exemple : le père d'une patiente de trente-six ans avait pris l'habitude d'entrer inopinément chez elle, sous un

[1] Paul-Claude Racamier, *Le génie des origines, op. cit.*, p. 73.

prétexte futile comme celui de redresser un tableau, déposer un journal ou mettre de l'huile dans les gonds. La patiente ressentit de la peur et de la contrariété face à ces intrusions malvenues et lui en fit part. Il rétorqua qu'il ne la comprenait nullement, qu'elle n'avait aucune raison d'être effrayée et qu'il n'était venu que pour lui rendre service. Cet exemple paraît banal, mais il soulève bien des questions. Sous l'angle du père, nous constatons le *déni de toute intention et de tout désir personnel* ainsi que *l'absence de toute prise de responsabilité* par rapport à ses actes (ces actes dépsychisés peuvent aussi être envisagés sous l'angle des dénis partiels évoqués plus haut). Mais nous relevons également que les agissements de ce père, prétendument anodins, sont en réalité au contraire particulièrement signifiants : ils mettent en acte, réalisent, un fantasme évident d'intrusion dans l'intimité de sa fille, territoire qu'il colonise et dont il dispose à son gré. La fille en ressent de la peur : mais, lorsqu'elle l'exprime, le père ne se remet *aucunement* en question. Bien au contraire, il l'attaque, déclarant cette peur totalement injustifiée, incompréhensible et peut-être même folle. La séquence de l'induction d'une réaction chez l'autre, puis sa dénonciation, est une manœuvre terriblement dévastatrice, car elle ôte à celle qui en est victime toute légitimité et tout sens.

Chez l'enfant, ce désaveu apporté à sa réaction par le parent est dramatique dans la mesure où il constitue une sentence *implacable* qui ne peut être atteinte par *aucun* argument – comme on le constate chez Dora. La victime vit cette *incompréhension* totale comme accablante. Après avoir été d'abord impliquée puis stimulée psychiquement, elle se voit disqualifiée dans sa réaction, en quelque sorte spoliée de son vécu. En outre, puisque toutes ces agressions psychiques sont pratiquement invisibles à un œil non averti, ces personnes ne sont jamais crues par leur entourage lorsqu'elles se plaignent de ce qu'elles endurent. Tous leurs amis, voisins ou médecins ne voient dans leurs parents que des personnes bien intentionnées aidant leurs enfants, et ils sont plutôt troublés par la véhémence avec laquelle ces enfants expriment leur irritation. Progressivement, ces proches risquent malheureusement, parfois à leur insu, de rejoindre les rangs du groupe de la *communauté de déni*, constituant une sorte de mur autour de la victime qui l'isolera complètement et ne lui laissera que l'issue de s'exprimer par de multiples symptômes somatiques, psychiques, comportementaux ou délirants. Plus tard, devenues adultes, ces victimes garderont la conviction que « personne ne les comprend ».

On pourrait même aller jusqu'à envisager ces actes dépsychisés comme une sorte de triomphe de l'*antipsychisme*. Tout s'effectue, s'échange, se trame au vu et au su de tout le monde mais sans qu'il soit possible d'en penser quoi que ce soit. Ce triomphe de l'acte déconnecté de tout sens a aussi quelques accents du fonctionnement maniaque, qui échappe à toute forme de limite, y compris morale. Il rejoint l'ordre pervers dans la jouissance qu'on lui suppose, de pouvoir mettre en acte une multitude de désirs plus ou moins scabreux, en toute impunité.

L'enfant fétichisé

Cette victime ainsi aliénée va, à son corps défendant, *incarner* les parties mauvaises expulsées sur elle, *en* elle. À ce titre, elle endossera le statut épouvantable de *fétiche* du groupe, et sera à la fois précieuse et dévitalisée. Le récit de Dora montre très bien cette révoltante alternance de séduction, presque d'idolâtrie, suivie du rejet le plus radical : le père la loue pour son intelligence mais, lorsqu'elle s'oppose à sa relation adultère, il la traite de folle. Madame K. l'attire dans son lit mais déclare ensuite à son mari qu'elle est une obsédée sexuelle. Monsieur K. lui fait une cour effrénée mais se rétracte et prétend qu'elle a tout inventé. On voit là le jeu féroce qu'effectue chacun des protagonistes avec Dora qui, de son côté, s'efforce tantôt de combattre ces menées, tantôt d'en prendre, elle, la direction.

Ce manège sordide s'exerce non seulement sur les sentiments de Dora, mais va jusqu'à contester ses *perceptions* de la réalité : « Elle s'était [selon Monsieur K.] probablement "imaginé" toute la scène [sa déclaration d'amour sur le lac] » ; et le père de surenchérir : « Je considère moi-même ce qu'a raconté Dora sur les offres inconvenantes de cet homme comme une fantaisie qui s'est imposée à elle. » Cette manière de nier des pans de réalité sort de la gamme des dénis partiels évoqués plus haut. En cela, on pourrait dire avec un brin de cynisme qu'ils sont plus maladroits. D'ailleurs ils suscitent une réaction véhémente de Dora, relayée par Freud : « Aucun des agissements de son père ne semblait l'avoir autant exaspérée que l'empressement de celui-ci à considérer la scène au bord du lac comme un produit de sa fantaisie. Elle était hors d'elle quand elle pensait que, d'après lui, elle devait s'être alors imaginé des choses. » On voit là une victime poussée à bout, luttant pour ne pas perdre la raison.

Une violence exportée chez l'enfant

La lutte de cette victime fait partie de cette dynamique mortifère que Racamier évoquait aussi sous le terme de « topique du *transagir* », autrement dit de faire agir l'autre, autre qui prend alors la fonction d'*opérateur de défense*. Celui-ci (parfois aussi nommé « opercule de défense ») est la personne qui va endosser le matériel psychique expulsé. Ce faisant, il va, à son corps défendant, *verrouiller* cette défense. Le matériel ainsi expulsé peut être de différentes natures : angoisses, désirs, mais aussi, dans des cas plus graves, conflits ou délires.

L'inanisation

Dans sa description des dénis partiels, Paul-Claude Racamier avait esquissé dans *Le génie des origines* le concept de *déni de signifiance,* qui ôtait toute signification aux dires d'une personne. Il précisait qu'il était « typiquement du registre schizophrénien ». Plus tard, dans *Cortège conceptuel,* il le reprend sous la rubrique « Inanitaire » : « Désigne et qualifie une sorte d'investissement d'objet, et par conséquent de transfert, *propre aux schizophrènes*[1] et marqué par un déni partiel consistant à refuser à l'objet, dont l'existence même n'est pour autant pas

[1] Souligné par nous. Peut-être faudrait-il plutôt dire « propres aux familles aux interactions psychotiques » ou « comportant un membre schizophrène ».

déniée, toute espèce de capacité d'être porteur et transmetteur de sens, de signifiance et de signification. Qualifie et situe l'un des douze échelons du déni. » On perçoit là que ces manœuvres, comme les paradoxes, font perdre la raison. Ce qui aurait bien pu arriver à Dora.

Outre le fait d'orienter la pensée vers la seule actualité extérieure, aux dépens de l'intériorité et du passé, cette machinerie incestuelle possède encore d'autres caractéristiques et suscite encore maintes interrogations.

L'interchangeabilité

Racamier, dans l'une de ses intuitions visionnaires, avait avancé que le tabou de l'inceste était précédé d'un tabou encore plus fondamental, celui qui prohibait l'interchangeabilité des êtres. Nous rencontrons régulièrement sa transgression dans nos analyses de systèmes pervers. Le cas Dora ne fait pas exception à cette règle : tout d'abord dans la « scène du lac » ou le lapsus de Monsieur K. révèle à Dora qu'elle est pratiquement interchangeable avec la bonne. Mais surtout, quelques temps après la révélation tumultueuse de cette scène, le père retourne, imperturbablement, comme si de rien n'était, à « B. », où séjourne Monsieur K. ; Dora refuse naturellement de l'accompagner. Le père sollicite alors sa cousine et s'y rend avec elle (on ne sait pas ce qu'il advint de cette cousine). Cette sorte de substitution est évidemment une gifle (de plus) pour Dora, dans la mesure où elle nie l'agression subie et bafoue sa dignité propre.

La question de l'interchangeabilité des êtres mériterait d'amples développements. Nous la retrouvons régulièrement à l'œuvre dans les familles incestuelles, sous différentes formes. Elle peut aller jusqu'à prendre celle d'une idéologie qui voudrait que chaque membre de la famille, particulièrement chaque parent, soit permutable avec l'autre, qu'aucune différence ne vienne altérer cette équation d'identité parfaite. Cette permutabilité est souvent présentée sous le jour d'une revendication farouche d'égalité.

L'interchangeabilité des êtres est aussi un sujet crucial pour notre société moderne. Là encore, d'amples développements seraient nécessaires, qui n'ont pas leur place ici. Bornons-nous à suspecter cette pathologie dans ces fameuses structures dites « en réseaux ». Chacun des éléments y est délibérément interchangeable avec chacun des autres. Ces réseaux, au départ de nature militaire, puis prétendument sociaux, pourraient-ils être envisagés sous l'angle de la dynamique perverse évoquée ci-dessus ? La question mérite d'être posée.

Qui est le protagoniste principal (le meneur de jeu) ?

Y aurait-il malgré tout un chef au réseau des intervenants gravitant autour de Dora ?

« La personne dominante était le père », estimait Freud, visiblement impressionné par cet homme manifestant « un esprit d'entreprise et des dons peu communs»[1]. Bien sûr, on peut le suivre ; l'histoire de Dora n'est-elle pas en réalité qu'un épiphénomène des amours tumultueuses de ce personnage charismatique ? Atteint de syphilis avant son mariage, il suscite la répulsion de son épouse, séduit la gouvernante et devient l'amant de la femme de son ami. Dans ce sens, Dora, comme elle le dit elle-même, n'est qu'une monnaie d'échange destinée à faciliter les desseins de son père.

Ou bien l'instigateur principal serait-il plutôt Monsieur K. ? Ce séducteur amoral qui essaie de violer une fillette de 13 ans et demi[2], la harcèle et la demande en mariage lorsqu'elle a 15 ans et qui ne semble guère contrarié par le fait que sa femme le trompe ?

Ou serait-ce encore Madame K., qui semble, elle, la seule à avoir atteint ses fins érotiques avec Dora et pour l'amour de laquelle le père de Dora est prêt à tous les sacrifices ?

---

[1] Le père, M. Bauer, était un riche industriel du textile qui possédait des usines dans divers pays (Patrick Mahony, *Dora s'en va*, Éd. Les empêcheurs de penser en rond, Paris, 2001).

[2] Mikkel Borch-Jacobsen, *Les patients de Freud ; destins*, Sciences Humaines Éditions, 2011, p. 56.

En ce qui nous concerne, à choisir, nous pencherions en définitive plutôt pour la mère de Dora, le personnage le plus discret de toute cette sarabande bruyante. Ne serait-elle pas, elle, la véritable instigatrice silencieuse de tout ce psychodrame ? Elle qui, en se cloîtrant dans son aversion sexuelle (qui dépassait visiblement la simple et légitime préoccupation d'avoir un mari affecté de la syphilis), aurait poussé sa fille à permettre à son mari de satisfaire, au travers des méandres complexes, ses appétits charnels, tout en se soustrayant, en habile stratège, à toute analyse ? Freud nous livre à son égard une réflexion importante : après avoir décrit sa « névrose de la ménagère », il poursuit : « Ce qui fait pourtant totalement défaut chez cette sorte de femmes, c'est la reconnaissance de leur maladie… » Dans notre optique, cette observation peut être considérée un peu comme une clé ouvrant sur toute la pathologie de *l'expulsion* des problèmes chez les autres, telle qu'elle a été décrite par Racamier. Dans ce sens, ce personnage pourrait effectivement être considéré comme le maître d'œuvre de cet imbroglio relationnel. Cet imbroglio, dès lors, apparaîtrait comme une *transposition* concrète de son monde intérieur. De surcroît, il *la défendrait* contre tout abord de sa problématique personnelle. Ce genre d'utilisation de l'environnement pour incarner des problématiques internes déniées et exportées mérite de bien plus amples développements. Nous y reviendrons.

Au sujet de cette mère encore, Freud mentionne, malgré sa discrétion, une autre information qui pourrait être significative. Il nous dit que cette mère « ignore ce qui intéressait vraiment ses enfants ». Cette observation laconique devrait être approfondie. Dire qu'elle dépeint un manque d'empathie paraît évident, mais ne traduit peut-être pas l'intensité de la souffrance d'une fille confrontée à une génitrice pour laquelle « elle ne compte pas », qui n'a pas de place pour elle dans son psychisme. Celle-ci, paraît « occupée », son attention accaparée ailleurs. Elle n'est pas disponible pour s'intéresser à sa fille et s'engager avec elle dans une relation suivie. En cela, elle était probablement « morte », au sens du fameux concept de « mère morte » d'André Green[1]. Là aussi, d'autres variations sembleraient importantes à imaginer. Cette absence de la mère, si elle est due à une maladie, à une éventuelle dépression, est déjà certainement hautement préjudiciable au devenir psychique de l'enfant qui ne trouve aucun interlocuteur véritablement vivant devant lui. Mais cette absence peut aussi être une variante du *rejet hostile* et, par là, constituer une forme redoutable de maltraitance psychique. Cette forme de rejet existentiel pourrait être occasionnelle, mettant l'enfant en situation de constant observateur et d'analyste de sa mère pour détecter les facteurs pouvant autoriser ou non le contact avec elle. Ces rejets à éclipse peuvent encore être conditionnels, la mère n'accordant son attention à son enfant que dans la mesure où il parvient à l'intéresser.

Toutes ces stratégies concourent à *fixer* pathologiquement l'enfant sur telle ou telle figure parentale. Ce concept de *fixation*, entendu ici dans une acception totalement différente de celle de Freud, n'a pas été, à notre connaissance, suffisamment étudié. Racamier, lorsqu'il parle d'*engrènement*[2], montre bien l'attraction exercée par le parent sur l'enfant, préalable nécessaire à l'injection de matériel psychique, mais il n'en décrit pas les modalités. Cette présence conditionnelle, intermittente, pourrait bien en être une. L'un de nos patients, en cours de thérapie, réalisa, bouleversé, que son père, qui avait toujours eu des doutes sur la réalité de sa paternité, ne l'avait jamais vu véritablement comme son fils, mais envisagé plutôt comme un enfant quelconque. Loin d'assumer ses ambivalences, c'est à ce fils qu'il s'acharnait de les faire porter, le considérant comme un *fils-non-fils*, lui-même se tenant à l'écart, « observateur aveugle » des dégâts qu'il suscitait.

[1] André Green, *Narcissisme de vie, narcissisme de mort*, Éd. de Minuit, collection Critique, 1983.

[2] Paul-Claude Racamier, *Cortège conceptuel*, Apsygée Éditions, 1993, p. 37, ou « À propos de l'engrènement », *Gruppo*, N° 6, 1990, pp. 83-95.

Autres rouages de la machinerie incestuelle

On ne saurait clore ces considérations sans évoquer d'autres types de mouvements collectifs, de nature sociale, dont la logique émarge peu ou prou à celle d'un bouc émissaire pris à partie par un groupe pervers. Depuis quelques années, les médias se font régulièrement l'écho de certaines formes de *bizutage* ayant dramatiquement dérapé. Dans d'autres contextes, professionnels, nous connaissons, depuis les travaux de Heinz Leymann[1], le phénomène du *mobbing* (connu en France, quoique d'acception légèrement différente, sous le terme d'« harcèlement moral »). Cet auteur suédois a mené de courageuses recherches en psychologie du travail et découvert que la violence pouvait y prendre des tournures gravissimes : un certain groupe de collègues amène insidieusement l'un des leurs à se sentir exclu, déconnecté, superflu, ce qui a des conséquences dramatiques (allant jusqu'à la dépression, voire au suicide). Nous nous sentons très proches de l'expérience que relate Leymann dans son domaine : « C'était terrifiant de découvrir comment pouvait surgir et se développer une animosité sans bornes, souvent au départ pour des motifs futiles (particulièrement chez les femmes). Terrifiant aussi de constater l'absence totale de compassion pour des personnes acculées à des situations insupportables (particulièrement de la part des hommes). »

Pour notre part, nous avons eu connaissance de certaines institutions à la dynamique plutôt perverse qui s'en prenaient, avec une jouissance certaine, à une personne ou à un groupe d'individus fonctionnant, eux, de manière normo-névrotique, qu'elles prenaient un malin plaisir à tenter de rendre fou(s) (« Le plaisir de rendre l'autre fou » pourrait être le titre d'un ouvrage sur le sujet).

---

[1] Heinz Leymann, *Mobbing. Psychoterror am Arbeitsplatz,* Rowohlt Verlag, 1993, trad. française: *La persécution au travail*, Éd. du Seuil, 1996.

UNE LUTTE À MORT

En prenant beaucoup de recul, le cas de Dora pourrait être envisagé en tant qu'affrontement de deux registres ou de deux mondes. Nous avons déjà relevé les deux *dynamiques*, perverse et normo-névrotique, qui pouvaient parfois apparaître sous un jour similaire mais qu'en réalité tout opposait : l'une, caractérisée par le mépris, l'utilisation de l'autre à des fins personnelles allant jusqu'à l'exploitation, la manipulation (de ses dires, de ses sentiments), les menaces, les chantages, les coalitions, les dénis et les mensonges. L'autre, à l'opposé, incarné par Dora, encore qu'assez partiellement, mue par une dynamique d'attachement, de loyauté, de clarification et parfois simplement d'autoconservation. Nous avons aussi évoqué les deux *logiques* antithétiques ainsi que les deux *morales* opposées.

En ce qui concerne l'autoconservation, ce terme ne paraît pas excessif puisque, sous diverses formes, la mort semble un moteur, et peut-être même une finalité de tout ce système (peut-être de manière concomitante avec la dissimulation des secrets). Le père est gravement malade et, même si Freud ne le mentionne que brièvement, doit être hanté par sa fin proche[1]. La mère est aussi constamment souffrante. Tous ces protagonistes passent leur temps à se soigner, se faire opérer ou à se rendre dans des lieux de cure. La tante de Dora meurt d'une mystérieuse cachexie ; un des enfants des K. décède en bas âge. Le père de Dora invente un projet de suicide lorsqu'il est découvert avec Madame K., et Dora elle-même écrit vouloir mettre fin à ses jours. Enfin, Monsieur K. manque de se faire écraser par le tram en retrouvant Dora dans la rue, ce que Freud qualifie d'équivalent de tentative de suicide.

Mais c'est également le langage qui apparaît infiltré de cette mort omniprésente. Ainsi, la manière terrible du père et de Monsieur K. de dénigrer leurs femmes respectives : le père, à Freud : « Vous savez, ma propre femme n'est rien pour moi » ;

[1] Le thème du patriarche qui, hanté par sa fin proche, expulse ses angoisses sur les membres de sa famille en les montant les uns contre les autres a été admirablement décrit par Tennessee Williams dans *La chatte sur un toit brûlant*.

Monsieur K. à la gouvernante de ses enfants : « Ma femme n'est rien pour moi » ; Monsieur K. à Dora : « Ma femme n'est rien pour moi. » Ce « rien », cette annihilation radicale, réitérée trois fois, marque bien la brutalité de ces dynamiques. Cette agressivité a même quelque chose d'insidieusement contagieux : s'exprimant sous la forme d'une confidence consentie à un interlocuteur privilégié, elle aboutit en fait à impliquer cette personne dans une coalition drastique contre l'épouse.

Cette violence n'échappe d'ailleurs pas à Freud, elle transparaît dans certaines associations qu'il nous livre, malheureusement très laconiquement. Évoquant la relation trouble dans laquelle Madame K. a capté Dora, il évoque la mythologie, non, pour une fois, sous la forme, ici inappropriée, de l'œdipe, mais sous celle, terriblement adéquate, de Médée[1]. Voici ce qu'il nous en dit, de façon très lapidaire : « Médée était tout à fait satisfaite que Créüse eut attiré à elle les deux enfants ; elle [entendre ici « Madame K. »] ne fit assurément rien non plus pour troubler le commerce existant entre le père de ses enfants et la jeune fille. » Une note nous éclaire un peu et nous apprend que c'était « par l'intermédiaire de ses enfants que Médée fit parvenir à sa rivale, Créüse, la robe empoisonnée dans laquelle celle-ci mourut embrasée. » Un effort se révèle nécessaire pour saisir toute la portée de cette association mythologique. Si on la comprend bien, pour Freud, Médée-Madame K. avait utilisé ses enfants pour attirer, puis éliminer sa rivale Créüse-Dora ! Violence doublement mortifère, d'ailleurs, puisque Médée tuera non seulement sa rivale, mais finalement aussi ses propres enfants (on ne peut s'empêcher d'évoquer que l'un des enfants de Madame K. est effectivement décédé, « celui qui avait toujours été maladif » !).

À noter encore, à ce registre de la violence, ce constat amer de Dora, selon lequel « le père l'avait sacrifiée [à ses intérêts] », qui semble loin d'avoir été une métaphore outrancière. En fait de sacrifice, on pourrait même aller jusqu'à prétendre que ce qu'elle dénonce est bien une lente mise à mort.

[1] Médée aida Jason à conquérir la toison d'or. Ils eurent ensemble deux enfants. Lorsque Jason la trompa avec Créüse, pour se venger, elle la tua en lui offrant une robe empoisonnée, puis occit les deux enfants qu'elle avait eus avec Jason.

Comme dit plus haut, le cas de Dora nous paraît paradigmatique du sort que connaissent un grand nombre de nos patients. C'est donc à dessein que nous soulignons les enjeux extrêmes auxquels ils sont confrontés, qui, à bien des égards, ont quelque chose de tragique. C'est en restituant à ces patients cet aspect de leur histoire que nous pouvons les aider.

QUELLES VIOLENCES ?

En définitive, comment peut-on qualifier les violences qui sont à l'œuvre dans ce système ? Voyons-en les différentes formes.

Une violence omniprésente

En premier lieu, ce qui nous frappe est que cette violence est *omniprésente*. Chaque personnage de cette dramaturgie en incarne une partie, chaque démarche en est empreinte, chaque protagoniste la relaie plus loin, éventuellement jusqu'au médecin. Non seulement cette violence contamine chaque acte de cette sinistre pièce, mais elle infiltre les protagonistes jusqu'au plus profond de leur être, jusqu'aux rêves, par exemple, de Dora (incendie, peur d'être consumée, père mort, cimetière...)[1]. Cette violence est aussi *constante*. Elle ne connaît ni trêve ni répit, même lorsque Dora est malade. Constante, elle l'est aussi tout au long des ans : ce n'est pas à un bref épisode pénible que nous confronte le récit de Freud, mais bien à un harcèlement qui s'étend sur des années. Constante enfin par l'acharnement que met l'ensemble de ses protagonistes pour s'attacher Dora, pour contrôler ses attitudes, ses sentiments, ses pensées. Nous rejoignons là probablement le concept d'*engrènement*, tel qu'il a été décrit par Racamier, en tant que rapprochement forcé permettant l'injection de matériel psychique dans la victime.

---

[1] Peut-être les rêves sont-ils les premiers à figurer cette violence, si l'on en croit l'admirable livre de Charlotte Beradt *Rêver sous le IIIe Reich* : les rêves qu'elle collectait déjà en 1933 chez tout un chacun étaient tous imprégnés de la violence nazie ambiante (Charlotte Beradt, *Rêver sous le IIIe Reich*, Éd. Payot, 2002).

Une violence conjugale froide

Nous avons également observé qu'il s'agissait d'une violence « *froide* », particulièrement entre le père et la mère de Dora. À travers le récit de Freud, on saisit la haine chronique qui oppose les deux époux, chacun muré dans ses positions. Ce conflit apparaît comme intangible (Freud en parle à peine, sous la forme d'un constat), ne se révélant qu'à travers quelques brusques esclandres (conflit autour de l'habitude de la mère d'enfermer le fils à clé pendant la nuit, querelle autour d'un cadeau du père refusé avec véhémence par la mère). Quels que soient les motifs qui nourrissent cette animosité mutuelle, on sent qu'ils sont inabordables (et pourtant nous verrons plus bas qu'à notre avis il eût fallu tout tenter pour les aborder tout de même, car c'est là probablement que se situait la véritable clé de l'énigme – et non dans la sexualité de Dora, comme le prétend avec insistance Freud). En réalité, le couple, paradoxalement, s'entend à merveille pour éviter toute *véritable* confrontation et pour *faire passer leur conflit dans les actes* de leur vie quotidienne. Là, expulsé du registre psychique et exporté dans le registre comportemental, il va se donner à voir, et même théâtralement. Mais il ne les menacera ni l'un ni l'autre d'une quelconque remise en question. Ils pourront le contempler bien à l'abri, en toute immunité, comme un problème certes déplorable, mais à eux étranger.

Une violence dissimulée

Un autre point que nous avons évoqué et qui nous paraît essentiel, est l'aspect « *masqué* », dissimulé, « lisse », de cette violence. Tout se passe dans un climat feutré, apparemment plein d'amabilités, de séduction. La gifle de Dora à Monsieur K. est le seul acte clairement offensif, qui rompt avec l'hypocrisie ambiante. Pas de coups, (presque) pas d'injures, l'apparence d'une famille bourgeoise est sauve. A ce propos, on peut aussi dire que cette violence est *lâche*, s'en prenant toujours à un membre dépendant, comme un enfant – et jamais au riche propriétaire d'entreprises (qu'était le père de Dora par exemple).

Cette dissimulation et cette duplicité vont jusqu'à induire certaines *inversions* : le père, qui est pourtant l'un des agresseurs, se pose en géniteur plein de sollicitude, désireux d'aider son enfant. Ce faisant, il ne reconnaît pas le statut de victime de sa fille, qu'il transforme en malade, et même en bourreau dont il serait, *lui*, la victime (« Tâchez de lui faire comprendre… »).

Une violence paradoxale

On entre là dans le domaine, essentiel, du *paradoxe*. Toutes ces interactions, ces agressions, ces manipulations sont en effet essentiellement paradoxales. On le constate dans les réactions de Dora : plus elle se défend, plus elle vitupère, plus elle endosse le statut désastreux de malade, d'hystérique. On perçoit, chez elle, comme chez nombre de nos patients, qu'il n'y a *aucune issue* à leurs tourments. Ainsi, dans leur situation, partir, s'éloigner, prendre de la distance, équivaut à baisser les bras et se résigner, alors que se battre, chercher à convaincre ne fait que les aspirer dans le piège d'une spirale sans fin où ils perdent toute leur énergie et sont en définitive le jouet de leurs manipulateurs. La métaphore des sables mouvants est souvent très parlante pour eux. (Un autre exemple de cette dynamique paradoxale nous a été fourni par une patiente. Son oncle, assurément pervers, possédait un chalet situé sur une pente raide. Pour y accéder, les visiteurs devaient s'agripper à une barrière – qui se révélait électrifiée. Lorsqu'ils l'empoignaient, ils recevaient une décharge électrique mais, s'ils la lâchaient, ils manquaient de tomber à la renverse, spectacle dont se délectait l'oncle).

Une violence hypocrite

Cette violence est encore fondamentalement hypocrite. Elle eût déjà été horrible si elle eût été formulée clairement (par un père clairement pervers qui aurait dit : « Arrête de regimber, laisse Monsieur K. te posséder, comme ça il me laissera tranquille avec sa femme »). Mais sous la forme inversée (« Je me fais du souci pour elle, docteur, pouvez-vous soigner son comportement maladif ? »), elle est tout simplement horrifiante. Elle évoque un concept injustement oublié, celui de *mystification*, tel que Ronald Laing l'avait brillamment exploré au cours des années 1960. On dirait aujourd'hui qu'il s'agirait d'un abus parachevé, qui a réussi à amener la victime à adhérer au scénario qui lui est imposé, à intérioriser cet abus en se croyant effectivement malade et en remerciant son père et Monsieur K. de leurs aimables attentions[1]. Cette *inversion hypocrite* pourrait même être envisagée comme un concept spécifique. Le patient « désigné » se voit contraint d'endosser toutes les parties mauvaises que son entourage proche lui injecte tout en faisant semblant de l'apprécier et de se préoccuper de sa santé. Plus il va mal, plus cet entourage se sent en sécurité et peut s'autoriser, sans risque, des mouvements compassionnels à son égard. Finalement, l'opération va se trouver « verrouillée » par l'intervention d'un tiers autorisé qui scellera le sort de cette victime en la déclarant hystérique (ou psychotique…).

Une violence perverse

Une telle attitude, qui combine des mouvements apparents aimables à des inductions souterraines mortifères, peut assurément être qualifiée de perverse. Qui nous dira la jouissance inhérente à un tel abominable double jeu ? Cette notion de « double jeu » devrait d'ailleurs être explorée sous l'angle de la perversion. Elle pourrait concerner toutes ces personnes, éventuellement ces patients, que nous voyons occupés à mener simultanément deux actions antagonistes. Cette duplicité se traduirait dans deux séries d'actes incompatibles, sans que l'intéressé n'en assume aucunement le conflit. En ce qui concerne Dora, on voit que le père à la fois l'utilise dans ses desseins séducteurs de Madame K. et entreprend de la faire soigner par Freud. Ces deux mouvements contraires ne sont l'objet d'aucun conflit chez lui ; c'est à Dora, sur laquelle ce conflit est expulsé, qu'il revient de l'assumer.

[1] Ce qui ne va pas sans évoquer la fin de *1984*, où Winston souriait béatement : il aimait Big Brother. Le thème de l'intériorisation de l'agresseur a été admirablement décrit et analysé par Sandor Ferenczi dans son *Journal clinique* (Éd. Payot, 1985, réédition en 1990, p. 160).

Tâche évidemment impossible, dans laquelle on la voit se débattre, essayant de convaincre son père de reprendre ses responsabilités et, ainsi, de la soulager de ce fardeau, à elle étranger. C'est ce qu'avait, dès 1992, parfaitement compris Paul-Claude Racamier, qui écrivait dans son *Cortège conceptuel*, à la rubrique « Innocence - fausse innocence : désigne une apparence singulière d'innocence, offerte par certaines personnalités à narcissisme pervers, qui parviennent à présenter des clivages internes sans en rien laisser paraître et sans aucunement en souffrir, les faisant "co-agir" et calfater par l'entourage ».

» Cette "innocence" toute apparente est particulièrement trompeuse et redoutable ; elle signale l'organisation caractérielle d'une perversion narcissique le plus souvent inamovible ; l'air de tranquillité résulte de la triple "impasse" effectuée aux dépens d'autrui par le moi de la fausse innocence : impasse sur son surmoi (la considération pour autrui est privée d'importance) ; impasse sur le clivage (dont le calfatage est assuré à grands frais par le soin d'autrui, qui, lui, ne s'y retrouve plus) ; impasse enfin sur le deuil des illusions narcissiques (la personne étant fermement persuadée d'incarner la petite merveille imaginée par sa mère). Ainsi se réalise pleinement les conditions requises par la perversion narcissique. (1992 ; je dois un tribut à Jean Guillaumin pour la mise à jour de cette invention peu commune) »[1].

Un réexamen de tous les cas décrits par Freud dépasse le cadre de cet ouvrage. Signalons simplement que l'ensemble des dynamiques décrites jusqu'ici, y compris et surtout ce double jeu familial, se retrouvent dans d'autres cas, notamment celui du président Schreber, dont le père, Moritz, un médecin très célèbre et respecté, semble n'avoir pas été dénué de graves problèmes psychiques méconnus et probablement injectés chez son fils[2].

---

[1] Paul-Claude Racamier, *Cortège conceptuel*, *op. cit.*, p. 47.

[2] Jeanne Defontaine, *L'empreinte familiale : transfert, transmission, transagir*, Éd. L'Harmattan, 2007.

Une violence mortifère

On peut encore avancer qu'il s'agit d'une violence *dévitalisante.* Dora n'est que l'objet du désir des autres, elle est mue par eux, utilisée par eux, et c'est à ce titre-là qu'elle est présentée comme précieuse. Mais elle-même n'a aucune existence propre, en dehors de ses velléités de révolte. Comme une balle de flipper, elle est propulsée de part et d'autre, sans jamais pouvoir s'arrêter ni se consacrer à des activités ou à des réflexions propres à son âge et à ses intérêts. Un être humain relégué au statut de chose, avec lequel on joue est bien pathognomonique d'un système pervers.

Une violence criminelle

Enfin, cette violence peut être, sans excès d'emphase, qualifiée de *criminelle.* Ces agissements continus, ubiquitaires sont en effet de nature à pousser ceux qui en sont victimes dans leurs derniers retranchements. Dans le cas de Dora, l'action à laquelle elle se résout finalement est celle, admirable, de réunir tous les acteurs de ce drame en vue d'une franche explication. Elle dit son fait à Monsieur K. devant tout le monde et l'oblige à avouer. Elle révèle la complicité de Madame K. et sa relation adultère avec son propre père, clarifie les rôles, dissipe les impostures et rétablit la vérité. On n'aurait su mieux faire en thérapie. À ce titre, à l'instar d'Anna O., qui fut qualifiée d'inventrice de la psychanalyse, Dora pourrait prendre place parmi les promoteurs de la psychanalyse des familles perverses.

Pour autant, bien d'autres aboutissements malheureux auraient pu advenir : une dépression franche par exemple, une perte de la raison peut-être, avec des symptômes d'égarement ou de confusion. Un suicide, forme extrême de la *dévitalisation* évoquée plus haut, n'eût pas été exclu, et on a vu que l'idée avait traversé l'esprit de Dora et peut-être celui de son père. Et pourquoi pas un meurtre, si cette agressivité avait trouvé des voies autres que le retournement contre soi ? Dora ne voulait-elle pas se venger, explique maintes fois Freud ? Aurait-elle pu abattre Monsieur K. ? Ou sa femme ? Et pourquoi pas son père – ce qui aurait scellé du même coup et sa vengeance et sa perte. Ces cas de figure ne sont pas si extravagants et correspondent au véritable désespoir qui anime ces victimes en quête d'une issue, quelle qu'elle soit, à ces liens invivables. Ces éventualités soulèvent d'importantes problématiques : on imagine sans peine qu'un aboutissement de cet ordre serait l'apothéose du système pervers : à force de petites inductions à agir, exercées concomitamment, ce système serait parvenu à provoquer à un acte meurtrier. Apothéose du système pervers, car Dora, ce faisant, eût pleinement incarné le *verrouillage* de l'*exportation* de l'agressivité chez elle. En l'endossant si pleinement, elle eût légitimé chez tous les autres une posture totalement innocente, ingénue et éventuellement compatissante.

Ces agissements, ces éventuels délits, ainsi exportés, posent des problèmes qui dépassent le simple registre psychologique, ce qui n'a pas échappé à Racamier. Voici ce qu'il en dit : « Exemple cruel : une personne aurait "songé" au meurtre ; l'autre, sans en rien connaître, et sans personnellement savoir pourquoi, attaque. Qui débrouillera jamais le fin mot de cette affaire ? »[1]

C'est ainsi que nous sommes amenés, au gré de ces réflexions, à aborder des thématiques à première vue étrangères à la psychologie, telles que le *préjudice* ou le *tort* portés à quelqu'un (les termes de *victime* ou d'*abus* nous y avaient quand même préparés). Nous comprenons parfaitement les psychanalystes qui rechignent à entrer dans cette logique qu'ils estiment par trop juridique. Pourtant, il apparaît indispensable de s'y référer pour aborder de manière réaliste les réseaux pervers et leurs effets désastreux. Allons même plus loin, d'autres interrogations sont, à ce point de nos réflexions, nécessaires. Les rôles doivent être précisés : qui est l'*instigateur* principal ? (Dans la famille de Dora, nous avions émis l'hypothèse que c'était la mère.) Qui sont les *complices*, (éventuellement) *actifs* ou *passifs* ? Qui *collabore*, qui se montre *complaisant* dans ce jeu de dupes ?

---

[1] Paul-Claude Racamier, « À propos de l'engrènement », *Gruppo*, N° 6, 1990, pp. 83-95.

Qui peut être accusé d'une *ignorance délibérée* ou d'un *aveuglement volontaire* ? Qui n'a agi que par soumission aux ordres ? Qui s'est laissé lâchement aveugler ? Qui n'est qu'un *témoin* ? Et qui, peut-être, est un *allié* ? Et cet allié est-il réellement *fiable* ?

Une fois encore, Dora nous fournit la matière à ce type d'interrogation, lorsqu'elle croit, dans un premier temps, trouver dans sa gouvernante une amie, jusqu'à ce qu'elle se rende compte qu'elle aussi, amoureuse de son père, fait partie de l'intrigue.

D'autres questionnements doivent encore être ouverts. Quelle conscience de ses méfaits avait précisément chacun des auteurs ? Quelle réelle adhésion manifestait chacun à cette dynamique ? Quelle est la part de crapulerie, de volonté délibérée, de folie ou de bêtise dans chacun de leurs agissements ? Ces questions peuvent paraître extravagantes, mais elles sont surtout cruciales pour les victimes : « Ma mère était-elle au courant ? », s'interrogent-elles des années plus tard ; « Mon frère n'aurait-il pas pu me soutenir plus clairement ? », etc., sont le genre de questions qui les taraudent. Dora, par exemple s'interroge sur le statut de son père : peut-elle le considérer comme un protecteur auprès duquel elle peut se réfugier face aux avances de Monsieur K., ou au contraire est-il le promoteur de ce sordide échange ? Freud, qui décrit pourtant ce dilemme, ne souligne pas assez l'horreur qu'il implique. Nous verrons d'ailleurs qu'il en va de même quant à son statut à lui, Freud, sur lequel s'interroge tout aussi fiévreusement Dora : « Elle me comparait d'ailleurs toujours consciemment à [son père], cherchant anxieusement à s'assurer que j'étais tout à fait sincère avec elle, car son père "préférait toujours les cachotteries et des voies tortueuses". »

Enfin, pour clore cette analyse des systèmes pervers, il convient évidemment de mentionner que, pour être victimes, ces patients n'en sont pas moins extraordinairement actifs. Qu'ils ont eux-mêmes été à bonne école et qu'ils se révèlent même parfois des élèves plus redoutables que leurs maîtres. Ainsi cette patiente qui, longtemps persécutée et critiquée par sa mère, avait retourné le stratagème et la harcelait plusieurs fois par jour au téléphone pour lui demander conseil sur le moindre détail sa vie quotidienne.

Quelle *responsabilité* portent tous ces protagonistes de leurs actes ? Là encore, la question est loin d'être théorique, et certains patients se la posent avec acuité. Il s'agit pourtant d'une question qui dépasse les limites de cet ouvrage. Elle se situerait dans le prolongement des problématiques de *maltraitances*, déjà bien codifiées, ou de *harcèlement moral*, nouvellement introduit dans le code pénal français. Sous notre angle clinique, ce qui nous semble apparaître est une distinction entre des notions de responsabilité *juridique* et celles relevant d'une responsabilité *morale*. La première peut évidemment s'imposer, mais se révèle souvent frustrante pour ceux qui y font appel et qui ne désirent pas forcément voir l'un ou l'autre de ses parents dénoncé, ni a fortiori recevoir d'eux un dédommagement d'ordre pécuniaire. Très souvent, c'est bien plus sur le registre moral que se situent les enjeux. Dora par exemple, veut être *réhabilitée*, autrement dit elle veut que l'on comprenne que ses récriminations sont légitimes, qu'elles émanent non d'une malade mentale mais d'une fille ordinaire, attachée à ses proches et simplement désireuse d'une famille qui vive de manière correcte.

Une violence antœdipienne

Tout le cas Dora mérite d'être envisagé sous l'angle des origines, ou plutôt, faudrait-il dire, des non-origines, puisque ce sujet se trouve constamment dénié ou entravé. Les protagonistes de cette scène se présentent comme s'ils n'avaient pas d'ancêtres ; cette dramaturgie qu'ils exposent se suffit à elle-même. On observe là une alliance inconsciente qui les lie étroitement, celle d'obturer toute curiosité, toute interrogation ayant trait aux origines. Cette complicité est probablement l'objet de vérifications mutuelles constantes. Chaque épisode, chaque drame en est une opportunité : toutes ces crises donnent l'apparence d'être pénibles, mais en réalité elles fournissent l'occasion de contrôler que chacun se plie à la règle antœdipienne fondamentale du déni des origines et ont, dans ce sens, certainement une fonction rassurante pour eux. Système autoengendré qui ne doit rien à personne, ce qui implique aussi d'autres conséquences : le transfert ne s'effectue pas, si ce n'est son équivalent pervers qui tendrait à s'approprier le thérapeute pour le manœuvrer à sa guise. Enfin, mentionnons encore l'inévitable corollaire de tels systèmes, celui de la mégalomanie, chacun des participants étant certainement persuadé de sa supériorité par rapport aux personnes ordinaires, limitées par une morale tout aussi banale.

Dora, en tant que « figurante prédestinée », y tient un rôle capital, celui de « verrouiller » le système. En attirant l'attention sur elle, en focalisant les inquiétudes ou les récriminations sur son comportement ou ses troubles physiques, elle contribue à empêcher toute réflexion sur le sens (y compris chez Freud). Elle aussi est donc engagée dans ce mouvement de « désengendrement ». Racamier a même parlé dans ce sens de « décervelage » pour montrer que, dans ces familles incestuelles, ce n'est pas le tabou de l'inceste qui prévaut, mais l'interdit de penser.

FREUD ET SON ANALYSE

Pourquoi s'intéresser à Freud ?

Après avoir étudié les mouvements pervers et les différentes formes de violence dans la famille et l'environnement de Dora, il est temps de nous intéresser à l'approche qu'en fit Freud et à l'attitude thérapeutique qui en résulta, et qui eut assurément des suites capitales dans l'abord ultérieur de pathologies similaires.

Pour cela, nous allons reprendre l'exposé du cas Dora, pas à pas et de manière critique. Tâche délicate. Freud, on le sait, a construit ce récit comme un roman, et l'attitude qu'il induit ainsi chez le lecteur est plutôt celle de se laisser porter par le narrateur jusqu'au dénouement. Cette forme de passivité est renforcée par le ton catégorique utilisé dans ce texte qui se veut la démonstration d'une nouvelle science. Si quelques doutes sont prudemment exprimés, la rhétorique est en revanche très décidée (parfois même, nous le verrons, biblique : « Qui a des yeux pour voir, des oreilles pour entendre… »). Se sortir d'une position de lecteur subjugué nécessite donc un effort et génère une fatigue conséquente : certains énoncés de Freud se révèlent beaucoup plus déroutants, voire incompréhensibles, qu'il n'y paraîtrait de prime abord.

Disons-le tout net : d'une façon générale, l'attitude de Freud dans le traitement de Dora reste pour nous une énigme que nous n'avons pas réussi à percer. Voici néanmoins quelques éléments de réflexion.

Freud somaticien et psychanalyste ?

C'est bien en tant que somaticien, en l'occurrence neurologue, que Freud a été sollicité en premier lieu par le père de Dora, qui souffrait d'une syphilis gravissime, au stade tertiaire. Satisfait de ses soins, ce dernier lui amènera quelques années plus tard sa fille en traitement. Le thème de la syphilis et de sa contagiosité traverse, comme un fil rouge, tout le récit. Freud pourtant n'en parle jamais explicitement. Dans les faits, la mère de Dora a été infectée et elle en souffre, psychiquement et physiquement, ce qui joue évidemment un rôle dans son comportement de propreté compulsive et dans son évitement des rapports avec son mari. Celui-ci a-t-il pareillement contaminé sa maîtresse, Madame K. ? Il n'en est jamais question, malgré les digressions sur leurs pratiques sexuelles orales (alors que, même à l'époque, on savait que la transmission pouvait aussi s'effectuer de cette façon). Et, si Madame K. avait été contaminée, cela aurait-il pu jouer un rôle dans l'éloignement sexuel de son mari ? Ces questions médicales très concrètes ne sont jamais directement abordées par Freud, sauf une fois où, constatant l'angoisse de Dora d'avoir été elle-même infectée (par son père !), il lui pose la question : elle répond qu'elle le craint, l'associant à des pertes blanches dont elle souffre. Étonnamment, Freud n'entre pas du tout en matière sur ce que signifie cette éventuelle contagion par le père, mais retourne cette accusation comme un reproche qu'elle se formulerait en réalité à elle-même (en l'occurrence, celui de se masturber).

On voit là une opération troublante, une sorte de double tour de passe-passe, malaisé à décrire : une certaine réalité médicale commence par être prise en compte, puis elle est laissée en plan, non résolue, pour être poursuivie sur un autre registre, en l'occurrence psychique. Le reproche dirigé contre le père se voit inversé et imputé à la fille. Il en résulte un certain malaise : le problème somatique est abordé, mais il n'est pas réglé. Seule une partie de sa signification est saisie ; elle est même utilisée, assez brutalement, pour nourrir une interprétation psychologique. Autrement dit, il y aurait là deux violences que Freud ferait subir à Dora : celle, relevée par maints auteurs d'une interprétation assez « sauvage », mais celle aussi, moins manifeste, d'un *déni partiel* de la réalité – en l'occurrence la réalité médicale. En d'autres termes, on pourrait formuler que cette contagiosité est *à la fois prise en compte et à la fois ignorée.* Cette forme de déni partiel ne manque pas d'engendrer chez le lecteur un état particulier de confusion.

Ces alternances d'une logique somatique à une dynamique psychologique sont d'ailleurs fréquentes dans le récit de Dora. Si l'on y ajoute les interventions portant tour à tour sur les *comportements*, les *interactions* entre les personnes, les *fantasmes inconscients* ou les *rêves*, on se rend compte de la multiplicité des référentiels auxquels Freud a recours, entraînant parfois le lecteur dans une sorte de tourbillon. Il arrive aussi que les langages psychologique et somatique soient amalgamés, aboutissant, là encore, à une drôle de mixture : ainsi, lorsque Freud nous explique que le dégoût éprouvé par Dora lors de la tentative de viol par Monsieur K. provenait du déplacement d'une sensation génitale sur le « tractus muqueux à l'entrée du canal digestif »[1], on se demande vraiment d'où il tient une expression aussi rébarbative !

Freud et la perversité

Revenons au thème des dénis partiels : ils se retrouvent à de nombreuses reprises dans le récit du cas Dora. On pourrait les

[1] *« von seiten des mit den Lippen beginnenden Schleimhauttraktes ».*

condenser autour de l'interrogation suivante : Freud était-il conscient de la perversité du milieu dans lequel évoluait Dora ? Cette question est loin d'être anodine, nous dirions même qu'elle est cruciale. Si la réponse est oui, pourquoi n'en a-t-il rien fait ? Si la réponse est non, comment se fait-il qu'il la décrive si bien ?

Thèse 1

Freud percevait parfaitement la perversité de ce milieu

Les arguments en faveur d'une compréhension de cette perversité sont très nombreux. Nous avons vu que Freud relate avec une grande finesse les stratagèmes de chaque adulte autour de Dora. Les déplacements de chacun, d'une ville à l'autre ou à l'intérieur de l'hôtel ou de la maison, sont scrupuleusement mentionnés, avec le décryptage de leurs intentions sous-jacentes ou de leurs effets. Les relations ambiguës qui lient chacun des membres aux autres sont parfaitement décrites : attractions, répulsions, utilisations (de Dora ou des enfants) pour séduire (le père ou Monsieur K.), tout est exactement noté. Même les mensonges du père (le déni de l'adultère, la fable du suicide) ou de Monsieur K. (déni de la scène du lac) sont évoqués avec précision. Notons simplement que toutes ces observations sont mises dans la bouche de Dora, sans que jamais Freud, lui, ne prenne expressément position.

Il y a une exception à cette surprenante réserve. Il s'agit des relations de Freud avec le père de Dora. Celles-ci font l'objet de deux observations. Nous avions remarqué les qualificatifs élogieux qu'il lui décernait dans un premier temps, ce qui nous avait un peu choqués, eu égard au comportement scabreux de cet homme, notamment envers sa fille. Notons également un point apparemment minime: dans le paragraphe suivant, lorsque ce père déclare : « Vous savez que ma propre femme n'est rien pour moi », Freud ne manifeste aucune réaction. Était-il conscient que son silence équivalait à une forme d'approbation tacite ? Comme nous avons eu l'occasion de l'exposer, le commerce avec des patients pervers ressemble bien plus à une arène – dans laquelle nous autres, les thérapeutes, sommes impliqués dès le départ – qu'à un théâtre qui déploierait son action face à un spectateur distant et confortablement assis. Ici, cette forme d'implication implicite transforme *de facto* un thérapeute initialement neutre et possiblement bienveillant en un agent impliqué activement dans la propagation de la violence. Lorsque, enfin, ce père demande à Freud « de mettre [Dora] maintenant sur de meilleures voies », ce dernier ne réagit pas non plus.

Nous sommes d'autant plus étonnés de lire, en fin de récit, ce commentaire de Freud : « [le père] avait donné son appui à la cure aussi longtemps qu'il avait pu nourrir l'espoir que je "dissuaderais" Dora de penser qu'entre lui et Madame K. il existait quelque chose d'autre qu'une amitié. Son intérêt s'éteignit lorsqu'il remarqua que ce résultat n'était pas dans mes intentions. » Nous sommes évidemment satisfaits de lire cette constatation critique vis-à-vis des desseins troubles de ce père ; soulagés aussi, mais interrogatifs : pourquoi n'en a-t-il pas expressément fait état à Dora ? C'était pourtant ce genre de réassurance qu'elle implorait avant tout, et Freud le savait bien, lorsqu'elle le « comparait d'ailleurs toujours consciemment à [son père], cherchant anxieusement à s'assurer que [Freud] était tout à fait sincère avec elle, car son père "préférait toujours les cachotteries et des voies tortueuses". » Il nous semble, quant à nous, que, dans un milieu aussi frelaté par des non-dits, des dissimulations, des falsifications, le thérapeute se doit de se positionner clairement du côté de la recherche de la vérité. En formulant cette opinion, nous sommes bien conscients du caractère aléatoire et relatif des vérités humaines de manière générale. La vérité dont il s'agit ici n'a rien à voir avec ces subtilités, elle est simplement le contraire du mensonge.

Quelle était donc, en définitive, la position de Freud envers toutes ces personnes ? Nous avons vu qu'envers le père, il refusait de se conformer à ses injonctions, mais qu'il ne le formulait pas. À aucun moment il ne se permettra d'ailleurs la moindre critique à son égard. En ce qui concerne Monsieur K., les choses prennent une tournure encore plus problématique, éthiquement parlant. Voyons ce qu'il en est précisément en nous appuyant sur les trois traumatismes dont il est question dans ce récit.

Le premier traumatisme

Le premier de ces traumatismes concernerait, d'après Freud, la fameuse « scène du lac ». Notons tout d'abord une étrange information que nous livre Mikkel Borch-Jacobsen, selon laquelle, de façon générale, Freud aurait donné une année de plus à Dora[1]. Lors de cet épisode, par exemple, elle n'aurait eu en réalité que quinze ans. Freud commence par dire que cette scène (de « déclaration d'amour ») constitue le trauma qu'il avait postulé, avec Breuer, à l'origine de toute hystérie. On en reste fort perplexe : tous les traumas que Freud avait courageusement décrits jusque-là étaient le fruit de violences extrêmes, subies par les patients au cours des premières années de leur vie, jamais à l'adolescence. Effectivement, Freud mentionne lui-même cette objection et avance que « nous devons donc remonter jusqu'à l'enfance pour y rechercher des influences ou les impressions susceptibles d'avoir une action analogue à celle d'un trauma ». Malheureusement, et inexplicablement, il n'en fait rien. À aucun moment il ne s'interroge sur les premières années de vie de sa patiente.

Quant à l'effet qu'aurait pu avoir la « scène du lac », on sait que Freud en donne deux explications : en premier lieu, lorsqu'elle entend la phrase « Ma femme n'est rien pour moi », Dora se sent humiliée, car elle sait que Monsieur K. a prononcé exactement les mêmes mots à l'intention de la gouvernante qu'il subornait. Effectivement, cette interprétation paraît fondée. Réitérons simplement notre observation selon laquelle, par cette simple phrase, Monsieur K. tentait d'associer Dora dans une coalition contre sa femme. Dora, au moins, n'a pas laissé dire sans réagir. Mais plus tard Freud prétendra qu'il ne s'agissait là que d'une banale saute d'humeur et que le véritable « traumatisme » provient en réalité du fait que Monsieur K., une fois

---

[1] Mikkel Borch-Jacobsen, *Les patients de Freud ; destins*, Sciences Humaines Éditions, Paris, 2011, pp. 85-92.

giflé, n'a *pas* poursuivi ses assiduités ! Sans du tout vouloir méconnaître l'implication de Dora dans ces manœuvres, on reste néanmoins pantois devant cette interprétation qui inverse toutes les données déterminant qui est la victime, qui est le prédateur (la séductrice ?), de quelle sorte de violence il s'agit, etc.

Aurions-nous donc rêvé ? Monsieur K. ne serait-il qu'un honnête homme dévoyé par une coquette dépravée ? Ce n'est pourtant pas le tableau qu'en dépeint Freud lui-même, lorsqu'il nous retrace un traumatisme antérieur subi par Dora, la tentative de viol dans le magasin de Monsieur K.

Le deuxième traumatisme : la tentative de viol

Notons pour commencer que, en dépit de l'évidence, Freud n'emploie jamais le mot « viol ». Il n'emploie d'ailleurs aucun terme pour désigner cette agression. Ce qu'il fait en revanche, c'est de nous détailler par le menu la stratégie, hautement perverse, élaborée par Monsieur K. pour assaillir Dora. Il élabore tout un projet, présentant toutes les garanties de l'innocence, pour attirer la fillette dans son magasin : « Les dames se rendraient l'après-midi à son magasin sur la grand-place de B. pour assister de là à une festivité religieuse. » Très vite, les choses prennent une tournure bizarre, plus alarmante : « Il incita sa femme à rester à la maison, congédia les commis, et il était seul lorsque la jeune fille entra dans le magasin. » Notons la narration si précise, exactement adaptée à la description d'interactions perverses – et qui évoque le style d'un roman policier. On peut évidemment s'interroger sur le rôle précis de Madame K., qui se retire exactement au moment opportun pour laisser Dora seule avec son mari. « Le moment de la procession approchant, il demanda à la jeune fille de l'attendre près de la porte qui, du magasin, conduisait par un escalier à l'étage supérieur pendant qu'il descendait les stores roulants. » Il n'y a aucun doute, cette description, pleine de suspense, est vraiment celle d'un prédateur sexuel. La suite le confirme : « Il revint ensuite et, au lieu de sortir par la porte ouverte, il serra brusquement la jeune fille contre lui et appliqua un baiser sur ses lèvres. » Dora, nous apprend enfin Freud, « se dégagea et se précipita, passant devant l'homme, vers l'escalier et, de là, vers la grand-porte. » On ne saurait mieux exposer les péripéties successives d'un attentat à la pudeur sur une jeune fille qui, selon M. Borch-Jacobsen, avait 13 ans à l'époque. On constate une planification ourdie de longue date, des stratagèmes assez machiavéliques (la procession religieuse !), de probables complicités (celle de Madame K., déjà évoquée, mais également, et principalement, celle du père de Dora, qui l'avait confiée aux K.)[1], sans parler de celle de sa mère, la grande absente et probable instigatrice de toute l'affaire. Freud nous décrit ainsi le détail de la prédation avec l'enfermement de la victime dans un espace clos puis l'agression proprement dite.

Thèse 2

Freud ignore complètement le registre de la perversion

C'est dire notre stupéfaction devant les conclusions que tire Freud de cette description magistrale. « C'était bien la situation propre à provoquer chez une jeune fille de 14 ans que nul n'avait encore touchée une nette sensation d'excitation sexuelle » ! Comment Freud peut-il sérieusement avancer une telle proposition après avoir si bien décrit toute la violence qui la précède ? Il y a là une incongruité majeure. Pourtant, Freud persiste et signe : il ne s'intéresse aucunement à l'abuseur mais porte uniquement son attention sur la victime, et cela dans un sens terrible, s'étonnant que Dora ressentît à ce moment-là un violent dégoût. Cette réaction de défense, évidemment tout à fait normale et même opportune, lui apparaît comme le signe indubitable d'une pathologie : « Le comportement de cette enfant de 14 ans est déjà complètement et totalement hystérique. » Et il poursuit même : « Je tiendrai sans hésiter pour une hystérique toute personne chez qui une occasion

---

[1] Peut-être faudrait-il même inclure les employés de Monsieur K. Dans *Saccages psychiques au quotidien*, nous avions repris un récit hallucinant d'Irwin Shaw, *Le bal des maudits* (Éd. Phébus, 1996), dans lequel l'héroïne se faisait violer par le fils du tenancier de l'auberge où elle passait la nuit. Le lendemain, elle apprenait que tout le village était au courant des méfaits de ce fils sur toutes les touristes de passage comme elle.

d'excitation sexuelle provoque principalement ou exclusivement des sentiments de déplaisir… » On reste consterné devant une assertion aussi abrupte et, surtout, qui balaie complètement la violence inhérente à cette tentative de viol, de surcroît à connotation incestueuse, vu l'âge avancé de Monsieur K. (Il semblerait en effet que Monsieur K. ait eu à l'époque quarante-quatre ans, ce que Freud ne nous dit pas. Bien au contraire, il indique dans une note infrapaginale : « Je connais par hasard Monsieur K. (…) C'est un homme encore jeune d'un extérieur avenant », pensant peut-être par là dédouaner ce personnage et étayer son diagnostic d'hystérie). Par la suite, il restera rivé à ce sentiment de dégoût éprouvé par Dora, qu'il analysera sous tous ses aspects : celui, déjà mentionné, de la « sensation génitale » plaisante transformée en « sensation de déplaisir relevant du tractus muqueux à l'entrée du canal digestif ». Puis d'autres interprétations pour le moins audacieuses qui voudraient que la malheureuse Dora ait associé la sensation du sexe en érection de Monsieur K. à un excrément, arguant pour cela que fonctions excrémentielles et sexuelles sont anatomiquement voisines. Ou encore l'association (plus vraisemblable, elle) avec la répulsion inspirée par les maladies vénériennes du père.

Le dégoût

Le thème du *dégoût* mérite une mention particulière, au vu des significations diamétralement opposées qu'on peut lui prêter selon qu'il s'agisse d'une dynamique névrotique ou perverse.

Dans un contexte névrotique, nous avons affaire à un mouvement de rejet face à un objet partiel (comme des odeurs, des poils…) ou face à un fantasme ou une représentation érotique. Dans des situations ordinaires, ces mouvements d'aversion sont de peu d'importance et s'intègrent au sein d'échanges amoureux qui les neutralisent. Le cas échéant, ils peuvent prendre une importance inhibante de type phobique.

Dans les situations de perversion, au sens large, le dégoût concerne principalement des objets extérieurs qui, sous une forme éventuellement sexuelle, menacent l'intégrité physique, psychique ou sexuelle de la personne concernée, éventuellement sa dignité. Cette réaction de rejet est une réaction d'autoconservation, de protection contre l'agression, et n'a évidemment rien de pathologique, bien au contraire.

L'étude des interactions entre l'abuseur et sa victime nous a montré l'importance considérable que le premier accorde aux *réactions* qu'il suscite chez l'autre, particulièrement celle du dégoût (l'autre réaction recherchée étant la peur). Beaucoup de pervers cultivent d'ailleurs leur aspect repoussant. Le pervers va à la fois jouir de cette réaction déclenchée par lui et l'attaquer. Il va chercher à convaincre sa victime que cette réaction est indue. Qu'elle devrait au contraire apprécier cette stimulation et que ces réticences sont le signe d'une inhibition. En tentant d'abolir cette défense chez sa proie, c'est sa reddition totale qu'il vise. Il y a là une forme de *verrouillage* de l'abus : le premier niveau concernerait l'effraction sexuelle proprement dite, le deuxième la destruction des réflexes de défense (et peut-être une troisième étape serait-elle l'adhésion active de la victime, devenue complice).

La valeur normale, *positive* du dégoût mérite d'être soulignée non seulement dans le cas clinique de Dora, mais dans un grand nombre de situations sociales actuelles. En effet, notre société contemporaine abonde en représentations, en productions, en manifestations choquantes, dégradantes, effectuées sans pudeur aucune, exhibées en toute impunité, à l'abri d'un terrorisme du « politiquement correct » qui proscrit justement cette réaction normale de dégoût. Pis, une telle réponse est, elle, au contraire, déclarée « anormale », ringarde… ou violente et dénigrante ! La prochaine étape n'est pas loin, qui amènerait les personnes dégoûtées à subir une thérapie (une rééducation ?) pour surmonter ce réflexe prétendument indu. Cette manière d'amener l'autre à renier activement jusqu'à ses perceptions (et non pas « simplement » ses idées), autrement dit à entreprendre une lutte dévastatrice contre lui-même en s'identifiant à l'agresseur, est terrible.

Le troisième traumatisme

Un schéma encore plus troublant peut être observé dans le récit concernant un troisième assaut qu'a dû subir Dora. Il en est fait mention à plusieurs endroits. Au préalable, au cours de l'élaboration du premier rêve, Freud rapporte, sans commentaire aucun, le curieux incident de la dispute entre le père et la mère de Dora au sujet de l'habitude de la mère d'enfermer leur fils à clé pendant la nuit. À peine un peu plus loin, il nous livre le récit de la troisième tentative d'abus de Monsieur K.: « [Dora :]… Je m'étais allongée comme d'habitude sur le sofa de la chambre à coucher pour dormir un peu. Je me réveillai brusquement et vis Monsieur K. debout devant moi. »

Freud la coupe et intervient alors de façon incroyable : « Donc tout comme dans le rêve vous voyiez papa debout devant votre lit. » Est-il véritablement conscient du terrible rapprochement qu'il fait entre un abuseur qui guette sa proie et le père de Dora ? Dora en tout cas n'en semble pas autrement troublée ; elle acquiesce et reprend son récit comme si de rien n'était : « Oui. Je le sommai de dire ce qu'il avait à faire ici. Il répondit qu'il n'admettait pas qu'on l'empêche d'aller dans sa propre chambre à coucher quand il le voulait. D'ailleurs, il avait quelque chose à y prendre. Rendue méfiante par ce fait, j'ai demandé à Madame K. s'il n'y avait pas une clé de la chambre à coucher et, le lendemain matin (le deuxième jour), je me suis enfermée pour faire ma toilette. Lorsque je voulus ensuite m'enfermer l'après-midi pour m'allonger de nouveau sur le sofa, la clé n'était plus là. Je suis persuadée que Monsieur K. l'avait enlevée. » De nouveau, tous les ingrédients d'une tentative de viol sont exposés : relevons l'arrivée silencieuse de Monsieur K. et son irruption dans la chambre de Dora, le danger qu'elle perçoit, qui la réveille brusquement, et surtout la réaction révélatrice de Monsieur K. : loin de s'excuser de l'avoir effrayée, il l'attaque sans hésitation et affirme avec aplomb son droit à s'introduire chez elle. Le suspense augmente lorsque Dora, qui se croyait à l'abri en s'enfermant, s'aperçoit qu'il lui a dérobé la clé. Là encore, c'est à la fuite qu'elle devra finalement son salut.

Une fois de plus, cette description minutieuse n'aboutit pas du tout au résultat que nous pourrions escompter. Freud se désintéresse de la *réalité* sordide évoquée par sa patiente et n'utilise ce matériel que pour décrypter son *rêve* (Dora fuit une maison qui brûle). Il en tire une interprétation qui se révèle extraordinairement ambiguë, car dans un premier temps Freud perçoit bien les angoisses de cette victime (réellement) traquée. Il note : « C'est comme si vous vous étiez dit : Je ne suis pas tranquille, je ne pourrai pas trouver un sommeil tranquille tant que je ne serai pas sortie de cette maison. » Il comprend aussi son désir que son père la sauve de ce traquenard et perçoit les reproches qu'elle lui adresse, puisqu'il en est l'organisateur. Pourtant, tout cette conception s'effondre lorsqu'il poursuit son interprétation en lui affirmant que, contrairement à ce qu'elle prétend, sa crainte n'est pas d'être assaillie par Monsieur K., mais au contraire celle de lui céder !

Il s'agit là d'un tour de passe-passe en fait très complexe. Si la violence que subissait Dora avait été clairement mise en évidence, une telle interprétation, quoique périlleuse, eût peut-être été envisageable. Les victimes, effectivement, sont séduites avant que d'être menacées. Lorsqu'elles perçoivent qu'elles ont été abusées, le plaisir d'être appréciées ou l'éventuelle excitation sexuelle deviennent alors totalement inopportuns. Elles doivent alors lutter contre ces perceptions agréables. Dans ce sens, on pourrait alors éventuellement admettre que Dora aurait pu avoir peur de céder à sa propre inclination envers Monsieur K. Toutefois, le contexte de l'analyse était tout autre : la violence y avait été complètement escamotée, de même que toute la perversité de ce milieu. Une telle interprétation ne pouvait manquer de brouiller encore plus les pistes et visait à convaincre la victime que, quoi qu'elle en dise, elle était en réalité complaisante, complice, voire même initiatrice de son abus. Chez Freud, cette compréhension tient de la conviction ; il la martèlera à maintes reprises, il en est persuadé : ce n'est pas contre Monsieur K. que Dora lutte, mais bien contre la tentation de s'abandonner à lui. Freud n'aurait-il donc rien compris à la perversion de ce système ? On reste d'autant plus perplexe face à l'explication qu'il avance de la « pathologie » hystérique de Dora : « Car si Dora se sent incapable de céder à l'amour pour cet homme, si l'on en arrive au refoulement de cet amour et non pas à l'abandon à celui-ci, c'est que cette décision n'est liée à aucun autre facteur de façon plus intime qu'à celui de sa *jouissance sexuelle prématurée…* » Une fois de plus, Freud ne s'attarde pas sur cette piste, pourtant certainement importante. Il poursuit : « Une telle préhistoire peut, selon la sommation des conditions constitutionnelles, être à la base de deux sortes de comportements vis-à-vis de l'exigence amoureuse à l'époque de la maturité : ou bien un abandon total, et sans résistance, à la sexualité, allant jusqu'à la perversion, ou bien, en réaction, le refus de la sexualité, avec une entrée en maladie névrotique. » Autrement dit, Dora aurait vécu une « jouissance sexuelle prématurée », ce qui engendrerait par la suite des pulsions sexuelles trop intenses ; elle pourrait alors soit s'y abandonner sur un mode pervers, soit les refouler au travers d'inhibitions névrotiques. Pourquoi pas ? Mais alors pourquoi Freud a-t-il l'air de déplorer qu'elle soit « incapable de céder à l'amour pour cet homme » ? Préconiserait-il cette voie perverse ? En ce qui concerne Dora en tout cas, selon Freud, « la constitution et le niveau élevé de l'éducation intellectuelle et morale chez notre patiente avaient fait pencher la balance du côté de la seconde solution ». On en est heureux pour elle.

Enfin, nous devons revenir à cette image que découvre Dora lorsqu'elle s'éveille brusquement, celle de Monsieur K. au pied de son lit. Curieusement, Freud la reprend à deux reprises, se répétant presque mot pour mot : « De même que Monsieur K. le jour précédent, c'était son père qui jadis était debout devant son lit et qui éventuellement la réveillait par un baiser, comme Monsieur K. en avait peut-être eu l'intention. » Deux pages plus loin : « De même que Monsieur K. était debout devant sa couche et l'avait réveillée, de même son père le faisait souvent dans les années d'enfance. » Il complète cette deuxième description de la sorte : « Or, si son père la réveillait à cette époque, c'était pour qu'elle ne mouille pas son lit. » De façon ahurissante, Freud ne semble pas réaliser la portée des parallèles qu'il établit entre Monsieur K. et le père, ce que nous pourrions formuler de la façon suivante, volontairement provocante : « Les deux situations sont semblables : comme Monsieur K. aujourd'hui vous guette au pied de votre lit pour vous violer, votre père autrefois, vous guettait aussi pour vous abuser. »

Allons plus loin : on retrouve la même bizarrerie dans la description de l'enfermement du fils par la mère pendant la nuit. Là encore, Freud en parle plusieurs fois sans jamais s'interroger sur le sens de ce comportement pourtant étrange. Comment cela se fait-il ? On a presque l'impression que Freud joue de ces représentations qu'il nous *donne à voir*, mais en quelque sorte sous une forme *désignifiée*, vidée de son sens, prise dans une sorte de tourbillon qui nous rend confus, comme en témoigne ce genre de proposition : « Ce fut indéniablement le fait du hasard si la dernière occasion actuelle – le fait que sa mère eut fermé à clé la salle à manger, son frère se trouvant ainsi enfermé dans sa chambre à coucher –, lui avait permis de faire le lien avec les assiduités de Monsieur K. à L., où sa décision avait mûri lorsqu'elle se trouva dans l'impossibilité de fermer à clé sa propre chambre à coucher. » Le lecteur a besoin d'un effort considérable pour comprendre qu'il s'agit là de nouveau d'un parallèle troublant : dans ces deux situations, des enfants endormis doivent être protégés contre un abus sexuel par une porte fermée à clé – et les deux fois, les éventuels abuseurs se fâchent et réclament ou s'emparent de cette clé.

Qu'est-ce à dire ? Freud nous décrit minutieusement un contexte pervers, avance ensuite que Dora a souffert d'une « jouissance sexuelle prématurée » ; il revient ultérieurement plusieurs fois sur cette image pour le moins ambiguë d'un père réveillant sa fille par des baisers pour éviter qu'elle ne mouille son lit, associée à celle d'un pervers guettant sa proie. Il assimile enfin ce tableau à celui du frère enfermé par la mère. Il y a là une rhétorique très curieuse qui parle de perversion sans en parler véritablement, qui la suggère, qui la laisse s'insinuer dans notre inconscient sans qu'elle ne soit jamais clairement formulée. On pourrait aller jusqu'à distinguer deux registres chez Freud : le registre conscient dans lequel il s'efforce de convaincre Dora (et nous avec elle) qu'elle aime Monsieur K. et qu'elle est déçue qu'il n'ait pas insisté davantage, cela en vue de prouver la validité de sa théorie psychanalytique ; et un registre « inconscient » qui, probablement malgré lui, nous transmet en filigrane une histoire tout autre, celle d'une famille naguère incestueuse, aujourd'hui perverse, mais jamais dénoncée comme telle.

Confusion entre la névrose et la perversion

À plusieurs reprises, nous nous sommes heurtés à certains symptômes, certains comportements interprétés sur un registre névrotique alors qu'ils nous semblaient appartenir au domaine de la perversion. Attardons-nous sur cette différence, capitale.

Attraction œdipienne ou instrumentalisation incestuelle ?

Analysons phrase après phrase, un paragraphe important où Freud décrit la dynamique familiale. « Le jeune homme [le frère de Dora] cherchait le plus possible à se soustraire aux complications familiales. » Observation assurément judicieuse d'un malheureux enfant qui cherche à éviter d'être instrumentalisé dans le conflit entre ses parents. « Quand il lui fallait prendre parti, il était du côté de la mère. » En d'autres termes, la pression manipulatrice s'accentue et les défenses d'évitement qu'il a érigées cèdent. Il ne peut se maintenir hors du litige et doit se résoudre à se coaliser avec l'un des parents contre l'autre. Cette phrase anodine signe une forme de reddition, dont on sait les effets dévastateurs sur le développement de l'enfant, notamment sur ses possibilités d'identification au père. C'est dire à quel point Freud se trompe en poursuivant : « C'est ainsi que l'attraction sexuelle habituelle avait rapproché d'une part le père et la fille, d'autre part la mère et le fils. » En réalité, nous sommes aux antipodes de toute pulsion « œdipienne ». Tout au plus pourrait-on prétendre qu'il y a exploitation par la mère d'un éventuel élan œdipien, aux fins de s'allier le fils dans son combat à elle contre le père.

L'« amour » de Dora envers Monsieur K.

Nous avons mentionné le thème de l'« inclination amoureuse » que Dora est supposée éprouver envers Monsieur K. Il s'agit là assurément d'un thème délicat. Freud l'envisage sous l'angle névrotique, autrement dit comme un élan amoureux trop intense et, à ce titre, jugé par Dora inconvenant et donc réfréné par son surmoi, ce qui aboutirait à un refoulement de cette pulsion et à divers symptômes (d'ordre psychosomatique, phobique, etc.).

Dans l'optique d'une prise en compte de la perversion de ce système, il en va tout autrement. Dora, probablement dès son jeune âge, aurait été plongée dans un milieu incestuel, autrement dit un milieu dans lequel les liens sont érotisés pour masquer une absence d'affection. Considérée en tant qu'objet sexuel, Dora aurait été « prématurément » excitée, séduite. C'est dans le schéma de ce que Ferenczi appelait la « confusion des langues entre l'enfant et l'adulte »[1] qu'elle aurait grandi : ses besoins d'affection, ou même d'éducation et de sécurité, étaient exploités par les adultes de son entourage en quête, eux, de satisfactions d'ordre érotique. Autrement dit, l'attirance qu'aurait éventuellement pu éprouver Dora envers Monsieur K. n'est, à nos yeux, que la manifestation dramatique de son aliénation.

« Je ne peux penser à rien d'autre » représente vraisemblablement pour Freud un témoignage de la force excessive de la pulsion libidinale chez elle et de sa lutte pour « se protéger de l'état amoureux assiégeant constamment sa conscience », alors que, pour nous, elle démontre la détresse d'une victime dont l'esprit a été « colonisé » par des adultes manipulateurs et qui ne le supporte plus. Dans ce même sens, Racamier parlait de matériel psychique « implanté » chez l'autre.

[1] Sandor Ferenczi, *Confusion de langue entre les adultes et l'enfant, Psychanalyse IV, Œuvres complètes*, Paris, Éd. Payot, 1990.

La mention, à plusieurs reprises, du rôle de Dora soignant son père est, elle aussi, à notre sens interprétée de façon erronée. Freud nous livre le tableau charmant d'une jeune fille attachée au bien-être de son père, au point d'en tenir éloignée sa propre mère ou de se sentir jalouse des soins prodigués par Madame K., qu'elle considérerait alors un peu comme une « rivale ». Tableau « œdipien » s'il en est, tout à fait de nature à conforter la récente découverte par Freud de ce complexe nodal.

La prise en compte de la perversion relationnelle nous amène à une vision moins romantique. Toutes les péripéties qui nous sont rapportées dans ce récit nous montrent à l'évidence qu'au sein de ce système, les maladies sont l'un des moyens par lesquels les agissements pervers s'exécutent : maladies réelles, imaginaires, opportunes, cures, médecins, tout le répertoire médical est largement contaminé et mis à contribution en vue de servir des intérêts bien étrangers à la santé, principalement sexuels (exemple : « Ce qu'elle avait appris aussi en observant Madame K., c'était comment on peut utilement exploiter les maladies »).

De même que nous étions réservés par rapport à l'amour que Dora était censée éprouver pour Monsieur K., de même son rôle de garde-malade nous semble relativement trouble. Nous l'avons rencontré à de nombreuses reprises dans notre consultation et nous le retrouverons plus loin dans cet ouvrage, lorsque nous en viendrons au cas d'Anna O. puis à celui de la propre fille de Freud, également prénommée Anna[1]. Quelle est donc cette étrange motion qui amène toutes ces filles à se montrer

[1] Nous le retrouvons également dans la vignette clinique que Freud consacre à Elisabeth v. R. (« Il fallut le soigner pendant un an et demi et c'est Elisabeth qui s'y consacra le plus. Elle dormait dans la chambre de son père, s'éveillait la nuit à son appel, s'occupait continuellement de lui (…) C'est de cette époque que devait dater la maladie d'Elisabeth » (*Étude sur l'hystérie*, p. 111). Dans le même ouvrage, Breuer précisait lui aussi : « Il s'agit surtout de situations où le sujet soigne un être cher ou encore d'inclinations amoureuses. L'expérience nous enseigne que les tâches incombant aux garde-malades et l'affect sexuel jouent, dans la plupart des cas d'hystérie, un rôle primordial, comme le montre l'étude approfondie de nos cas » (p. 189). Nous y reviendrons lors de notre étude sur Anna O.

non seulement pleine de sollicitude pour un père vieux et malade, mais investies d'un dévouement qui parfois frise la passion ? En ce qui concerne Dora, « la jeune femme, nous dit Freud, s'imposa comme garde-malade en bonne et due forme, alors que sa mère se tenait éloignée du lit du malade ». À noter d'ailleurs la constante dans toutes ces situations, de l'éviction de la mère. Mais on peut encore s'interroger : de qui émane l'initiative de cette dynamique particulière ? Est-ce vérita-blement de Dora ? La formulation d'une seconde description par Freud nous montre que ce pourrait bien être plutôt une exigence du père : « Dans beaucoup de ses maladies, personne d'autre qu'elle n'avait été *admis par lui* à pratiquer les petits soins qu'on donne à un malade ; fier de son intelligence précocement développée, il avait déjà *fait d'elle*, quand elle était enfant, sa confidente. » On observe là une mise en acte d'un équivalent incestueux, avec son inévitable enrobage écœurant de séduction.

L'amour de Dora envers son père

« On n'est pas loin de conclure que son inclination était dirigée vers son père bien plus intensément qu'elle ne le savait ou qu'elle n'aurait voulu l'admettre... qu'elle était amoureuse de son père. » Voilà, on le sait, l'une des intuitions qui sous-tendent une bonne partie des interventions de Freud et qu'il situe d'ailleurs dans la perspective de l'amour infantile œdipien. Ici encore, la perspective des interactions perverses nous en donne une vision différente. Les éventuels élans amoureux que ces enfants peuvent ressentir pour leurs parents sont malheureusement régulièrement exploités par ceux-ci. La motion œdipienne se transforme en lien incestuel qui se retourne contre les enfants. Dès lors, ce n'est pas véritablement de l'amour qui les lie à leur géniteur, mais bien plus une forme de *fixation*, ce terme étant entendu non dans son acception psychanalytique usuelle, mais dans l'idée d'un attachement quasi hypnotique, obligé, à une personne qui l'induit et l'entretient (parfois avec maestria). Harold Searles parlait à ce sujet d'une « fidélité fanatique » du patient au parent abuseur[1].

[1] Harold Searles, *L'effort pour rendre l'autre fou*, Éd. Gallimard, Paris, 1977, p. 169.

Cette scénographie *incestuelle* est d'ailleurs parfaitement décrite, une fois de plus, par Freud (qui ignore cependant le rôle actif des parents) : « À l'évidence, son comportement dépassait largement la sphère de ce qui relève d'une fille, elle sentait qu'elle agissait bien plutôt comme une femme jalouse, comme on eût estimé compréhensible que fît sa mère. Avec son exigence : "C'est elle ou moi", avec les scènes qu'elle faisait, et avec la menace de se suicider qu'elle laissait transparaître, elle se mettait de toute évidence à la place de la mère. » Encore une fois, cette place qu'elle croyait effectivement revendiquer, n'était qu'un leurre. Cette « politique de la chaise vide » de la mère n'était qu'un piège dans lequel elle était tombée.

Une pluie d'interprétations

« La technique – qui ne va nullement de soi – la seule qui permette d'extraire du matériel brut d'idées incidentes du malade sa pure teneur en précieuse pensée inconsciente… » On sait que Freud comptait sur ces fragments d'analyse pour convaincre un public réticent à cette nouvelle approche. À cet effet, il n'a pas ménagé ses efforts pour dévoiler cette « précieuse pensée inconsciente ». Si l'on en reste au seul thème des affects, on est déjà saisi de vertige : selon le père, Dora éprouve de la *haine* envers les K. Non, comprend Freud, elle souhaite surtout détourner son père de Madame K. En fait, interprète-t-il ensuite, elle *aime* Monsieur K. Non, en définitive, c'est plutôt *son père* qu'elle aime (et se comporte en femme jalouse). Non, dans les faits, elle ne veut pas détourner son père de Madame K., elle veut au contraire *favoriser* le rapprochement du père et de sa maîtresse, par amour pour Monsieur K. Ou plutôt : elle exagère son amour pour son père pour se protéger de son amour contre Monsieur K. Non, en réalité derrière Monsieur K. c'est *sa femme* qu'elle aime. Non, en définitive c'est plutôt *elle* qui s'aime elle-même. Ou ne serait-ce pas *Freud* qu'elle aimerait (et dont elle « souhaiterait recevoir un baiser ») ?

Mais ces divers sentiments amoureux ne dissimuleraient-ils pas plutôt de la *haine* ? Envers les K., bien sûr (et on revient à la case départ). Envers la mère la cause est entendue. Non, en fait c'est bien son *père* qu'elle déteste, lui « qui l'a rendue malade comme lui et lui a donné de mauvaises passions ». Ou *Monsieur K.* qui n'a pas assez insisté pour l'épouser, ou *Madame K.* qui l'a séduite puis trahie ; ou les *gouvernantes* qui l'ont instrumentalisée ; ou *Freud* qui lui pose trop de questions ; et c'est de chacune de ces personnes qu'elle entend se venger (thématique de toutes les dernières interprétations de Freud).

Cette revue, légèrement ironique, n'est même pas exhaustive, mais notre intention n'est absolument pas de mettre en cause le brio du maître, qui a contribué à donner ses lettres de noblesse à ce récit et à la psychanalyse tout entière. C'est la méthode en tant que telle qui nous semble contestable dans un contexte aussi pervers. La patiente qui en est victime et qui se débat dans un tel imbroglio a en effet besoin de tout sauf d'être encore fragilisée par le dévoilement de désirs ou de fantasmes, à elle inconscients. Elle a davantage besoin du secours d'une autorité ferme qui l'aide à comprendre sa place dans cette dynamique et qui situe clairement les points de repère de réalité ou de morale d'après lesquels elle pourra s'orienter.

En définitive, ce qui nous semble le plus tragique dans toute cette histoire est le fait que la souffrance de Dora n'y tient *aucune place*. Personne ne la reconnaît. Voilà une terrible forme de déni partiel : Dora existe en tant que fille « dévouée », en tant qu'objet d'échange, en tant qu'objet de désir, mais jamais en tant que personne à part entière. De la sorte, elle incarne la figure, malheureusement très moderne, de tous ces enfants emportés dans un tourbillon familial de divorces, de remariages, d'adultères, de querelles, de séparations ou de déménagements, au gré des séductions ou des rejets des uns ou des autres, mais auxquels est dénié tout droit de souffrir de ce tumulte dévastateur.

La perversion de ce système est telle qu'elle pourrait bien exercer ses ravages cent ans plus tard, contaminant les propos d'analystes pourtant reconnus. On en trouverait la trace chez Charles Melman, célèbre pour ses vues précieuses sur la *nou-*

velle économie psychique[1]. Pourtant, dans un séminaire consacré à Dora, on le voit approuver vigoureusement la proposition de Freud que Dora s'engage dans une liaison avec Monsieur K. « Evidemment, ajoute-t-il, c'est le mari de la maîtresse du père… et alors ! *(Rires.)* Il ne faut pas en faire une histoire. »[2] On trouve dans ce bref extrait bon nombre d'éléments liés à la dynamique perverse, notamment la proposition de ce qu'on pourrait appeler d'une *solution perverse,* énoncée par une figure d'autorité. Elle entraîne une dynamique de complicité, un soulagement de la tension pénible due à la confrontation avec la machinerie incestuelle et une décharge psychosomatique (rires) (ainsi qu'un probable sentiment collectif de supériorité sur les gens banalement normo-névrosés).

Délirer dans la relation

Pourrions-nous aller encore plus loin dans nos analyses ? En prenant un peu de champ, certaines caractéristiques apparaissent, qui étaient moins perceptibles tant que notre attention était rivée au détail des faits et gestes de chacun des protagonistes. Ce sont alors principalement la *rigidité* et l'*absurdité* de cette dynamique qui attirent notre attention.

En ce qui concerne le premier terme, la rigidité, nous voyons en effet que rien, strictement rien, ne détourne le père de Dora de ses manigances troubles avec Madame K. Sa fille a beau faire, s'époumoner en reproches ou en accusations, en tomber malade, le père n'en poursuit pas moins imperturbablement ses assiduités auprès de sa maîtresse. Après tout, un autre géniteur eût pu avoir des doutes et, face au désespoir et aux symptômes manifestés par sa fille, au moins s'interroger sur les dégâts qu'il occasionnait. Or, le père de Dora n'en fait rien. Lorsque, à bout d'arguments, elle refuse de le suivre chez Monsieur K., c'est alors sa cousine qu'il emmène imperturbablement avec lui. De quelle nature est donc cet étrange et impitoyable entêtement ? Obstina-

---

[1] Charles Melman, *La nouvelle économie psychique : la façon de penser et de jouir aujourd'hui,* Éd. Erès, 2009.

[2] Charles Melman, *Il faut lire Dora !* ; Séminaire d'hiver 2011, Association lacanienne internationale, Paris, 2011.

tion qui pourrait même aller jusqu'à envisager que sa fille se suicide sans que cela n'altère sa détermination ? De quelle logique participe donc l'imposition d'un tel odieux sacrifice sans que jamais le bourreau ne se remette un tant soit peu en question ? Il ne nous semble pas exagéré de penser que cette persévérance pourrait avoir quelque chose à voir avec une *conviction délirante*, peu apparente. N'est-ce pas une attitude similaire que nous rencontrons chez ces schizophrènes ou ces paranoïaques, persuadés envers et contre tout, de la justesse de leurs vues ? Imperméables à toute interprétation ou raisonnement ? C'est d'ailleurs le *système* tout entier qu'on pourrait suspecter d'une forme de délire commun, un peu sur le mode d'une *folie à deux* qui aurait été ici élargie à tout un groupe.

L'autre caractéristique, l'*absurdité*, ou la *bizarrerie*, est bel et bien aussi présente, quoiqu'elle soit peut-être plus difficile à discerner. Tous ces protagonistes affichent en effet une apparence de normalité, de sociabilité, d'intégration, voire même de respectabilité honorable. Nous pouvons pourtant nous interroger sur la rationalité de leurs agissements. Ainsi, on pourrait penser que, s'il advenait à un directeur d'entreprise « normal » de nouer une relation extraconjugale, il s'y prendrait bien autrement que le père de Dora. Il serait certainement aisé à un tel homme d'affaires, voyageant souvent, de dissimuler ses frasques. En ce qui concerne le père de Dora, on a vraiment l'impression au contraire que cette relation est exhibée au vu et au su de tout le monde et que chacun est sommé de prendre son rôle dans cette dramaturgie insensée. Y a-t-il uniquement un désir pervers de choquer en affichant sa sexualité ou ce comportement répond-il à des nécessités plus impérieuses ?

D'où proviendraient donc ces délires ou, pour être plus prudent, ces *actes délirants* ou ces *équivalents délirants* ? Notre hypothèse voudrait que c'est dans le conflit conjugal entre le père et la mère de Dora qu'ils s'originent. Cette mésentente, jamais clairement décrite par Freud mais qui sous-tend chacun des agissements des membres de cette famille et de leurs amis, pourrait bien avoir été épouvantable et, dans un certain sens, mortelle. Inimitié de chaque instant, suspicion, mépris, rage impuissante ou haine pourraient bien en avoir été les ingrédients.

Quel en serait le mécanisme ? On pourrait imaginer que cette haine réciproque ait été à ce point intense que le couple n'ait pas été à même, ni peut-être simplement désireux, de l'assumer. Il y aurait alors eu l'élaboration, de concert, d'un *délire implanté dans la famille* en tant qu'*exutoire* de leur rage intérieure, avec l'*injection* de leur rage dans ces relations familiales. On peut y voir une sorte de bascule, qui *décharge* les tensions, les désirs, les conflits sur les enfants, sur lesquels va peser désormais tout le poids de l'inimitié parentale. Ces enfants ainsi sacrifiés vont se voir imposer une existence particulière, une sorte d'annexe au psychisme des adultes. Le message pourrait en être libellé de la sorte : « Tu dois sacrifier ta vie pour endosser nos haines. » Et c'est bien contre ce sacrifice, contre cette imposition délirante meurtrière que s'insurge Dora. Ce délire serait donc une construction émanant des deux conjoints, simultanément. L'activisme fébrile du père serait le contrepoint de la retraite silencieuse de la mère. Il y aurait entre les deux un accord tacite pour faire de leur fille ce dérivatif, cette incarnation de leurs frustrations et de leurs haines. Dorénavant, Dora ne jouirait plus d'une existence propre, avec ce que cela implique comme pulsions, désirs et vie individuels, mais son existence se déroulerait dans un cadre particulier, en quelque sorte virtuel, façonné par ses parents, à leur service, en dehors de toute réalité. Quoi qu'elle y fasse, y ressente ou y manifeste, tout désormais alimenterait malgré elle cet espace délirant et concourrait à renforcer ces *défenses délirantes interactives*. On pourrait dire, avec un peu d'emphase, que Dora, à l'instar de maints de nos patients, se trouve désormais inéluctablement prisonnière du délire haineux de ses parents. Il s'agit, toujours dit avec un certain pathos, d'une forme particulièrement cruelle de *mise à mort psychique de l'enfant*, invisible.

En voici un autre exemple, issu de notre pratique. Il s'agissait d'une jeune femme qui nous avait consultés au décours d'une dramatique crise d'ordre psychotique. Son père nous confia que, peu après son mariage, dans le cadre d'une dynamique conjugale déjà très pathologique, sa femme avait eu une brève aventure. Lorsqu'il l'avait appris, il en avait conçu une rage effroyable, quasiment insurmontable. Voici pourtant ce qu'il en disait sur un ton très posé : « À Genève, il y a eu une rupture [noter le style impersonnel]. Après cette rupture, j'avais un sentiment vis-à-vis d'elle semblable au sentiment que j'aurais eu vis-à-vis d'un objet. J'ai une tendance, quand une relation ne me plaît pas, à ne pas la laisser exister. Ce n'est pas de l'hostilité. La personne [il s'agissait de sa femme] simplement ne présentait pas d'intérêt pour moi. » Quoique énoncé sur un ton très serein, ce récit était un condensé de violence. En effet, on se trouvait ici dans un registre situé « au-delà de la haine ». On peut imaginer que l'aveu de l'infidélité avait suscité chez monsieur une telle fureur qu'elle n'était plus maîtrisable avec ses défenses usuelles et qu'elle fut alors canalisée, injectée dans la relation elle-même, dont elle subvertissait foncièrement la nature. Dans une telle dynamique, l'objet se voit en quelque sorte « délibidinalisé », dévitalisé. La relation, elle, paraît subsister, mais en réalité il n'en reste que la forme extérieure : il y a une *apparence de relation*, mais pratiquement elle a été *vidée* de son contenu. Madame, de son côté, n'avait pas refusé ce lien aberrant et le couple avait poursuivi pendant plusieurs années cette relation insensée, qui ne comportait plus aucun affect, mais qui présentait toutes les allures extérieures d'une vie conjugale normale, à ceci près que monsieur ne dormait plus que rarement à la maison. Ils étaient même partis plusieurs fois en vacances ensemble, à l'instar d'une famille unie. Après plusieurs années, ils décidèrent abruptement de divorcer, à la stupéfaction de tout le monde, de leurs enfants en premier lieu. Madame y repensait en ces termes : « Même nos voisins avaient l'air très étonnés, ils ne parvenaient pas à comprendre pourquoi nous nous séparions malgré une si bonne entente. » Cette parodie de relation n'était évidemment pas sans conséquences sur les enfants, qui n'étaient pas en mesure de décoder cette forme de folie à deux ou de supercherie (qui entrait vraisemblablement pour une bonne part dans la formation de la psychose de leur fille).

En ce qui concerne la haine, on voit qu'elle a été ici entièrement injectée dans la relation et dans le projet de destruction psychique partielle de l'épouse, au point qu'il n'en reste plus de manifestations extérieures tangibles. D'ailleurs, interrogé sur ce sujet, le père de la patiente dénia effectivement toute animosité à l'encontre de sa femme, pour laquelle au contraire il prétendait avoir de l'estime. Cette évacuation radicale ne doit pas nous leurrer ; bien loin d'un compromis quelconque, elle correspond à un saccage dramatique et continu de lui-même, de sa relation conjugale et, bien sûr, des enfants ainsi impliqués et bernés. Sous leur angle, on peut avancer que, par cette manœuvre, le père avait expulsé la totalité de sa haine *dans ses enfants*, acte qu'on pourrait aisément envisager comme un équivalent meurtrier. Son incapacité à juguler et à élaborer ses propres sentiments de rage était ainsi déléguée aux enfants, désormais chargés de chercher une improbable solution à ce problème qui n'était pas le leur. Nous reviendrons sur le vécu infernal ainsi imposé par certains parents à leurs descendants qui subissent de plein fouet les répercussions de ce genre d'*implantations délirantes*. Pour l'heure, contentons-nous de souligner que ces mécanismes ne sont pas du tout circonstanciels ; bien au contraire, ils affectent l'ensemble des relations familiales, et ce de manière continue durant des années.

Discussion

Dans le fond, on pourrait résumer notre critique de la sorte : alors que Dora se débattait au milieu de parents et de proches plus ou moins pervers et manipulateurs, Freud entreprend de la psychanalyser, autrement dit, de disséquer son inconscient et de mettre au jour ses pulsions refoulées. On pourrait, avec un brin d'ironie, avancer la métaphore suivante : la méconnaissance de la perversion et de la violence ambiantes l'amène à une attitude aussi inappropriée que celle de quelqu'un qui voudrait établir la biographie intime d'un trappeur aux prises avec un grizzli.

Cette combinaison de la vision acérée d'une certaine réalité (intime) et d'un aveuglement sur l'autre partie (relationnelle) est assurément déconcertante. Cette sorte de « diplopie » est de nature à confondre l'entendement. Elle déroute l'esprit critique du lecteur, qui ne sait plus à quelle forme de réalité se fier. Cette attitude ambiguë sera, par malheur, perpétuée tout au long de générations de psychanalystes rendus aveugles et sourds à la détresse endurée par leur patients au sein de milieux hautement toxiques mais acharnés à scruter et à décrypter la moindre parcelle de leur inconscient.

Cette perspicacité des mouvements psychiques s'exerce malheureusement sur la base de prémisses qui se sont révélées erronées, qui voudraient que les pulsions étudiées ne soient le fait que du sujet lui-même, s'originent entièrement en lui et donc ne soient nullement stimulées, organisées et encore moins instillées par son environnement. Cela pourrait, à la limite, être le cas chez certaines personnalités très névrotisées, ayant acquis une large autonomie par rapport à leur milieu, ce qui leur permettrait un examen d'eux-mêmes dans des conditions relativement dégagées des contingences ambiantes. Dans le cas de Dora, comme dans celui de la majorité de nos patients, il n'en va nullement de la sorte. Leurs désirs, leurs fantasmes, leurs souhaits sont amplement déterminés par leurs proches, aux psychismes desquels ils sont étroitement associés. Les fantasmes sexuels de Dora sont par exemple bien davantage ceux de son père, de sa mère ou de Madame K., injectés ou expulsés en elle, que les siens propres. C'est contre cette aliénation qu'elle se bat tout au long du récit qui nous en est fait. C'est contre elle qu'elle cherche – en vain – des appuis. Ses prétendus penchants pour Monsieur K. ne révèlent rien d'autre qu'une sexualité indûment et précocement stimulée par un quarteron d'adultes plus ou moins dépravés et n'auraient jamais dû être interprétés comme des inclinations sexuelles pathologiques d'une jeune femme envers le mari de la maîtresse de son père ! Les élans débusqués par Freud sont paradigmatiques de la fameuse « confusion des langues » de

Ferenczi[1], d'un enfant en quête d'affection qui ne reçoit, en retour, que des avances sexuelles de l'adulte. Ce détournement est d'une violence inouïe, qui, comme au judo, utilise l'énergie de l'autre (ici les besoins affectifs de l'enfant) pour parvenir à ses fins (une satisfaction sexuelle). Pis, l'agresseur pervers va s'employer à travestir les besoins originels de l'enfant en désirs sexuels *auxquels il n'aurait fait que répondre*, aboutissant ainsi à faire de la victime un complice actif et même à lui faire endosser la responsabilité de la séduction. On voit là les stratagèmes révoltants auxquels Freud, peut-être sans s'en rendre compte, a prêté son concours.

Une objection qui pourrait être formulée à l'encontre de ces vues voudrait que la prise en compte préalable et prioritaire de la violence et de la perversion entourant le patient serait de nature à déposséder le sujet de ses désirs propres au profit d'une vision paranoïde ou victimaire de l'être humain, uniquement mû par l'extérieur, par les autres ? Une autre arguerait des aspects séducteurs que peut avoir une telle approche, comme en témoigne le succès actuel de tous les ouvrages simplistes et irritants qui mettent en garde les victimes (en général les femmes) contre les exactions de leur entourage mal intentionné (les hommes pervers). Ces objections sont fondées et méritent d'être discutées.

Notre réponse pourrait prendre la forme suivante. Effectivement, il est souvent malaisé de distinguer ce qui appartient en propre aux patients de ce qui leur a été implanté par leurs proches. C'est même là toute la question. Pour nous appuyer encore sur le cas Dora, qu'est ce qui appartient authentiquement à cette jeune femme et qu'est-ce qui provient de sa mère par exemple ? En ce qui concerne les hommes, ou même Madame K., il n'est que trop évident que tous s'échinent à la persuader qu'elle se situe dans la droite ligne de ce qu'ils attendent d'elle. On pourrait dire qu'ils lui attribuent une place d'adulte, mieux, qu'ils la lui imposent. C'est au sein de cette

---

[1] Sandor Ferenczi, *Confusion de langue entre les adultes et l'enfant, Psychanalyse IV, Œuvres complètes*, Paris, Éd. Payot, 1990.

identité obligée, à elle étrangère, qu'elle se mouvra désormais. Quant à sa mère, cette désignation lui convient très bien : certes, sa fille est désormais une rivale, mais elle-même se trouve soulagée de ses devoirs conjugaux abhorrés. On perçoit ainsi le *montage* effectué de concert, aux dépens de Dora.

Il n'en reste pas moins que c'est bien dans cette construction relationnelle que s'est édifiée la personnalité de Dora. Séduire et être séduite sont des éléments pour tout dire naturels de son environnement perverti. Ainsi, l'exploitation de l'autre, auquel elle est lucidement attentive, ne suscite chez elle aucun blâme de principe ; il n'est mentionné comme fâcheux que lorsqu'il s'effectue à ses dépens. Il en va de même en ce qui concerne le mépris de l'autre, qui n'est odieux que lorsqu'elle comprend qu'il ne s'adresse pas qu'aux domestiques, mais bien à elle également. Son envers, l'idolâtrie, n'est, et c'est plus compréhensible, pas non plus critiqué en tant que tel. Enfin, la vengeance, thème nodal de l'enquête freudienne, apparaît effectivement comme un dénouement naturel de cette intrigue sans que cela ne soulève le moindre questionnement – sans même parler de critique. On voit par là à quel point les faits et gestes de Dora, comme ceux des autres protagonistes, s'inscrivent dans une même logique – sordide pour ne pas dire perverse. Ou, autrement dit, à quel point Dora appartient, quoi qu'elle en dise, à son milieu.

Cela n'est guère nouveau, et les thérapeutes familiers des traitements de personnes ayant subi des abus savent pertinemment que souvent, pour avoir été victimes, ces patients n'en sont pas pour autant dénués d'agressivité.

Pour en revenir à notre questionnement, nous sommes confrontés à la difficulté de savoir ce qui appartiendrait en propre à Dora. Nous pouvons en tout cas écarter bon nombre de désirs, avancés comme authentiques par Freud, que nous soupçonnons d'être amplement frelatés, au premier rang desquels celui d'épouser Monsieur K., que nous pourrions seulement envisager au titre de la fantaisie d'une fillette immature. Nous doutons même des prétendus intérêts érotiques homosexuels de Dora, qui sont à notre avis plus le fruit des avances de Madame K. que de ses désirs à elle. Nous avons en revanche mentionné que les récriminations de Dora, jugées pathologiques, émanaient d'un désir de justice légitime, comme celui d'échapper à ces échanges ignobles ou celui d'être reconnue et appréciée en tant que fille. Il est aussi malheureusement possible que bien peu ne subsiste de désirs ou d'intérêts authentiques, une fois élaguées les diverses motions induites en elle. C'est le cas dans certaines thérapies, qui mettent au jour un être singulièrement pauvre, rompu à subir ou à manipuler les désirs des autres mais ignorant complètement les siens. Robert Stoller[1] décrit le cas paradigmatique d'un jeune prostitué homosexuel qui avait acquis la capacité de percevoir instantanément le désir de ses clients et qui s'y pliait en incarnant la personnalité qu'ils attendaient. Mais quel que soit le cas de figure, la première étape d'un travail thérapeutique implique un travail de discernement, indispensable pour établir ce qui revient au patient proprement dit et ce qui lui est étranger, qu'il incarne à son corps défendant. Une confusion entre ces deux registres est grave. Une psychanalyse qui ne l'opérerait pas est destinée à perturber plutôt qu'à aider celui qui la subit.

L'argument qui voudrait que le thérapeute ainsi empathique envers la victime incarne en définitive une autre forme de séduction, est tout à fait valable. Nous en voyons journellement les effets désastreux dans le sort actuellement réservé au concept de *perversion narcissique* que Racamier avait créé, qui avait été repris par d'autres[2] et que nous avions ensuite élaboré avec soin[3]. Utilisé de façon maladroite par une cohorte d'auteurs racoleurs, qui ignorent généralement tout des origines de ce concept, il est parfois rabaissé au rang d'une étiquette commode, plus ou moins infamante, à disposition de tous les employés mécontents ou des époux fâchés. Cette manière

---

[1] Robert Stoller, *La perversion*, Éd. Payot, Paris, 1978, p. 129.

[2] Alberto Eiguer, *Le pervers narcissique et son complice*, Éd. Dunod, Paris, 2012.

[3] Maurice Hurni et Giovanna Stoll, *La haine de l'amour ; la perversion du lien*, Éd. L'Harmattan, 1996, et *Saccages psychiques au quotidien ; perversion narcissique dans les familles*, Éd. L'Harmattan, 2002.

projective d'accabler quelqu'un avec un diagnostic est évidemment à mille lieues de notre cadre de référence. Celui-ci prend en compte prioritairement l'analyse des *relations* perverses ou perverties au sein desquels certains patients se débattent, ce que nous avons tenté de rendre par le concept de *machinerie incestuelle.* Par ailleurs, nous avons vu que cette analyse n'épargnait pas les victimes ; loin de là, dans la mesure où la distinction entre victime et bourreau est souvent délicate, voire impossible. Ainsi, pour rester toujours dans l'exemple de Dora, la mère serait-elle plutôt la victime de son ignoble mari où l'instigatrice machiavélique d'un odieux abus sur sa fille ?

Ce questionnement ne va pas sans rappeler le différend qui opposa autrefois Freud à Ferenczi, lui aussi accusé d'être « trop empathique » avec ses patients, qu'il comprenait souvent comme des rescapés d'épouvantables traumatismes. Nous reviendrons sur cette figure si humaine de la psychanalyse, ce génie qui analysa, comme nul avant ou après lui, les dévastations qu'opèrent certains parents sur le psychisme de leur enfant. Nous pensons, comme lui, que les personnes qui ont subi des violences familiales doivent pouvoir clairement bénéficier de thérapeutes « empathiques » et non « neutres ». Mais, surtout, les concepts de relations perverses et d'incestualité, élaborés depuis, nous amènent à d'autres perspectives thérapeutiques. Selon nous, les interventions appropriées à la dynamique perverse sont des interventions « anti-incestuelles » (nous avions appelées « interventions éthiques » dans *La haine de l'amour*), qui dénoncent la violence en tant que telle, qui dévoilent les manœuvres perverses en cours, sans pour autant négliger le rôle actif joué par le patient.

Enfin, un autre type d'interrogation surgit, qu'on ne peut esquiver dans le cas Dora : qui, en définitive, est le ou la malade ? Les systémiciens avaient coutume de dire que c'est usuellement le membre le plus sain de la famille qui se présente en consultation. Nous faisons nôtre cette assertion – qui remet fondamentalement en cause la logique freudienne. De manière un peu romancée, on pourrait postuler que Dora s'est arrangée, à travers son comportement insupportable, pour attirer l'attention sur ce qui se passait et amener ainsi un médecin à intervenir dans ce système pervers. Intervention qui aurait été susceptible d'endiguer une violence transgénérationnelle.

Notre recadrage met en cause le diagnostic d'hystérie posé pour Dora, ou, du moins, en limite fortement la pertinence. En revanche, nous avons établi que chacun des adultes qui l'entouraient, bien qu'il apparût dénué de toute pathologie, établissait avec elle des relations perverties. On pourrait donc dire, dans la lignée de Racamier, que nous avons affaire à une pathologie de deux individus (au moins) : l'un en est affecté mais cela ne se voit pas ; l'autre en est le dépositaire malgré lui. C'est donc bien l'ensemble de ces deux protagonistes qu'il convient d'aborder simultanément pour comprendre la logique et le sens du problème présenté. Dans notre optique, la maladie, si maladie il y avait, se situait beaucoup plus du côté des adultes que chez Dora. L'hystérie dont elle était censée souffrir n'était que le reflet de la perversion de son environnement.

Selon notre expérience, beaucoup d'autres diagnostics que l'hystérie mériteraient d'être approchés de la sorte – peut-être même l'ensemble des pathologies psychiatriques. En ce qui concerne Dora, par exemple, nous avons vu qu'elle avait des idées suicidaires et, si l'évolution avait été autre, elle n'eût pas manqué de se montrer déprimée (peut-être eût-elle été taxée aujourd'hui de bipolaire et mise sous antidépresseurs ?). Bien des problématiques de passage à l'acte, qui aujourd'hui appartiennent au registre des « borderlines », sont également présentes dans son histoire. Même les troubles délirants, qui y affleurent, sont, à notre avis, interprétables, du moins partiellement, comme intrinsèquement liés à la violence et à la perversion relationnelle familiale.

Dora, fille du XXIe siècle

Cette jeune fille, abusivement sexualisée par ses proches, amenée à correspondre à leurs désirs au détriment des siens, pourtant infiniment plus simples, cette jeune fille hors d'elle, aliénée par les désirs des autres, manipulée, utilisée pour leur plus grand bénéfice, ne serait-elle pas le modèle de la jeune fille moderne ? Elle aussi soumise à tant de pressions à la fois séductrices et implacables, exigeant d'elle un éloignement terrible de son monde intérieur au profit d'une consommation à tout va, sans frein, sans relâche. Cette sexualisation outrancière n'est-elle pas le lot de tous les jeunes citoyens de nos pays occidentaux, depuis le matin lorsque, se rendant à leur école, ils subissent l'assaut d'affiches de plus en plus érotisées, jusqu'au soir qui les voit hypnotisés, consumés par leurs séries télévisées vulgaires, voire obscènes ? N'est-ce pas ce même double jeu que l'on voit aujourd'hui à l'œuvre, qui à la fois stimule l'érotisme et le détruit ? Qui implante des désirs sexuels artificiels et qui saccage l'inconscient dans lequel il est ainsi violemment injecté ?

Et, osons poser la question, la psychanalyse a-t-elle quelque chose à voir avec cet art consommé de débusquer les moindres velléités inconscientes des individus pour les extirper et les exploiter sans vergogne ? On sait que l'« inventeur » du marketing, de la manipulation commerciale des foules, ne fut autre que le neveu de Freud, Edward Bernays, qui décida de mettre ainsi à profit les découvertes de son oncle pour vendre des cigarettes aux femmes ou du lard aux Américains (il fit, notamment, parader des femmes cigarette au bec, en tête d'un cortège du Women's Lib pour que soit associée l'image d'une femme libérée et celle d'une femme fumant ; en outre, il propagea, par le truchement des médecins, l'idée, entièrement factice, des bienfaits du bacon le matin, censé avoir de tout temps été le petit-déjeuner sain et typiquement américain)[1]. La psychanalyse aurait-elle une responsabilité dans cette folie sexuelle, sans plus de frein ni tabou, qui est devenue notre lot en Occident mais qui choque tout le reste du monde (taxé du coup de « traditionaliste », de « fondamentaliste », de rétrograde ou d'« obscurantiste ») ?

[1] Edward Bernays, *Propaganda*, Éd. Zones, Paris, 2007.

CONCLUSION

Notre travail nous a amenés à reconsidérer le cas de Dora sous l'angle des relations perverses. Grâce à la description détaillée qu'en a faite Freud, nous avons pu établir à quel point tous ces liens étaient entachés d'incestualité, de perversité et peut-être même d'éléments délirants. Pour autant, ces points de vue n'ont pas été véritablement pris en compte par Freud qui, bien qu'il les ait décrits, ne les a pas véritablement mis à profit, si ce n'est dans la perspective particulière d'explorer l'inconscient de Dora. À ce point de notre investigation, cette attitude reste pour nous un mystère, d'autant plus troublant que Freud a publié au cours des années précédentes des textes d'une rare lucidité sur les perversions et les abus sexuels[1]. Bien sûr, on sait que, par la suite, il a modifié ses vues en renonçant à sa « neurotica ». Faudrait-il envisager son attitude dans le traitement de Dora comme l'aboutissement bizarre d'un douloureux compromis ?

Pour conclure, nous pouvons nous arrêter sur deux troublantes déclarations de Freud, plutôt grandiloquentes.

Voici la première : « Celui qui a des yeux pour voir, des oreilles pour entendre se convainc que les mortels ne peuvent dissimuler aucun secret. » Freud voulait par là vanter sa perspicacité d'analyste qui réussit à mettre au jour des pulsions refoulées (en l'occurrence, dans ce cas précis, des pulsions masturbatoires que Dora trahissait alors qu'elle jouait avec son aumônière). Mais a-t-il eu véritablement cette sagacité ? N'était-il pas justement celui qui avait des yeux mais qui ne voyait pas, qui avait des oreilles mais qui n'entendait pas, dans le domaine de la perversion en tout cas ?

Étrangement, cette formulation nous ramène à notre point de départ, les dénis partiels. Voici précisément ce qu'en disait Racamier, qui l'exprimait à partir du vécu du patient : « L'objet de ce déni est une personne qui sera écoutée mais ne sera pas entendue ; qu'importent ses désirs propres, qu'importent ses désirs

[1] Sigmund Freud, *L'hérédité et l'étiologie des névroses (1896)* ou *L'étiologie de l'hystérie* (1896) *in Névrose, psychose et perversion*, PUF, Paris, 1973.

possibles, ainsi que ses fantasmes : ils ne seront pas pris en considération. Seul comptera, pour le sujet, son usage : cet objet sera un ustensile. »[1]. C'est effectivement la figure de Dora que nous reconnaissons travers ces lignes, dans sa famille et, en partie, dans sa cure avec Freud. Ce n'est pas faire injure à ce dernier que de prétendre qu'en définitive, plus que le sort de Dora elle-même, c'était l'investigation et la promotion de sa nouvelle théorie qui comptait pour lui. Il l'avoua lui-même plus tard à son patient Kardiner : « … à dire les choses franchement, les problèmes thérapeutiques ne m'intéressent pas beaucoup. Je suis à présent beaucoup trop impatient. Je souffre d'un certain nombre d'handicaps qui m'empêchent d'être un grand analyste. Entre autres, je suis beaucoup trop un père. Deuxièmement, je m'occupe tout le temps de théorie, je m'en occupe beaucoup trop, si bien que les occasions qui se présentent me servent plus à travailler ma propre théorie qu'à faire attention aux problèmes de thérapie. Troisièmement, je n'ai pas la patience de garder les gens longtemps. Je me fatigue d'eux et je préfère étendre mon influence. »[2] Du moins cet aveu avait-il pour lui la lucidité.

La seconde citation emphatique que l'on trouve dans Dora (qui commence avec les mêmes mots « Celui qui… ») concerne le rôle de la sexualité dans les névroses : « Celui qui dédaigne cette clé ne sera jamais en mesure d'ouvrir quoi que ce soit. » Certes, mais encore faudrait-il savoir dans quel sens il convient de la tourner : l'un ouvre la porte, l'autre la verrouille.

---

[1] Paul-Claude Racamier. *op cit.* p. 225.
[2] Abraham Kardiner. *Mon analyse avec Freud*, Paris, Éd. Belfond, 1978, pp. 103-104.

LES MYSTÈRES D'ANNA O.

À ce point de notre recherche, nous pouvons nous interroger : quelle était la situation qui prévalait antérieurement quant à la perception de la violence psychique ou sexuelle ? Les tout premiers cas présentés comportaient-ils eux aussi d'importantes facettes perverses passées inaperçues ? Quel était, quelques années avant Dora, le point de vue clinique de Freud sur ces problématiques ? Pour le comprendre, nous nous sommes penchés sur le récit du cas Anna O., récit inaugural de la psychanalyse s'il en est.

LES SIGNES D'UN (OU DE PLUSIEURS) MYSTÈRE(S)

En analysant le récit de ce traitement[1], nous sommes confrontés, encore plus qu'avec celui de Dora, à un projet particulier : plutôt que de nous laisser entraîner à ne lire dans cette histoire que les bouleversantes ébauches qui allaient donner corps plus tard à la psychanalyse, nous allons en tenter au contraire une lecture nouvelle, parfois à la limite du décryptage, qui tienne compte à la fois des découvertes ultérieures de la psychanalyse, des informations précieuses fournies par les historiens de la psychanalyse comme Ellenberger[2] ou Hirschmüller[3] et, surtout, des concepts cliniques d'incestualité et de perversion narcissique élaborés par Racamier puis par nous-mêmes[4].

Cet examen se révèle aussi nécessaire en fonction d'un certain malaise à la lecture de ce récit et des innombrables commentaires et développements qu'il a suscités ultérieurement. L'impression générale est, en dépit d'une apparence de démonstration rigoureuse, scientifique, celle d'une histoire en réalité peu limpide, éventuellement tronquée, peut-être même

---

[1] Sigmund Freud et Josef Breuer, *Etudes sur l'hystérie*, PUF, Paris, 1965.

[2] Henri Ellenberger, *A la découverte de l'inconscient*, Simep Éditions, Villeurbanne, 1974, pp. 403-409.

[3] Albrecht Hirschmüller, *Josef Breuer*, PUF, Paris 1978

[4] Maurice Hurni et Giovanna Stoll, *op. cit.,* 1996.

altérée, qui nécessiterait, pour être véritablement comprise, une forme de décodage. Il s'agit là d'un travail ardu, touchant peut-être à l'impossible, vu le peu d'informations objectives dont nous disposons. Nous ne sommes d'ailleurs pas les premiers à être intrigués par ce récit, à commencer – ce sera l'une de nos hypothèses – par Freud lui-même, qui le fut dès qu'il l'entendit de son ami Breuer. Tout au long de sa vie, il reviendra sur ce traitement par des remarques, des incises ou des compléments témoignant d'une certaine insatisfaction et de la poursuite d'une réflexion jamais véritablement aboutie. Parallèlement, son fidèle hagiographe, Jones, aura, de son côté, diffusé pour la postérité l'image d'un Breuer, certes défricheur intrépide, mais aussi apprenti sorcier effrayé, fuyant devant la découverte imprévue d'une sexualité féminine débridée – contre-image du héros que Freud, lui, se plaisait à incarner[1]. Hirschmüller, le scrupuleux historien de la psychanalyse auquel nous devons la plupart des renseignements objectifs dont nous disposons sur Breuer et Anna O., notera même que ces lignes de Jones sont les seules de sa longue et ennuyeuse biographie de Freud dans lesquelles il adopte un ton vivant, enjoué et même romanesque. Pourquoi donc cette vivacité ? Nous tenterons de le comprendre.

Bien d'autres auteurs pourraient avoir ressenti ce même trouble à la lecture du récit de ce traitement. On en retrouve la trace dans certains titres d'ouvrages : Melinda Given Guttmann intitule son livre *The Enigma of Anna O.*[2] ; pour Mikkel Borch-Jacobsen, il s'agit d'une « mystification centenaire »[3]. Même Élisabeth Roudinesco concède que certaines parties de ce récit tiennent de la « fable »[4]. En fait, comme le démontrera notre lecture critique, le lecteur se trouve rapidement plongé dans un système paradoxal, où on lui demande de croire sur parole ce qui est avancé, sans toujours le comprendre, tout en étant

[1] Ernest Jones, *La vie de Freud*, 1953, p. 248.

[2] Melinda Given Guttmann, *The Enigma of Anna O., a biography of Bertha Pappenheim*, Éd. Moyer Bell, London, 2001.

[3] Mikkel Borch-Jacobsen, *Souvenirs d'Anna O., une mystification centenaire*, Éd. Aubier, Paris, 2008.

[4] Élisabeth Roudinesco, *Dictionnaire de la psychanalyse*, Éd. Fayard, 1997, p. 759.

persuadé qu'il s'agit d'une démonstration scientifique. Vérités, dissimulations, non-dits alternent constamment et contraignent le lecteur à une forme d'acrobatie mentale pour essayer de lire entre les lignes ou tenter de reconstruire l'histoire originale.

Voyons quels sont les signes qui alimentent ce sentiment d'embarras ou, disons-le, ce soupçon d'escamotage de certaines données pourtant essentielles.

L'étrange histoire d'Anna O.

Nous aurons l'occasion de détailler le parcours hors du commun de cette femme, mais dès à présent nous pouvons noter l'incroyable contraste entre Anna O., la patiente décrite par Breuer, délirante, hallucinée et pour tout dire folle à lier[1], et Bertha Pappenheim, la femme de tête, l'héroïne pleine d'humour et de courage, qui dédia sa vie à la sauvegarde des mères célibataires, de leurs enfants et des prostituées, parcourant pour cela le monde entier, donnant des conférences et dirigeant des institutions. Comment relier ces deux personnages si différents ? Une force de caractère exceptionnelle est-elle seule à l'origine de cette mutation ?

Pourquoi tant de résistances pour publier ce cas ?

D'autres éléments nourrissent le sentiment d'embarras qui entoure ce cas et sa relation. « Bien que nous ayons plus de renseignements sur la genèse de ce célèbre ouvrage qu'on n'en a en général dans des cas analogues, observe Hirschmüller, nous sommes réduits à des hypothèses sur certains points, notamment en ce qui concerne les raisons (...) de sa date de publication extrêmement tardive en comparaison de celle du traitement d'Anna O., de onze ans antérieur à la « Communication préliminaire » et de treize au livre. »[2] Selon lui, Breuer

---

[1] Au point que Breuer, un an après la fin du traitement, confiera à Freud « qu'elle était complètement folle et qu'il souhaitait qu'elle meure pour être ainsi soulagée de ses souffrances » (Clark Ronald W. *Freud, the man and the cause*, Granada, London, Toronto, Sydney, New York, 1982, p. 105).

[2] Albrecht Hirschmüller, *Josef Breuer*, PUF, Paris, 1978, p. 214.

devait être « partisan de plus de réserve par souci de discrétion » (on voit là un exemple de ces conjectures que chaque lecteur est inévitablement amené à échafauder). Quant à Freud, il confiera à son ami Fliess : « Il m'a fallu joliment me battre »[1] ; et plus tard même : « Je crois que [Breuer] ne me pardonnera jamais que je l'aie entraîné dans les Etudes… »[2] En 1925, dans un article nécrologique consacré à Breuer, il mentionne encore que ce n'était qu'à regret que ce dernier avait publié le cas Anna O., et encore « de manière fortement abrégée » et « sous une forme censurée »[3].

Pourquoi donc tant de réticences de la part de Breuer, alors que cette publication était relativement urgente, compte tenu d'une certaine rivalité avec Pierre Janet ? Nous verrons quelles sont les hypothèses émises qui, en général, font référence à la terminaison particulière de cette thérapie. À l'inverse, d'ailleurs, on pourrait tout aussi bien s'interroger sur les motivations de Freud à tant d'insistance.

Des archives détruites ou enfermées

Dans cet imbroglio, le lecteur aimerait disposer de sources fiables pour s'orienter. Las, Anna O. semble bien être la seule en définitive qui aie véritablement su ce qui lui était arrivé ! Mais, étonnamment, selon le témoignage de sa proche collaboratrice Dora Edinger, « elle avait détruit tous les documents ayant trait à la crise de sa jeunesse et avait demandé à sa famille à Vienne de ne donner aucune information à ce sujet après sa mort ; Bertha Pappenheim ne parlait jamais de cette période de sa vie ». Plus : elle « s'opposait avec véhémence à toute suggestion de traitement psychanalytique pour les personnes dont elle avait la charge, à la grande surprise

[1] Lettre à Fliess, 18 décembre 1892, *in* Sigmund Freud, *La naissance de la psychanalyse*, PUF, Paris, 1956, p. 58.
[2] Lettre du 1er mars 1896 (paragraphe censuré dans *La naissance de la psychanalyse* ; cf. infra).
[3] Amine Azar et Antoine Sarkis, *Freud, les femmes, l'amour*, Éd. Z'éditions, Nice, 1993, p. 30.

des gens qui travaillaient avec elle »[1]. Étrange attitude pour la patiente princeps de la psychanalyse, censée en avoir bien bénéficié. De toute évidence, elle ne gardait un bon souvenir ni de cette période ni de cette démarche. Elle avait même, semble-t-il, un jugement sévère à l'encontre de cette discipline, puisqu'elle la proscrivait aux pensionnaires dont elle a eu plus tard la charge.

Si l'on se tourne alors vers les archives freudiennes, c'est clairement à la censure que l'on se heurte. Trois lettres de Breuer à F. Brentano se trouvent à la bibliothèque Houghton de l'Université Harvard mais ne sont pas accessibles actuellement[2]. D'autres sont strictement gardés à la Bibliothèque du Congrès, à Washington : « Les correspondances essentielles entre Freud et Breuer, du moins ce qu'il en reste, sont toujours consignées dans les coffres, et une lettre en particulier ne sera ouverte qu'en 2102, soit 177 ans après la mort de son destinataire, sauf si les documents appartiennent au lot expressément prohibé jusqu'en 2113, c'est-à-dire 188 ans après le décès de Breuer. »[3] Nous verrons aussi quelles acrobaties ont dû effectuer certains chercheurs pour glaner certaines informations soustraites au public. Comment comprendre ces cachotteries ? Témoigneraient-elles de certains secrets qui ne devraient pas être divulgués ? C'est bien l'impression qui en émane. On pourrait même soupçonner l'existence de plusieurs secrets emboîtés, qui feraient apparaître ce cas un peu comme la Russie que Winston Churchill qualifiait de « rébus enveloppé de mystère au sein d'une énigme ».

Omissions

Effectivement, les travaux d'Henri Ellenberger et d'Albrecht Hirschmüller ont permis de rectifier bon nombre d'inexactitudes, voire d'affirmations mensongères. À commencer par celle qui voulait qu'Anna O. fût guérie à la fin de son traitement

---

[1] Mikkel Borch-Jacobsen, *Les patients de Freud*, Éd. Sciences humaines, Paris, 2011, p.16.

[2] Albrecht Hirschmüller, *Joseph Breuer*, PUF, 1991, p. 305.

[3] Jacques Bénesteau, *Mensonges freudiens*, Éd. Mardaga, 2002, p. 240.

par Breuer (qui termine sa description du cas par : « Depuis, elle jouit d'une parfaite santé »), alors qu'elle dut être hospitalisée quatre fois par la suite[1] (et que Breuer et Freud le savaient bien entendu). L'argument qui voudrait que, dans l'esprit de Breuer, le traitement « psychologique » fût achevé avec succès avant que le traitement « neurologique » ne le fut lui-même est peu convainquant.

Autre omission, scientifiquement gênante : Breuer n'évoque à aucun moment la morphine qu'il administre pourtant à fortes doses à cette patiente en vue de la calmer. Elle s'y accoutumera et sa morphinomanie deviendra même sa principale affection, dont elle essaiera péniblement de se défaire au cours de ses multiples hospitalisations. Plus troublant, Breuer explique dans son rapport d'admission aux médecins de la clinique Bellevue, pourquoi il l'a mise sous morphine : « Dans les derniers mois, la malade a eu les injections de morphine, qui ont atteint des doses assez fortes (0,15-0,20 par jour), non pas à cause de ses très violentes névralgies mais à cause de très fortes convulsions qui commençaient par une forte chorée[2] mineure pour s'élever jusqu'aux plus graves convulsions athétoïdes[3] et qui ont maintenant totalement disparu ; actuellement elle est à 0,05-0,07 par jour et la désintoxication sera vraisemblablement très facile puisque la patiente le veut. » Il est aisé aujourd'hui de sourire de cet optimisme, puisque nous savons qu'en réalité de longues années de souffrances furent nécessaires à ce laborieux sevrage ; mais surtout nous pouvons nous interroger : la chorée et l'athétose sont des troubles d'origine neurologique. Quelle en était donc ici la cause ? Quelques jours au préalable, Breuer reconnaissait en fait sa responsabilité dans cette indication en réalité peu claire : « Lorsqu'il y a de la visite, elle se comporte de façon très étrange et reçoit des injections quotidiennes de

[1] D'abord à la clinique Bellevue à Kreuzlingen, en 1882, et ensuite à Inzersdorf, près de Vienne, du 30 juillet 1883 au 17 janvier 1884, du 4 mars au 2 juillet 1885 et du 30 juin au 18 juillet 1887.

[2] Mouvements incontrôlables, brusques et irréguliers, de courte durée, de tout ou partie du corps.

[3] Mouvements involontaires, incontrôlables, incoordonnés (muscles agonistes et antagonistes), lents et sinueux (reptatoires, c'est-à-dire ressemblant au mouvement d'un reptile) des membres surtout, du tronc et du visage.

0,08-0,1 de morphine. Mon histoire du cas m'excusera sur ce point. » Et de conclure : « Je ne procède pas à la désintoxication ici parce que, étant donné son entourage, je suis impuissant devant tout état d'excitation de sa part. » Autrement dit, il semblerait que, lorsque la patiente recevait la visite de sa famille, elle manifestait des troubles du comportement que Breuer s'efforçait de juguler par de la morphine. Etrange moyen. Le remède aurait-il au contraire été pire que le mal et contribué à provoquer ces tableaux délirants ?

Les indications et l'administration de cette morphine perturbent même les confrères ; on en trouve les traces dans les écrits du psychiatre chargé du cas d'Anna O. à la clinique Bellevue, qui rédigera que c'est bien une raison neurologique, en l'occurrence la lutte contre « la névralgie du trijumeau » – et non l'état d'agitation psychique – qui « avait exigé l'emploi de doses de morphine de plus en plus élevées »[1].

Un récit fumeux

Une autre caractéristique qui nous frappe dans le récit de ce traitement est son aspect nébuleux. Les symptômes y sont bien décrits, avec même une profusion de détails, mais, pour ce qui est de la logique et de la dynamique du traitement, ce ne sont que circonlocutions, ellipses ou généralités, sur fond de chronologie confuse. Les formulations vagues ou générales abondent : la « cause interne de l'hystérie », « l'incident pathogène », « des représentations hypnoïdes », « le rythme de comportements », « de nouvelles excitations », « son état s'organisa et se systématisa », « la foule des symptômes hystériques restait latente », « la condition seconde qui l'emporte sur l'état normal » ou « quand on réussissait à mettre en pleine lumière le souvenir de l'incident déclenchant ». Continuellement, on ressent cette impression d'imprécision délibérée. De même, dans l'introduction, nous lisons que « la cause de la plupart des symptômes hystériques méritait d'être qualifiée de traumatisme psychique » - mais on n'en saura pas

[1] Albrecht Hirschmüller, *Josef Breuer*, PUF, Paris, 1978, p. 373.

plus sur la nature de ces traumatismes, si ce n'est qu'il y a rarement « un unique incident traumatisant, mais [plutôt] plusieurs traumatismes partiels » ou qu'ils émanent d'« événements survenus dans l'enfance ». Que signifient ces périphrases qui prétendent décrire les faits sans précisément les nommer ? À quel compromis énigmatique correspondent-elles ? Elles constituent évidemment une forme de violence faite à notre pensée, contrainte à accepter ces termes sans pouvoir jamais en faire quelque chose.

La sexualité : importante ou pas ?

Si, jusqu'à présent, les indices de ce malaise n'orientaient notre réflexion que sur des éléments assez généraux, comme d'éventuels secrets avec leur corollaire de dissimulations plus ou moins habiles, avec le thème de la sexualité nous approchons un sujet plus précis.

Dans l'introduction, commune à Breuer et à Freud, figure un curieux paragraphe, au style alambiqué, concernant la divulgation de données médicales au public et les scrupules dont s'honorent les deux auteurs à ce sujet. « C'est pourquoi nous avons renoncé à publier les observations les plus instructives et les plus convaincantes. Nous parlons évidemment de cas où les relations sexuelles et conjugales prennent une importance étiologique. » Cela alors même que leur projet essentiel était pourtant de démontrer que « c'est à la sexualité, source de traumatismes psychiques et facteur motivant du rejet et du refoulement de certaines représentations hors du conscient, qu'incombe, dans la pathogenèse de l'hystérie, un rôle prédominant » ! Et d'ajouter enfin, pour notre plus grande confusion : « Nous nous sommes vus obligés d'exclure de notre exposé justement les observations à contenu fortement sexuel. » Cette valse-hésitation – y a-t-il ou non des éléments sexuels intervenant dans le cas d'Anna O. ? – est d'autant plus troublante lorsqu'on prend en considération la fin du traitement, révélée bien des années plus tard par Jones, selon lequel la patiente aurait développé un délire de grossesse d'un enfant conçu avec le Dr Breuer ! On sent là un certain malaise dans l'appréciation du rôle de la sexualité dans l'histoire de cette patiente ou dans la possibilité d'en parler. L'hypothèse que nous voudrions ici soutenir est que Freud lui-même n'aurait probablement pas été au courant de certains détails importants dans ce domaine, ce qui explique passablement de bizarreries dans l'interprétation du cas (puis les réinterprétations au cours des années), comme peut-être même dans les relations entre les deux hommes.

En tout cas Breuer, lui, nous assure, martelant à plusieurs reprises, que dans le cas d'Anna O., « l'élément sexuel était étonnamment peu marqué. (…) La malade n'avait jamais eu de relations amoureuses et, parmi ses multiples hallucinations, jamais cet élément de la vie psychique ne se manifestait. »[1, 2]

Hirschmüller se permet d'exprimer quelques doutes : « Il convient de se demander si Breuer n'a pas voulu, délibérément ou pour des raisons non avouées liées à son rapport à la patiente (…), que son histoire du cas restât exempte de toute thématique sexuelle. »[3] Jones va plus loin et note explicitement : « En tout cas, *Freud finit par s'assurer de la collaboration de Breuer, étant entendu que la question de la sexualité serait maintenue à l'arrière-plan.* »[4] Cette phrase donnerait à penser que les deux hommes ont carrément négocié un accord, en toute conscience, pour tronquer la description de ce cas dans un domaine pourtant décisif.

Nous reviendrons sur les raisons qui pourraient être à l'origine de ces atermoiements. Mais mentionnons dès à présent cette phrase que nous trouvons dans le rapport[5] rédigé par Breuer aux médecins du sanatorium Bellevue lors de l'hospitalisation d'Anna O. : il commence par l'affirmation déjà évoquée : « L'élément sexuel est étonnamment peu développé ; pas une fois je ne l'ai trouvé représenté dans la masse des

---

[1] *Études sur l'hystérie*, *op. cit.*, p. 42.
[2] « sans intervention aucune de facteurs sexuels durant tout le déroulement », Rapport de J. Breuer sur Bertha Pappenheim, fin juin 1882, *in* Hirschmüller, *op. cit.*, p. 378.
[3] Albrecht Hirschmüller, *Josef Breuer*, PUF, Paris, 1978, p. 149.
[4] (Souligné par nous) Ernest Jones, *La vie et l'œuvre de Sigmund Freud*, 1953, I, p. 276.
[5] Albrecht Hirschmüller, *op. cit.*, p. 360.

hallucinations. » Mais il poursuit par une phrase plus ambiguë qu'il n'y paraît, au point que Hirschmüller s'achoppe à sa traduction ; citons-la donc dans son allemand original : *« Jedenfalls, ist Sie nie verliebt gewesen, soweit nicht ihr Verhältnis zum Vater dieses ersezt hat oder vielmehr damit ersezt war. »* La traduction qui est proposée est loin d'être limpide : « En tout cas, elle n'a jamais été amoureuse dans la mesure où sa relation au père n'a pas remplacé l'amour ou plutôt n'a pas été remplacé par lui. » Hirschmüller commente : « Peut-être convient-il d'entendre le deuxième *« ersezt »* comme un synonyme de *« besetzt »* (occupé, investi). Si l'on prend effectivement le second *« erzezt »* dans le sens de *« besetzt »*, cela voudrait plutôt dire que le père « occupait » cette place, ce qui n'a pas permis à une autre relation amoureuse de se développer. Comme nous le verrons, cette confidence en demi-teinte sur l'incestualité familiale pourrait bien receler le nœud de tout le drame.

Selon un autre biographe, Ronald Clark, en général bien informé, « des années plus tard, Breuer raconta à Auguste Forel qu'Anna O. avait démontré "qu'un cas d'hystérie sévère peut se développer, s'épanouir et être résolu sans avoir une base sexuelle". » « En dépit de cela, commente Clark, il est maintenant apparu clairement que [Breuer] était tout à fait conscient des éléments sous-jacents sexuels et qu'il avait décidé que de tels cas n'étaient plus pour lui. »[1] (En fait, Breuer semble bien avoir continué à soigner des patientes hystériques, par exemple Mademoiselle Clara B., patiente qu'il a hospitalisée à Bellevue juste après la fin du traitement d'Anna O.).

Même Freud a au sujet de l'importance de la sexualité dans ce cas une attitude étrange, lui qui fait triomphalement remarquer à Jung, dans une lettre de 1909, que « *chimney sweeping* [ramonage de cheminée] avait une connotation sexuelle, ce que Breuer n'avait certainement pas remarqué » ! Où sont donc passées la finesse et la subtilité interprétative du maître ?

---

[1] Ronald W. Clark, *Freud, the man and the cause*, Granada, London, Toronto, Sydney, New York, 1982, p. 106.

Plus tard, en 1925, dans sa *Selbstdarstellung*, il adoptera à l'égard de Breuer une attitude plutôt condescendante : « De sa première patiente, devenue si célèbre, Breuer rapporte que le sexuel chez elle était étonnamment peu développé. On n'aurait [pas] pu aisément deviner, d'après les "Études sur l'hystérie", quelle importance a la sexualité dans l'étiologie des névroses. »

Jones a un avis intéressant et plus spécifique : « Freud semble avoir senti que Breuer, en dépit de sa très timide ambivalence, était au fond d'accord avec lui, car dans un article publié en 1896 il a écrit : "Breuer et moi-même avons soutenu dans des communications antérieures que les traumatismes psychiques [dans l'hystérie] sont liés à la sexualité". » Et Jones de poursuivre : « Pour ma part, je serais prêt à parier que l'accord de Breuer concernait plutôt l'âge adulte et que c'étaient les vues de Freud sur la *séduction incestueuse des enfants*[1] qui l'avaient rebuté. Mais rien ne m'autorise à l'affirmer. »[2] Là encore, un décryptage se révèle nécessaire : selon Jones, Breuer et Freud se seraient accordés sur le fait que l'hystérie provenait de traumatismes sexuels (ce qui, encore une fois, n'apparaît pas du tout dans le récit du cas), mais Breuer aurait limité ce lien à des traumatismes récents, alors que Freud aurait, lui, corrélé ces symptômes avec un inceste précoce (ce dont il n'est aucunement question non plus dans les *Études*).

Que retenir de cette valse-hésitation autour de l'importance de la sexualité dans le cas d'Anna O. ? Notre expérience clinique s'accorde en tout cas avec le fait que des patients ayant été troublés dans leur sexualité au cours de leur développement précoce voient ce domaine effectivement peu développé, en quelque sorte atrophié, ce qui pourrait correspondre au tableau présenté par Anna. Les violences qu'elle aurait subies dans ce domaine pourraient, le cas échéant, avoir été censurées, ce qui s'accorderait cette fois avec l'ambiguïté des informations sur ce sujet.

---

[1] Souligné par nous.

[2] Ernest Jones, *op. cit.*, p, 281.

Qu'en serait-il donc de ces traumatismes sexuels qui sont ainsi évoqués à mots couverts, sans l'être véritablement ? Nos connaissances actuelles dans le domaine des relations perverses et de l'incestualité seraient-elles de nature à apporter un éclairage nouveau, éventuellement plus intelligible, sur toute cette histoire ? Quels seraient les éléments qui, aujourd'hui, nourriraient une hypothèse de dynamique incestuelle, voire d'inceste avéré ?

En ce qui concerne la famille d'Anna O., Breuer ne nous livre malheureusement que très peu d'informations. La patiente aurait eu « une hérédité névrotique assez chargée » avec, « dans sa nombreuse famille, quelques cas de psychose ». Selon A. Hirschmüller, « les liens de parenté sont des plus complexes dans la famille Goldschmidt [de la mère] »[1]. Par ailleurs, on apprend que le grand-père d'Anna, d'origine modeste, aurait « fait un grand héritage, et était devenu "millionnaire" du jour au lendemain au ghetto »[2] – grâce à un mariage semble-t-il. Cette soudaine bonne fortune financière ne semble pas non plus avoir intrigué les chercheurs. D'autre part, une sœur aînée d'Anna était morte à deux ans, une autre de tuberculose à l'adolescence, ce qui est à peine mentionné.

Quant à sa mère, selon Ernest Jones, elle « [avait] tout d'un dragon ». D'autres éléments corroborent à tout le moins la figure d'une mère manipulatrice qui, plus tard, suivra et contrôlera le traitement de sa fille de très près. Qu'on en juge, selon ces extraits de lettres qu'elle écrit au Dr Binswanger, psychiatre responsable de la clinique où a été hospitalisée sa fille : « J'ai eu un compte rendu du 3 et du 5 de ce mois et je vous remercie beaucoup de me donner des détails aussi précis que possible »[3] ; ou : « Alors que dans le premier [traitement] il

[1] Albrecht Hirschmüller, *op. cit.,* p. 136.

[2] Albrecht Hirschmüller, *op. cit.,* p. 136. Sauf erreur, ce grand-père fortuné serait devenu le parrain de Martha (Bernays, future épouse de Freud) après que le père de celle-ci eut été condamné à un an de prison pour faillite frauduleuse.

[3] Albrecht Hirschmüller, *op. cit.,* p. 387.

restait malgré tout un rayon d'espoir que l'on puisse cesser les injections de morphine, le dernier a suscité chez moi la conviction – certes très désagréable – qu'on ne saurait s'en passer même un jour et que la dépendance de Bertha est restée la même »[1]. Ce texte suscite un certain malaise : de façon évidente, cette mère s'immisce dans le traitement de sa fille, pour ne pas dire qu'elle se l'approprie, tantôt par identification avec elle (« on ne saurait s'en passer »), tantôt par usurpation d'un rôle de cothérapeute (« on puisse cesser les injections »). Cette intrusion, apparemment bien intentionnée, pourrait être de nature plus trouble qu'il n'y paraît. Y aurait-il une analogie avec le comportement de certains parents pervers qui, tout en se préoccupant de la santé d'un de leurs enfants, s'attachent surtout dans les faits à renforcer son statut de malade « désigné » ?

Ce soupçon trouve une certaine confirmation lorsqu'on apprend que la mère d'Anna a proposé au Dr Binswanger de le rencontrer à Villingen, en cachette, prétendument pour le bien de sa fille, pour lui éviter « une source d'excitation » ; elle termine sa missive en le priant « de ne pas informer Bertha du contenu de la présente lettre, ni même de ce que je vous ai écrit ». Ce type d'ingérence et de manipulation du thérapeute signe à nos yeux clairement une attaque perverse du cadre[2]. Notons par ailleurs que ces lettres circulent et informent d'autres membres de la famille du cours de la thérapie, comme en témoigne cette lettre du 23 juillet 1882 de Fritz Homburger [cousin de Bertha] au Dr Binswanger *:* « Votre compte rendu à ma tante concernant ma cousine Bertha est bien arrivé et j'ai été heureux d'apprendre que la dose de morphine a déjà diminué de moitié. »[3] Là encore, cette diffusion, mentionnée comme allant de soi, évoque pour nous certaines familles incestuelles dans lesquelles les limites, entre le privé et l'intime par exemple,

---

[1] Albrecht Hirschmüller, *op. cit.,* p. 388.

[2] Hirschmüller le dit de façon plus diplomatique : « La vive participation de la mère de Bertha est attestée par ses lettres à Robert Binswanger (documents 33-36), ainsi que par un journal détaillé de tous les incidents survenus au cours de la maladie dont Breuer fait mention » (Breuer [et] Freud, 1895, p. 29 ; trad. fr., p. 24).

[3] Albrecht Hirschmüller. *op. cit.,* p. 382.

n'existent pas. Dans de tels systèmes, un peu comme dans celui de Dora mentionné précédemment, toute la famille s'approprie et la pathologie et le traitement d'un membre désigné, pour s'en nourrir ensuite quasi vampiriquement. Dans l'optique d'une telle dynamique, nous pourrions qualifier la morphine d'*objet incestuel*, au sens que lui donne Racamier, autrement dit qui diffuse la dynamique incestuelle loin à la ronde et pérennise l'abus[1].

En ce qui concerne Anna O., Cette dynamique impliquait bien des protagonistes. « Le père de Bertha était en effet le tuteur de Martha (épouse de Freud) depuis la mort de Berman Bernays le père de cette dernière, en 1879. Les deux femmes se voyaient fréquemment, et Martha était informée de l'avancement des problèmes d'Anna O. pendant et après sa « cure », dont elle communiquait tous les détails à sa mère et à Sigmund, lequel rencontrait régulièrement Breuer… »[2]

Nous n'avons quasiment pas d'information concernant le père d'Anna O., sinon le fait que, selon Breuer, il la « choyait » et que celle-ci en retour nourrissait à son endroit un « amour passionné ». Jones, par ailleurs, évoquera une fois « sa puritaine famille ». Pour l'instant, ces renseignements ne nous éclairent que moyennement ; elles ne corroborent ni n'invalident nos interrogations quant à une éventuelle problématique d'abus sexuels, malgré qu'elles soient congruentes avec celles, plus générales, d'un fonctionnement familial incestuel.

D'une façon générale, Bertha laisse entendre que son enfance ne fut pas heureuse. Ainsi, beaucoup plus tard, lorsqu'elle fut connue pour son engagement social, elle fut fêtée par ses collaboratrices à l'occasion de son anniversaire. « Elle fut submergée par l'émotion et dit en pleurant : "Excusez-moi, je suis si peu habituée à l'amour qu'il me bouleverse aisément." »[3]

---

[1] Paul-Claude Racamier, *L'inceste et l'incestuel*, Éd. du Collège, 1995, réédition Éd. Payot, 2010.
[2] Jacques Bénesteau, *op. cit.*, p. 234.
[3] Albrecht Hirschmüller, *op. cit.*, p. 168.

Aucun fait marquant n'est toutefois signalé jusqu'à sa maladie. Celle-ci survient alors qu'elle se dédie éperdument aux soins de son père, alors gravement malade, dès la mi-juillet 1880. Elle commence alors à manifester toutes sortes de symptômes bizarres comme des « absences » ou des contractures particulières. Celles-ci vont progressivement s'amplifier sous la forme de crispation des muscles antérieurs du cou « *au point* qu'elle ne pouvait plus tourner la tête[1] ("de telle sorte qu'elle finissait par ne plus pouvoir remuer la tête qu'en la resserrant entre ses épaules soulevées et en faisant mouvoir son dos", décrira minutieusement Breuer[2]). » Puis, « dans la nuit du 17 juillet 1880, alors qu'on attendait le chirurgien, Bertha vécut, au chevet de son père, l'épisode qui entraîna pour la première fois une paralysie de son bras droit et qui devait devenir le point de départ et le centre de sa maladie. (...) Elle était assise auprès du lit, le bras droit posé par-dessus le dossier de la chaise et tomba peu à peu dans une absence. Dans celle-ci, elle hallucina des serpents noirs qui sortaient des murs, et un rampa le long de son père pour le tuer. » (Par la suite, chaque fois qu'elle voyait un objet qui lui rappelait un serpent, « son bras droit était mis en extension et devenait tout à fait raide »[3]). Elle voyait aussi une tête de mort à la place du père, et se sentait une « incapacité de parler par angoisse, lorsque, sans qu'elle ait commis de faute, elle était réprimandée par son père ». Enfin, on signale encore un strabisme convergent et l'apparition d'une sorte de « dédoublement » de la personnalité en deux « moi », l'un qui était le vrai et l'autre, le mauvais, « qui la force à faire des choses terribles »[4].

En définitive, ce qui est particulier, c'est qu'à première vue, on ne comprend pas grand-chose à la problématique de cette patiente. Si la cohorte de ses symptômes nous sont minutieusement détaillés et si, au cours de la description de la thérapie, il nous est martelé que « chaque fois qu'elle se

---

[1] Melinda Given Guttmann, *op. cit.*, p. 42.
[2] Joseph Breuer, *op. cit.*, p. 16.
[3] Albrecht Hirschmüller, *op. cit.*
[4] Rapport d'admission à la Clinique Bellevue, *in* Hirschmüller, *op. cit.*, p. 364.

souvenait d'un traumatisme, les symptômes correspondants disparaissaient », aucun sens de cette pathologie n'apparaît clairement.

À notre avis, une majorité de symptômes décrits pourraient aujourd'hui nous interroger dans le sens d'un éventuel abus sexuel perpétré par le père sur Anna. La situation critique, avec l'intimité que supposent les soins, le dévouement entier de sa fille, pourraient en être des facteurs facilitants. Aussi, plus précisément, les *contractures du cou* et éventuellement le *strabisme* pourraient manifester la répulsion par rapport à une fellation. Les *serpents noirs* hallucinés témoigneraient de l'effroi d'une vision forcée du pénis du père, ce qui pourrait également amener à l'hallucination d'une *tête de mort* à sa place. Les *paralysies et tétanisations de son bras droit* pourraient tout à fait correspondre à une horreur d'être contrainte à le toucher, éventuellement à le masturber. Son *incapacité à parler* pourrait être interprétée comme une impossibilité de divulguer les actes que commettait son père, *sans qu'elle ait commis de faute*. Enfin les *absences* et le *dédoublement de la personnalité* pourraient correspondre à ces dissociations de la conscience fréquemment manifestées par les victimes d'abus sexuels.

Ces hypothèses ne sont aucunement évoquées par Breuer. Un seul symptôme est véritablement « élucidé », intéressant car se situant symboliquement dans le registre de l'incestualité. Alors qu'Anna ouvrait inopinément la porte de la chambre de sa dame de compagnie, elle l'avait surprise en train de donner à boire à son chien dans son propre verre. Cette vision imprévue dégoûta profondément Anna, au point de ne plus pouvoir boire pendant quelque temps par la suite. Avec l'aide de Breuer, c'est ce souvenir et ce dégoût qu'elle parvint à retrouver derrière son impossibilité de boire, symptôme qui disparut tout aussitôt. L'affect qui était « coincé » (selon le terme des auteurs) ayant été remis en relation avec la représentation, le symptôme n'avait plus lieu d'être. Pourtant, rien n'est dit sur le sens de cette scène traumatique. Pour nous, ce qui a choqué Anna est la transgression d'un tabou : ici celui qui sépare les hommes des animaux, particulièrement dans une certaine forme d'intimité (alimentation). Il pourrait ainsi être la transposition, la mise en acte « symbolique » de la transgression d'un autre interdit, sexuel celui-là, qu'elle aurait antérieurement subi.

Admettons-le : si, comme nous allons le voir, cette hypothèse peut être soutenue par d'autres arguments encore, elle ne cadre que difficilement avec l'amour inconditionnel qu'Anna O. portait à son géniteur. Pour autant, si effectivement la majorité des enfants abusés en veulent à leur parent séducteur, il en existe bien une minorité qui, au contraire, conserve un attachement indéfectible à leur bourreau.

Ces interprétations sont évidemment passablement conjecturales, mais en tout cas plausibles. On s'étonne de ne les avoir jamais lues, ni chez Breuer ni chez Freud. Une exception troublante nous vient, bien des années plus tard, d'un article de Bertrand Vichyn intitulé « Pour une clinique de l'"étiologie paternelle" »[1], dans lequel l'auteur reprend les premières vues de Freud sur l'importance de l'inceste dans la formation de symptômes hystériques. Selon lui, « Freud pensait probablement que des troubles [d'Anna O.] avaient été provoqués par la scène [où elle se trouvait au chevet de son père] qui, à son tour, était une réédition *d'une scène de l'enfance où le père avait forcé sa fille en état d'impréparation psychique, physique et intellectuelle à se saisir de son membre.* »[2] Nous avons là une description très abrupte de l'hypothèse d'un inceste, mais exposée de manière très ambiguë qui laisserait entendre que le problème aurait pu être « l'impréparation psychique, physique et intellectuelle » de l'enfant et non de la transgression par le père de ce tabou !

Une autre exception, intéressante, nous vient d'un article de Richard Loewenstein, dans une contribution au livre de Jean Goodwin, spécialiste américaine des problèmes d'abus sexuels[3].

---

[1] Bertrand Vichyn, « Pour une clinique de l'« étiologie paternelle », *Revue française de psychanalyse*, 2/1993, pp. 411-427.
[2] Souligné par nous.
[3] Richard Loewenstein, *Anna O.: Reformulation as a Case of Multiple Personality Disorder*, *in* Jean M. Goodwin, *Rediscovering Childhood Trauma*, American Psychiatric Press, Washington, London, 2005.

Après un développement laborieux pour déterminer si les symptômes d'Anna O. correspondent à la description du DSM III R des « personnalités multiples », statistiques à l'appui, il en vient à décrire les caractéristiques connues d'enfants abusés qu'on retrouve chez Anna O. : une parentification, par exemple aboutissant « à prendre soin des adultes, avec un sentiment de profonde responsabilité pour l'équilibre psychique du parent abuseur et même de toute la famille », argument que nous avons mentionné plus haut. Enfin, il aborde clairement le sujet : « Personne n'a envisagé la possibilité que Pappenheim avait été sexuellement abusée dans son enfance, luttant pendant toute sa vie avec des réminiscences de ces expériences réelles incestueuses et non avec des fantaisies incestueuses. » Plus loin, encore plus explicitement : « La formulation la plus simple serait que Pappenheim a été abusée sexuellement par son père. » Et de poursuivre avec une hypothèse encore plus spécifique : peut-être n'a-t-clle pas seulement été abusée par son père, mais a-t-elle aussi « assisté ou pris connaissance de l'exploitation sexuelle d'autres femmes par son père » (ce qui est mis en rapport avec ses œuvres romanesques ultérieures).

Voilà en tout cas deux écrits qui vont dans le sens de notre hypothèse, que nous pourrions reformuler de la sorte : Anna aurait vécu dans une famille incestuelle, sous l'emprise d'une mère manipulatrice et d'un père abuseur. Cette séduction aurait abouti, lors de la maladie de celui-ci, à un véritable inceste. Ce viol aurait rendu Anna folle de douleur, l'amenant non seulement à se dissocier, mais aussi à développer toute une série de symptômes physiques plus ou moins évocateurs. L'ont-ils été suffisamment ? Telle est la question que l'on est en droit de se poser face au récit qu'en fait Breuer et à son traitement.

Le mystère du traitement du Dr Breuer

Breuer comprit-il l'« étiologie sexuelle » des symptômes présentés par Anna ? Il est très difficile de s'en faire une idée précise. Nous avons vu son insistance à déclarer que la sexualité ne jouait aucun rôle dans ce cas. Il est troublant d'observer par exemple que l'hallucination de serpents noirs n'a éveillé à aucun moment, ni chez lui ni chez Freud, une quelconque association concernant un symbole phallique.

Nous trouvons aussi dans les *Études,* au chapitre consacré aux « Considérations théoriques » qui suit les « Histoires de malades », un paragraphe intrigant rédigé par Breuer. Il commence par une phrase embrouillée qui met en relation les rêveries que peuvent avoir des patients et « certaines réactions dues à leur vie extérieure » [évoquerait-il l'abus sexuel ?] : « Même chez les gens qui ne s'adonnent pas, en dehors de leur activité ordinaire, à d'habituelles rêveries diurnes [comme Anna O.], certaines situations provoquent, pendant des temps assez longs, des impressions changeantes et des réactions dues à la vie extérieure, coexistant avec un groupe de représentations à charge affective. » Tout cela est bien abscons, tout à fait dans la lignée du style général de l'ouvrage tel que nous l'avons analysé, et plein de sous-entendus peu explicites. On pourrait comprendre cette phrase comme une valse-hésitation, prémonitoire de celle qu'aura Freud plus tard, entre une origine imaginaire des troubles (les « rêveries diurnes ») et une origine réelle due à des « événements de la vie extérieure ». Suit une belle mais énigmatique citation latine : *« Post equitem sedet atra cura »* (« Le noir souci monte derrière le cavalier », autrement dit : les problèmes persistent même si l'on change de lieu). Et puis, enfin, il en vient au fait et précise les circonstances pouvant déclencher une hystérie : « Il s'agit surtout de situations où le sujet soigne un être cher ou encore d'inclinations amoureuses. » Étrange association, qu'il souligne encore en concluant un peu plus clairement : « L'expérience nous enseigne que les tâches incombant aux garde-malades et l'affect sexuel jouent, dans la plupart des cas d'hystérie, un rôle primordial, comme le montre l'étude approfondie de nos cas. » Voilà une affirmation bien singulière, énoncée comme une généralité, mais qui pourrait bien être une indication voilée quant au rôle de la sexualité dans le cas d'Anna O., la garde-malade. Cette phrase tendrait en tout cas à accréditer l'idée que Breuer avait compris non seulement que l'« affect sexuel » jouait un rôle dans le déclenchement de l'hystérie en général et qu'en particulier cet affect avait été suscité par le père d'Anna, mais qu'il avait décidé de ne pas l'évoquer – probablement pas même à Freud. Cela s'accorderait en tout cas avec sa réputation de médecin honnête et scrupuleux qui aurait tenté, par tous les moyens, de conserver par-devers lui des secrets familiaux dont il avait eu connaissance.

Osa-t-il interroger l'intéressée elle-même ? La suite du traitement nous donnerait plutôt à penser que cela n'a pas été le cas. En effet, l'état psychique de la patiente ne s'améliora pas, ce qui aurait pu être le cas après une divulgation et l'élaboration subséquente de ce traumatisme. Bien au contraire, cet état semble s'être plutôt péjoré. Anna paraît même avoir développé une créativité certaine dans l'élection de ces symptômes, qui sont devenus de plus en plus foisonnants ou extravagants. Qu'on en juge.

Voici par exemple ce qu'en dit Breuer dans son rapport d'admission : « Un état qui évoquait fortement le *delirium cum tremore* (…) elle hallucinait de petits animaux, entendait des voix, avait une certaine propension à être violente, c'est-à-dire qu'elle lança une bouteille par terre, etc. »[1] ; ou : « Dans les six derniers mois, elle était influencée dans ses faits et gestes, jour après jour, par les événements du même jour de l'an passé, et elle pouvait toujours être entièrement emportée dans la situation de l'année précédente jusqu'à l'hallucination… »[2] ; ou encore : « Au beau milieu d'une conversation, certaines hallucinations pouvaient survenir, la malade s'enfuyait, essayait de grimper sur un arbre, etc. Lorsqu'on la retenait, elle reprenait presque immédiatement le fil de son discours comme si rien ne s'était produit entre-temps. » Plus loin : « Toutes les personnes deviennent pour elle comme des figures de cire, sans rapport avec elle » ; ou : « Après la mort du père, elle avait commencé à écrire de la main gauche, et cela en prenant l'alphabet dans son Shakespeare. » Ailleurs encore : « Elle laissait l'infirmière lui

---

[1] Rapport de J. Breuer sur BP, fin juin 1882, *in* Albrecht Hirschmüller, *op. cit.*, p. 378.
[2] *Ibid.*, p. 378.

introduire la nourriture dans la bouche ; toutefois, après avoir réclamé du pain, elle le refusait dès qu'il était en contact avec ses lèvres. »

Cette extravagance assez théâtrale semble avoir fasciné Breuer. On connaît les suites éminemment positives de cet intérêt, auquel nous devons la naissance de la psychanalyse. On perçoit d'ailleurs tout l'enthousiasme du thérapeute, peut-être excessif (ou son aveuglement quant à son implication dans un scénario pathologique) : « J'arrivais le soir, au moment où je la savais plongée dans son état d'hypnose, et la débarrassais de toutes les réserves de fantasmes accumulées depuis ma dernière visite. Pour s'assurer le succès, il fallait que ce fût fait à fond. » Mais cette relation semble avoir été aussi bien houleuse : « Je la retrouvai dans un triste état moral, paresseuse, indocile, d'humeur changeante, méchante même. » Ou : « Le deuxième jour, et surtout le troisième, son humeur devenait toujours moins bonne, elle était revêche, désagréable. En cet état, il devenait parfois difficile, même sous hypnose, de la faire parler. » Pis, on peut lire les contorsions auxquelles Breuer a été amené progressivement à se livrer : « Lorsque son humeur redevenait maussade (après un intervalle prolongé) et qu'elle refusait de parler, je devais l'y contraindre en insistant, suppliant et aussi en me servant de certains artifices, en prononçant, par exemple, une formule stéréotypée du début de ses récits. Car elle ne se décidait à obéir qu'après s'être convaincue de mon identité en tâtant soigneusement mes mains. »

On sent Breuer envoûté par cette patiente qui le promène et l'emmène où elle veut dans une relation extraordinairement érotisée. Lorsqu'elle a des angoisses à l'endormissement et surtout au réveil, il se propose même de venir, chaque soir et chaque matin lui fermer les yeux et les lui rouvrir ! Cette proximité n'avait pas échappé à son amie Martha Bernays (fiancée de Freud), qui nous semble aujourd'hui extrêmement lucide, lorsqu'elle écrivait à son futur mari : « C'est surprenant, jamais un autre homme n'a été aussi proche de la pauvre Bertha que son médecin actuel. Au fond, elle a tout ce qu'il faut pour tourner la tête à l'homme le plus sensé. Quel malheur pour cette fille, n'est-ce pas ? »[1] Quant à Anna O., voici comment elle décrit l'un de ses symptômes, avec cette désinvolture, cette « belle indifférence » qui passe pour être le propre des hystériques : *« When during this phase two other persons are talking in German, I must take trouble to fix my attention to the conversation, which is quite indifferent to me. I feel sorry no to understand; but ame [sic] not interested in it. »*[2]

Toutes ces descriptions concordent pour nous dépeindre un Breuer dépassé par le tempérament de sa patiente et qui ne maîtrise plus guère le cadre thérapeutique. Ces débordements, cette séduction, cette violence, aujourd'hui, avec le recul de cent vingt ans, nous interrogent. Anna O. était-elle (aussi) un peu manipulatrice ? L'administration par Breuer de chloral puis de morphine correspondait-elle à une tentative maladroite d'asseoir son autorité pour maîtriser ces symptômes ? Les extravagances de la symptomatologie d'Anna auraient-elles à voir avec des effets secondaires de la morphine ? Le terme de *folie à deux* serait-il exagéré pour décrire cette étrange relation médecin-malade ?

À plusieurs reprises par la suite, Anna semble s'être rétractée : « Tout cela, disait-elle, avait été simulé. »[3] Lors de son arrivée à la clinique Bellevue, elle aurait réitéré que toute cette maladie n'était qu'une simulation, ce que Breuer s'empresse de contredire : « Son affirmation actuelle, selon laquelle toute sa maladie aurait été un mensonge, est certainement fausse, même si tel ou tel détail est inauthentique. (…) Le motif de cette autoaccusation amènerait ici trop loin et doit être laissé au rapport détaillé [étrange phrase qui laisserait sous-entendre que Breuer était au courant de certains faits qu'il ne souhaitait pas

---

[1] Lettre de Martha Bernays à Sigmund Freud du 2 novembre 1883, retrouvée par Eva Weisweiler dans les archives Freud de la Librairie du Congrès à Washington (Weisweiler, *op. cit.*, p. 41).

[2] « Lorsque pendant cet état deux autres personnes parlent en allemand, je dois faire un effort pour fixer mon attention à leur conversation qui m'est complètement indifférente. Je suis désolée de ne pas comprendre ; mais cela ne m'intéresse pas », Rapport de Bertha Pappenheim sur sa maladie, mi-septembre 1882, *in* Hirschmüller, *op. cit.*, p. 379.

[3] *Études*, p. 34.

divulguer ; le rapport mentionné ne semble en tout cas pas avoir existé]. » En revanche, dans son article, Breuer développe un argument scientifique qui expliquerait le phénomène de dissociation : « Après la maladie, lorsque les deux états de la conscience ont retrouvé leur unicité, les patients, en jetant un regard en arrière, se considèrent chacun comme une personne non partagée, qui a toujours eu la notion de cette extravagance. Ils croient qu'ils auraient pu la faire cesser s'ils l'avaient voulu ; ainsi, ce serait intentionnellement qu'ils auraient provoqué pareil désordre. »[1]

Qui pourra jamais démêler les différents paramètres ayant façonné cette aventure thérapeutique ? En ce qui nous concerne, nous gardons surtout l'impression que ce traitement était certainement héroïque, mais aussi passablement erratique, ce qui, nous allons le voir, pourrait avoir donné lieu à certains dérapages.

Le mystère de la fin du traitement de Breuer

En fait, c'est bien dans la terminaison de ce traitement que culmine l'impression de malaise et de secrets dissimulés – peut-être en rapport avec l'hypothétique inceste dont aurait été victime Anna O.

Nous avons vu que Breuer avait passablement altéré la vérité en prétendant sa patiente guérie, ce qui n'avait pas non plus indisposé Freud. Loin de là, ce dernier, en 1925 encore, dans sa *Selbstdarstellung*, répétera : « La malade était guérie, et elle est restée depuis en bonne santé. »[2] Cette allégation était-elle seulement motivée par le souci de présenter cette nouvelle thérapie sous un jour favorable ?

Voyons pour commencer ce que disait précisément Breuer lui-même de cette fin de traitement : « Quelques mots encore à propos de la guérison définitive de l'hystérie. Elle survint, chez notre malade, de la façon que nous avons décrite, après une

[1] *Études sur l'hystérie*, *op. cit.*, p. 34.

[2] Sigmund Freud, *Sigmund Freud présenté par lui-même*, Éd. Gallimard, 1984, p. 36.

période d'agitation marquée et une aggravation de son état. On avait tout à fait l'impression de voir la masse des productions de l'état second, jusque-là assoupi, envahir le conscient et resurgir dans le souvenir, encore que ce fût d'abord dans la "condition seconde". » Derrière ce langage toujours alambiqué, et la prétention de connaître le fin mot de la « guérison définitive de l'hystérie », on comprend néanmoins que le traitement d'Anna O. ne s'est pas terminé sans heurts.

Mais quels heurts au juste ?

En 1914 dans sa *Contribution à l'histoire du mouvement psychanalytique*[1], Freud évoque la survenue, à la fin du traitement, d'un *« untoward event »* (événement fâcheux). Réalise-t-il qu'il use d'une forme de « langue de bois » intrigante ? Peut-être ne le sait-il pas lui-même. C'est en tout cas ce qu'il admettra onze ans plus tard, dans sa *Selbstdarstellung* (présentation par lui-même) : « Sur le dénouement du traitement hypnotique régnait une obscurité que Breuer ne dissipa jamais pour moi. » Il est à noter que ce genre d'aveu est glissé incidemment au sein d'un paragraphe, ce qui pourrait amener un lecteur inattentif à le survoler sans s'y attarder.

En fait, en reprenant le sujet du traitement d'Anna O. par Breuer tout d'abord puis dans l'œuvre freudienne, on a l'impression d'un curieux jeu de cache-cache entre ces deux auteurs. Cela n'a pas échappé à Azar et Sarkis, deux psychanalystes contemporains[2] : « Breuer faisait partie du petit nombre de personnes qui espéraient en Freud. Il y a donc toutes chances qu'il ait voulu faire deviner à celui-ci ce qu'il s'abstenait de lui dire ouvertement, et ce dont il se gardait scrupuleusement de livrer à la publicité (…) Dans ses derniers témoignages, Freud n'a cessé de répéter que Breuer ne lui a révélé l'épilogue du cas Anna O. qu'avec parcimonie, par bribes, et sans doute incomplètement. Et qu'il a dû lui-même se livrer, nous dit-il, à un travail de conjectures et de recoupements pour parvenir à une vision

---

[1] Sigmund Freud, *Contribution à l'histoire du mouvement psychanalytique*, Paris, Éd. Payot, 1973, p. 42.

[2] Amine Azar et Antoine Sarkis, *Freud, les femmes, l'amour*, Z'éditions, Nice, 1993, p. 20.

d'ensemble. » Ces psychanalystes ont très bien saisi l'étrange dynamique, pour ne pas parler de jeu, qui a eu lieu autour de la terminaison du traitement d'Anna. Que cachait donc Breuer et qu'essayait de deviner Freud ? On sent ce dernier travaillé par ce sujet, qu'il reprendra régulièrement tout au long de sa vie, insatisfait, pressentant peut-être intuitivement qu'il y a là des mystères qui lui échappent[1].

En ce qui concerne l'élision de la sexualité, on pourrait voir un exemple du malaise qu'elle a suscité chez Freud, dans la première de ses conférences à la Clark University, en 1909. Il commence par y expliquer doctement les origines de la psychanalyse et évoque particulièrement la fixation des hystériques à leur trauma. Pourtant, il se rend compte que l'exemple d'Anna O., qu'il vient de décrire, n'est pas cohérent avec la théorie qu'il énonce : « Vous allez sans doute, en pensant à la malade de Breuer, me faire une objection qui certainement est plausible. Tous les traumas de cette jeune fille provenaient de l'époque où elle soignait son père malade et ses symptômes ne sont que les marques du souvenir qu'elle a conservé de la maladie et de la mort de son père. Le fait de conserver si vivante la mémoire du disparu, et cela peu de temps après sa mort, n'a donc, direz-vous, rien de pathologique ; c'est au contraire un processus affectif tout à fait normal. Je vous l'accorde volontiers : chez la malade de Breuer, cette pensée qui reste fixée au trauma n'a rien d'extraordinaire. »[2] Autrement dit, Freud se rend compte, pratiquement en parlant, embarrassé et penaud, que le récit de Breuer comporte une anomalie : il n'évoque aucun traumatisme ni sexuel ni surtout ancien, et, en tant que trauma, ne mentionne que celui, certes dramatique mais après tout « naturel », d'avoir assisté au décès de son père.

---

[1] Peut-être seulement partiellement. Hirschmüller signale que Jones a eu accès à une lettre inédite de Freud à sa future femme (octobre 1883), dans laquelle il écrit qu'il a appris de Breuer « que quelque chose s'était passé entre sa patiente et lui, qui avait déplu à sa femme. Et de consoler Martha, qui s'était identifiée à Mathilde Breuer, en lui affirmant que de pareilles choses ne pouvaient arriver qu'à la femme d'un Breuer » (Hirschmüller, *op. cit.*, p. 175).

[2] Sigmund Freud, *La psychanalyse*, Éd. Sonor, Genève, 1921, p. 30.

C'est également en 1909 qu'il confie à Jung, dans une lettre que nous avons déjà mentionnée, que « la raison pour laquelle on suppose que le ramonage de cheminée porte bonheur est que ce ramonage constitue un symbole inconscient du coït, fait auquel Breuer n'a certainement jamais songé »[1]. On ne voit pas pourquoi Freud aurait menti à son disciple, ce qui indiquerait qu'à cette époque il estimait encore que Breuer était passé à côté de la problématique sexuelle concernant Anna.

Ce ne serait que bien plus tard qu'il aurait compris comment se serait terminé ce traitement. Nous disposons à cet égard de deux documents : la lettre qu'il écrivit à Stephan Zweig le 2 juin 1932 et le récit qu'en fit Jones en 1953 dans sa biographie de Freud. Voici, dans la lettre à Zweig, comment il évoque cette fin : « Ce qui se passa réellement avec la patiente de Breuer, j'ai été en mesure de le deviner plus tard, longtemps après la rupture de notre collaboration, quand je me suis soudain souvenu d'une chose que Breuer m'avait dite un jour, avant que nous collaborions, dans une tout autre circonstance, *et qu'il n'avait plus jamais répétée*[2]. Le jour où tous les symptômes de la malade avaient été maîtrisés, il avait été rappelé dans la soirée auprès d'elle et l'avait trouvée dans un état de confusion mentale, se tordant dans des crampes abdominales. Quand il l'interrogea sur ce qui se passait, elle répondit : "C'est l'enfant que j'ai du docteur Breuer qui arrive." Breuer, à ce moment-là, avait en main la clé qui nous aurait ouvert "les portes des mères", mais il l'a laissé tomber. Malgré ses grands dons intellectuels, il n'avait en lui rien de faustien. Épouvanté, comme tout médecin non psychanalyste l'aurait été en pareil cas, il prit la fuite, abandonnant sa patiente à un collègue. Elle lutta encore pendant des mois dans un sanatorium pour sa guérison.

» J'étais si sûr de ma reconstitution que je l'ai publiée quelque part[3]. La plus jeune fille de Breuer (née peu après la fin de ce traitement, et cela non plus n'est pas dénué de signification pour

---

[1] Sigmund Freud, lettre à Jung du 21 novembre 1909.
[2] Souligné par nous.
[3] Selon Azar et Sarkis, Freud n'a pas publié cette reconstitution.

les liens plus profonds !) lut mon explication à son père (c'était peu avant sa mort). Il confirma mon point de vue et elle me le fit savoir plus tard. »

Cette lettre est bien connue. Les commentateurs ont souvent simplement déploré la condescendance avec laquelle Freud traite son ancien mentor et s'arroge le rôle du héros qui, lui, a su, plus tard, faire usage de cette fameuse clé de la sexualité dans le traitement des névrosés. Pourtant, cette missive nous laisse sur notre faim ou nous interroge à plusieurs autres égards.

Ainsi, en ce qui concerne la chronologie : Breuer lui aurait fait le récit de la fin calamiteuse de son traitement « avant leur collaboration ». Mais dans la réalité il n'y a que six mois qui séparent la fin du traitement d'Anna et le début de leur collaboration (juin à novembre 1882). Ces quelques mois semblent un bref laps de temps pour que Breuer ait oublié de mentionner cet incident ou que Freud ait omis de le lui rappeler.

Ensuite, sur le contenu : Freud invoque une confidence que Breuer lui aurait faite et *« qu'il n'aurait plus jamais répétée »*. Comment croire cette assertion ? Les deux auteurs ont pourtant passé des mois, sinon des années à discuter ce cas, à le rédiger et ce « petit détail » aurait échappé à Breuer qui n'aurait pas jugé bon de le mentionner ? Cela semble hautement invraisemblable.

D'ailleurs, si Freud s'était véritablement souvenu tout d'un coup de cette confidence de Breuer, il se serait évidemment rendu compte que Breuer avait délibérément menti en déclarant que la sexualité ne jouait aucun rôle dans l'histoire d'Anna O. Rappelons à ce propos que, dans son rapport pour la clinique Bellevue, Breuer ne mentionne à aucun moment cette « grossesse nerveuse » qui aurait scellé son traitement.

Puis sur la forme : Freud relate cette fin du traitement catastrophique un peu sur le ton d'une boutade, d'un détail cocasse qui lui serait soudain revenu en mémoire. Là aussi, on reste perplexe. On attendrait dans ce cas une interrogation autrement plus profonde qu'un sarcasme sur son ancien ami. Si le domaine de la sexualité avait été injustement sous-estimé, ce que révélerait évidemment le souhait d'avoir un enfant de Breuer, Freud n'aurait-il pas dû proposer une révision complète de ce traitement ? Qui aurait éventuellement mis au jour tous les aspects ou événements sexuels méconnus ? Cela n'a pourtant pas l'air d'avoir traversé l'esprit de Freud.

Mais ce sont encore certains mots qui nous paraissent significatifs : « Ce qui *arriva réellement* à la patiente de Breuer, j'ai été en mesure de le *deviner* plus tard… » On voit ici, pour autant qu'on puisse se fier à ce texte, tout l'effort de Freud pour saisir une réalité qu'il pressent partiellement escamotée.

Enfin, l'étrange histoire concernant la naissance de la fille de Breuer, prénommée Dora[1]. Lorsqu'il écrivait sa lettre à Stephan Zweig, Freud devait pourtant pertinemment savoir que Dora n'était pas née « peu après la fin de ce traitement », mais bien trois mois avant sa fin. Pourquoi donc cette fausse information ?

Cette lettre soulève plus d'interrogations qu'elle n'amène de réponses. Freud fait semblant de nous livrer le fin mot de l'histoire, mais sa version de cette fin de traitement, certes intéressante, paraît pleine d'incohérences.

Il en va de même de la variante que fournit Jones, le biographe officiel. Cette version reprend les mêmes éléments de manière plus romancée et sera perpétuée par des générations de psychanalystes : « Breuer développa un intense contre-transfert à l'égard de sa patiente, ce qui affecta profondément sa femme ; lorsqu'il s'en rendit compte, en proie à une violente réaction sans doute faite d'un mélange d'amour et de culpabilité, il mit fin au traitement. Le lendemain, rappelé auprès de sa malade, qui se trouvait dans les douleurs d'un accouchement hystérique, il l'hypnotisa et, bouleversé, il prit la fuite ; le jour suivant, il partit avec sa femme pour une seconde lune de miel à Venise, où il engendra sa fille Dora[2]. »

---

[1] Selon Anzieu, Freud aurait été inconsciemment influencé par ce prénom pour l'attribuer ultérieurement comme pseudonyme à sa célèbre patiente.

[2] Ernest Jones, *op. cit.*, pp. 247-248.

Ce récit est apparu assez rapidement comme une fable que de nombreux historiens de la psychanalyse se chargèrent de démanteler. Le contre-transfert et l'interruption brusque du traitement sont probables. L'« accouchement hystérique », en revanche, semble peu vraisemblable, et il n'y eut certainement pas de « fuite » en sueurs froides, ni de voyage à Venise, ni de conception de sa fille Dora, qui était née en réalité trois mois *avant* ladite crise. Crise il y eut, qui dut être assez grave, puisque la femme de Breuer alla jusqu'à tenter de se suicider[1]. Qu'est-ce qui pouvait donc l'avoir amenée à un geste si désespéré ? Un traitement trop investi par son mari ? Cela paraît bien mince. Et surtout pourquoi cette troublante « invention » ultérieure d'une « grossesse nerveuse » (rappelons que Breuer ne mentionne à aucun moment dans son rapport à Binswanger cette prétendue fin de traitement) ?

Bien des auteurs se sont interrogés sur ces étranges théâtres « œdipiens ». René Major introduit bien le sujet : « Dans quelle mesure le récit de Jones (...) tient-il de la fable, de la fabrication d'une légende, de la vérité matérielle ou d'une fiction qui dit une autre vérité de l'histoire ? »[2] Malheureusement, il se borne à énoncer la nécessité d'une réinterprétation, sans la fournir, tout en critiquant le « courant révisionniste américain » qui s'autorise de cette affabulation de Jones pour traiter toute la psychanalyse de mystification. Azar et Sarkis souhaitent, eux, « déconstruire l'affabulation et retrouver le roc solide de la réalité factuelle »[3]. Cette démarche les amène à imaginer que le prénom choisi d'*Anna* pour cette patiente pourrait avoir quelque chose à faire avec la Donna Anna séduite par le suborneur de Séville, opéra de Mozart auquel Breuer aurait convié Freud ; que le O. viendrait du titre de l'ouvrage de von Kleist, « *La marquise d'O.*, enceinte sans pouvoir se l'expliquer et apprenant finalement qu'elle l'était des œuvres de son sauveur »[4]. Visiblement, ces auteurs tournent autour des secrets de cette

[1] Élisabeth Roudinesco, *op. cit.,* p. 761.

[2] René Major et Chantal Talagrand, *Freud*, Éd. Folio, 2006, p. 98.

[3] Amine Azar et Antoine Sarkis, *op. cit.,* p. 35.

[4] Amine Azar et Antoine Sarkis, *op. cit.*, p. 24.

histoire, qui ont peut-être à voir avec ce qu'ils appellent une « grossesse innominée » – mais sans jamais clairement les énoncer.

D'autres fulminent contre le secret incompréhensible qui entoure, aujourd'hui encore, les archives freudiennes qui pourraient nous éclairer[1]. Ainsi Mikkel Borch-Jacobsen, qui parvient pourtant, dans une certaine mesure, à les contourner. Il contacte Peter Swales, qui a mangé avec le Dr Hartman, rigoureux gardien de ces documents, qui lui a néanmoins donné à lire quelques bonnes feuilles confidentielles du journal de Marie Bonaparte, dans lesquelles celle-ci évoque l'affaire Breuer. Rentré chez lui, de mémoire, voici, textuellement, ce qu'il en reconstitue : « Breuer interrompit le traitement. Mais il fut rappelé la nuit même et Anna lui avoua qu'elle était enceinte de lui. » Cet énoncé nous laisse perplexes : Anna O. se serait-elle donc trouvée *véritablement* enceinte des œuvres du Dr Breuer ? Voilà évidemment qui changerait foncièrement toute l'histoire. Du simple fantasme de grossesse dû à un transfert intense, nous passerions au passage à l'acte d'un médecin réputé sur sa patiente. Une telle hypothèse, pour dramatique qu'elle puisse être, serait en tout cas en accord avec celle d'un éventuel inceste que nous avions préalablement formulée. On connaît en effet la malheureuse propension des victimes à se retrouver plus tard en butte aux mêmes avanies que celles subies au cours de leur enfance. En tout cas, Mikkel Borch-Jacobsen ne nous aide pas beaucoup dans la distinction, pourtant cruciale, entre fantasme et réalité (sujet, on le sait, qui traverse l'œuvre freudienne et sur lequel nous reviendrons au chapitre suivant). Voici ce qu'il ajoute en note infrapaginale : « Peter Swales m'assure qu'il était tout à fait conscient de la bizarrerie de cette dernière formulation au moment où il la consignait par écrit. »[2] C'est tout. Cet auteur, pourtant grand pourfendeur de la

---

[1] Rappelons que « les correspondances essentielles entre Freud et Breuer, du moins ce qu'il en reste, sont toujours consignées dans les coffres, et une lettre en particulier ne sera ouverte qu'en 2102, soit 177 ans après la mort de son destinataire, sauf si les documents appartiennent au lot expressément prohibé jusqu'en 2113, c'est-à-dire 188 ans après le décès de Breuer » (Jacques Bénesteau, *op. cit.*, p. 240).

[2] Mikkel Borch-Jacobsen, *Souvenirs d'Anna O.*, *op. cit.*, p. 98.

psychanalyse, passe comme chat sur braise sur ce qui apparaît quand même comme une révélation bouleversante ! Serait-il donc si invraisemblable (ou tabou) d'envisager que Breuer ait eu avec cette patiente de *véritables* rapports sexuels et que ceux-ci aient abouti à une *véritable* grossesse ? Qu'il en soit résulté une terrible crise, particulièrement chez cet homme que tout le monde s'accorde à décrire comme probe et correct ? Et un désespoir chez sa femme, qui cherche alors à se donner la mort ? Ces hypothèses ne paraissent pas si fantaisistes que cela ; elles n'ont pourtant, à notre connaissance, jamais été avancées.

À vrai dire, l'histoire de cette fin de traitement a été tellement remaniée ou trafiquée que d'autres variantes seraient encore (prudemment) envisageables. Si cette grossesse avait réellement existé, que serait devenu cet enfant *réel* ? Nous savons que Bertha Pappenheim était résolument opposée à l'avortement[1]. Serait-ce seulement imaginable que Breuer lui ait proposé d'accoucher discrètement puis de lui confier l'enfant ? De son côté, une mise en scène de voyage, de vacances avec sa femme, rebaptisées par la suite « deuxième lune de miel », auraient pu donner l'illusion d'une grossesse et permettre de faire passer cet enfant pour celui du couple ? Ce stratagème est connu pour avoir été pratiqué à cette époque. Cette hypothèse pourrait passer pour invraisemblable, voire ignominieuse. Les dates ne concorderaient pas – Dora étant née trois mois avant la crise, donc conçue une année avant la fin du traitement – du moins les dates officiellement avancées, puisque dans cet imbroglio, toutes les données sont suspectes (comme les lieux, Venise ayant été invoquée au lieu de Gmunden). À tout le moins, cette conjecture expliquerait « le délai déconcertant de quatorze ans que Breuer laissa s'écouler avant de révéler au monde ses recherches sur ce cas »[2]. Si l'épilogue en a été celui que nous avons été amenés à imaginer, on comprend évidemment mieux les réticences de Breuer à les publier !

---

[1] Albrecht Hirschmüller, *op. cit.*

[2] Cité *in* Amine Azar et Antoine Sarkis, *op. cit.*, p. 30.

Voici donc quel pourrait être le résumé de nos hypothèses, qui s'appuient sur nos connaissances actuelles de l'incestualité : Anna O. aurait été abusée par son père, peut-être dès son jeune âge, peut-être plus vraisemblablement lors des soins terminaux qu'elle lui a prodigués – circonstances aggravant encore le trauma. Elle en serait devenue folle de douleur, manifestant par des symptômes relativement explicites ce qui lui était advenu. Breuer n'en aurait vraisemblablement pas saisi le sens, et les deux se seraient engagés dans une relation bizarre, passionnelle, comportant de plus en plus d'agissements, aboutissant finalement à des relations sexuelles puis à une grossesse. À l'annonce de cette nouvelle, la femme de Breuer aurait tenté de se suicider. Une mise en scène de vacances aurait permis à Anna d'accoucher et au couple Breuer de légitimer cet enfant comme étant le leur. Rien de toute cette terrible histoire n'aurait été dévoilé, même à Freud. Pourtant, celui-ci aurait pressenti que son collègue lui cachait quelque chose et, tout au long de sa vie, il se serait efforcé de comprendre ce qui lui avait été dissimulé et qui lui échappait. À partir de bribes de souvenirs, il aurait réussi à reconstituer une partie de la vérité – reconstitution qui, dès lors, ne serait plus du tout une « fable », mais bien au contraire une tentative assez astucieuse de reconstruction d'une réalité escamotée. Freud aurait été jusqu'à imaginer la grossesse nerveuse, mais n'aurait pas osé aller jusqu'à envisager une véritable grossesse – et encore moins une véritable naissance.

Nous ne savons que très peu de choses officiellement de cette Dora-ci, si ce n'est que son père l'aurait fait opérer à l'âge de douze ans des cornets nasaux par Wilhelm Fliess (peut-être à l'occasion de sa venue à Vienne pour sa célèbre malheureuse intervention sur Emma Eckstein). Même la date de sa mort recèle des contradictions, puisque nous trouvons chez le pourtant scrupuleux Hirschmüller la note de bas de page que « Dora Breuer (1882-1952) était la fille cadette de Joseph et Mathilde Breuer » (p. 346), alors que, plus haut (p. 54), il nous dit que « Le cinquième et dernier enfant, Dora, naquit le 11 mars 1882 [et] resta célibataire. En 1938, elle refusa d'émigrer parce qu'elle voulait soutenir la famille Schiff dans l'épreuve. Sur le point d'être arrêtée par la Gestapo, elle s'empoisonna et mourut vingt-quatre heures plus tard à l'hôpital. » Jones, quant à lui, formule la chose de la façon suivante : « L'enfant, né dans ces curieuses circonstances, devait, près de 60 ans plus tard, se suicider à Vienne pour échapper aux nazis. » René Major croit y voir une confusion : « Lorsque Jones évoque la mort de Dora Breuer en liant son suicide aux circonstances particulières de sa conception, il situe cet événement à New York "60 ans plus tard". Or, nous savons désormais qu'elle s'empoisonna à Vienne en 1938, au moment d'être arrêtée par la Gestapo. »[1] En fait, Jones ne s'était pas trompé et Dora serait effectivement morte à cinquante-six ans dans ces conditions dramatiques. Mais ces atermoiements, ces confusions seraient-ils significatifs et liés à l'origine de cette personne « née dans ces curieuses circonstances », pour reprendre les termes de Jones?

Une fois de plus, il convient de souligner que ce ne sont là que des hypothèses, qui mériteraient d'être amplement étayées. C'est d'ailleurs ce qu'a essayé de faire Freud lui-même, lorsqu'il a écrit dans sa lettre à Zweig que la plus jeune des filles Breuer avait *soumis sa reconstitution* à son père, qui l'aurait *validée* : « J'étais tellement sûr de cette reconstitution que je l'ai publiée quelque part. La plus jeune fille de Breuer (...) ayant lu mon exposé, questionna son père (c'était peu avant sa mort). Il confirma mon récit, ce dont elle m'informa par la suite. » En revanche, nous restons sceptiques sur le fait que Breuer ait validé l'histoire de la « grossesse nerveuse » d'Anna O., ce qui, encore une fois, aurait remis en question et son traitement, et tous les récits qui s'y rapportent. Hirschmüller a aussi saisi cette bizarrerie et estime que Breuer n'a vraisemblablement pu confirmer que « l'existence d'un amour de transfert »[2].

L'argument qui étaie le plus notre hypothèse pourrait bien être la vie ultérieure de Bertha Pappenheim. C'est en effet aussi sous ce nom qu'elle deviendra célèbre. Vers 1888, six ans après la fin

[1] René Major, *op. cit.*, p. 98.
[2] Hirschmüller, *op. cit.*, p. 177.

du traitement par le Dr Breuer, elle publie un premier recueil de contes pour enfants. Voici le contenu de l'un d'eux, tel que nous le livre Hirschmüller. Il s'intitule *Au pays des cigognes* et traite, selon nous, clairement des aléas de l'engendrement. « Une jeune fille du nom de Kamilla, abandonnée par son fiancé, s'occupe avec amour des enfants d'une famille voisine. Arrive le jour où meurt la vieille mère cigogne qui était préposée aux soins des bébés et à la bonne distribution de ceux-ci parmi les humains. Il s'ensuit la plus grande confusion. Par exemple un négrillon est attribué à des parents blancs. Kamilla est alors choisie comme nouvelle "tutrice en chef du pays des cigognes", dans lequel les enfants poussent sur des arbres avant d'être remis à leurs parents sur terre. Dans cette charge, elle déploie une "importante activité bienfaisante". » Ainsi, « "son souhait le plus ardent était exaucé et elle avait des petits-enfants à foison". » Nul besoin, à notre avis, d'être un fin psychanalyste pour saisir que le thème de ce conte est l'engendrement extraconjugal d'un bébé, engendrement qui peut se trouver détourné, ce qui aboutit à attribuer « un négrillon à des parents blancs ». S'agirait-il d'une métaphore assez lisible d'une femme forcée de donner son bébé en adoption ? Les « petits-enfants à foison » témoigneraient-ils de son désir de maternité inassouvi ?

Dans son second recueil de contes, nous pouvons lire en quelque sorte la suite imaginaire de ces histoires d'enfants abandonnés. Il s'agit d'un brocanteur, Franz, « qui, pour l'amour d'une femme, avait renoncé à des perspectives professionnelles prometteuses. Mais cette femme l'avait abandonné et était partie avec un comte. À la fin du livre, une petite fille arrive chez le brocanteur, et l'on apprend qu'elle est la fille de la femme en question, morte dans la pauvreté après l'échec de sa liaison avec le comte. Franz, grâce à la fillette, se découvre une nouvelle raison de vivre. »[1] Franz représenterait-il Anna qui avait sacrifié « des perspectives professionnelles prometteuses » ? Rêvait-elle de retrouver un jour sa fille qui lui eût procuré « une nouvelle raison de vivre » ?

[1] Albrecht Hirschmüller, *Breuer*, *op. cit.*, p. 171.

Ce thème est véritablement omniprésent dans la vie de Bertha. On le retrouve encore dans d'autres contes, comme celui du *Petit cochon porte-bonheur*, qui figure, selon les termes mêmes de Hirschmüller, « un substitut du bonheur d'avoir soi-même des enfants, celui d'élever les enfants d'autrui, tâche à laquelle Bertha Pappenheim s'est consacrée plus tard ». Et Hirschmüller de poursuivre qu'elle-même considère que, « pour une femme, il n'y a pas d'enfant qui lui soit étranger » et que « les femmes privées du bonheur d'être réellement et personnellement mère, peuvent parvenir à une grande capacité de maternité spirituelle si elles prennent l'humble voie de l'éducation d'enfants et de jeunes gens dont la mère charnelle a totalement ou partiellement failli à sa tâche »[1]. N'est-ce pas là la description presque explicite d'une mère qui n'a pas pu s'occuper de son propre enfant et qui, pleine de culpabilité et d'amour maternel frustré, consacre son existence à s'occuper de la progéniture d'autrui ?

Ces recueils sont publiés sous le pseudonyme de Peter Berthold, troublant pseudonyme masculin. Nous savons que, par la suite, malgré son charme et son dynamisme, Bertha Pappenheim ne se maria jamais ni n'eut d'enfants. Faut-il y voir, dans la lignée de nos hypothèses, les signes d'une sexualité précocement meurtrie ? « Elle ne sembla pas avoir grand-chose à faire avec les hommes. »[2] Hirschmüller nous livre encore quelques arguments dans ce sens : « Bertha Pappenheim se comparera explicitement à une plante privée de lumière et à un violon dont l'archet est cassé, parce que, dit-elle, elle n'a pas connu l'amour. Aussi est-il permis de supposer qu'elle avait le sentiment d'être affectée d'une "tare". » Voilà en tout cas un fantasme que tous les thérapeutes ayant soigné des patients abusés dans leur enfance ont souvent entendu.

À cette époque, on sent Bertha bien malheureuse .Voici précisément le poème assez pathétique qu'elle écrivit :

---

[1] Albrecht Hirschmüller, *Breuer, op. cit.*, p. 172.
[2] Albrecht Hirschmüller, *Breuer, op. cit.*

[Je n'ai pas connu l'amour]

« Je n'ai pas connu l'amour
Aussi je vis comme la plante
Dans la cave sans lumière

Je n'ai pas connu l'amour
Aussi je résonne comme le violon
Dont l'archet est brisé

Je n'ai pas connu l'amour
Aussi je m'enfonce dans le travail
Et je fais mon devoir à en être meurtrie

Je n'ai pas connu l'amour
Aussi j'aime à penser à la mort
Comme à une brillante vision. »

Poème assurément pathétique et qui aurait toute sa place dans la vision dramatique de la vie d'Anna O. que nous avons proposée ici. Pour être tout à fait exhaustif, on ne peut s'empêcher d'une sorte d'analyse de ces vers de jeunesse : les deux premières strophes crient la souffrance d'une enfant mal-aimée. Mais la troisième comporte une petite teinte masochique qui culmine dans la dernière, qui inverse les polarités usuelles et érotise une mort devenue brillante et attirante. Il y aurait là une sorte de démonstration du passage de la souffrance d'une victime au triomphe du masochisme.

« Après la mort de sa mère, elle quitta la direction de l'orphelinat et créa en 1907, avec sa fortune personnelle et d'autres fonds, un "foyer pour jeunes filles en danger et pour enfants illégitimes, à Neu-Isenburg". » Plus que le sort des orphelins, c'était donc plutôt la cause des jeunes filles abusées, enceintes des œuvres de leurs séducteurs, qu'elle souhaitait défendre.

Malheureusement, son courageux combat contre la perversion devait se heurter à une bête autrement immonde : « Elle travailla à ce home jusqu'à sa mort en 1936. Après, la plupart des jeunes femmes furent envoyées dans des camps de concentration ou dans des bordels que les nazis avaient organisés pour les soldats allemands. Le home fut incendié par les nazis dans le pogrom du 9 novembre 1938. Aujourd'hui, il y a un immeuble restauré – un asile pour les enfants mentalement handicapés. »[1]

Personnalité assurément attachante que cette patiente si créative, volontaire et généreuse ! Bien des activités déployées au cours de son destin extraordinaire pourraient puiser leur énergie dans des épreuves qu'elle aurait subies durant son jeune âge. Un dernier témoignage de cette sensibilité à la dimension abusive des relations, y compris sous l'angle de ce que nous appelons maintenant l'*abus narcissique*, serait cette magnifique anecdote : « Vers 1900, à la fin d'un concert au cours duquel une fillette de dix ans s'était produite en enfant prodige au piano, elle alla parler aux parents pour marquer sa désapprobation et, lorsque ceux-ci mirent en avant des nécessités financières, elle se déclara prête à subvenir aux frais d'éducation de l'enfant, ce qu'elle fit avec une très grande générosité pendant de longues années. Elle procura aux parents un logement à Vienne et du mobilier, introduisit la jeune virtuose dans des familles du milieu artistique viennois, envoya régulièrement de l'argent, non seulement pour le nécessaire, mais encore pour des billets de théâtre et d'autres distractions. En 1959, Clara Gronau, née Servadio, dont il s'agit, consigna par écrit ses souvenirs concernant sa bienfaitrice. »[2]

En définitive, bien des éléments de cette histoire demeurent mystérieux. Peut-être en saurons-nous le fin mot lorsqu'une lettre de Freud à Breuer sera, enfin, rendue accessible au public… en 2102. Nous ne serons malheureusement plus là pour vérifier la validité de nos assertions.

Sous l'angle clinique, si l'on considère ce cas dans son ensemble, on pourrait dire qu'Anna, contrairement à Dora, a

---

[1] Albrecht Hirschmüller, *op. cit.*, p. 21.
[2] Albrecht Hirschmüller, *op. cit.*, p. 166.

réussi à créer des symptômes beaucoup plus florides, à inventer une forme de thérapie, à la mettre en œuvre au sein d'une relation forte avec son thérapeute ; puis, après s'être péniblement désaccoutumée de la morphine, elle serait parvenue à sublimer (?) sa rage d'avoir été abusée et son chagrin de ne pas avoir pu s'occuper de son enfant, dans un combat politique et social pour aider les (autres) femmes en détresse, notamment celles qui avaient des enfants, afin qu'elles pussent les garder auprès d'elles.

Si l'on compare ce récit à celui de Dora, on perçoit le grand chemin parcouru par Freud en quelques années. Toute la description des comportements pervers de l'entourage de Dora ou de ses fantaisies intimes sexuelles ne figure pas encore chez Anna O. Pour autant, chacun à sa façon, les deux exposés escamotent l'abus, l'inceste, même sous forme de simple hypothèse. Plus grave, toute la dimension de violence n'est ni abordée ni même thématisée ; seuls ses effets sont décrits, parfois avec une abondance de détails qui dirigent l'attention du lecteur sur les extravagances de la victime, cela en masquant les causes, en l'occurrence les avanies que lui fait subir son entourage. Seule une vision tronquée de la réalité nous est ainsi proposée, dont le sens, dès lors, nous échappe. Pour prendre une métaphore imagée, ce serait un peu comme si l'on décrivait une personne courant à perdre haleine, en négligeant de prendre en compte le fait qu'elle est poursuivie par un homme muni d'un couteau. Ce type de récit aboutit donc à une manœuvre paradoxale, celle de prétendre analyser un phénomène sans véritablement le décrire.

Ce paradoxe pourrait bien être pour quelque chose dans ce malaise que nous avons si souvent mentionné en tant que lecteur qui serait confronté à la double injonction : « Regarde, lis ce cas et ce traitement extraordinaire qui explique toute la théorie, mais ne vois rien, ne cherche pas à comprendre », forme de violence faite à la pensée, en particulier celle des futurs psychanalystes, sommés de l'intégrer et d'en dénier les effets sur eux-mêmes. Ses effets désolants pourraient bien se poursuivre cent vingt ans plus tard.

La violence, nous la retrouvons à chaque étape de ce récit. Outre celle inhérente à la forme du récit, nous pourrions encore relever celle qui a été énoncée comme si de rien n'était dans la fameuse « fable » de la terminaison du traitement, qui voudrait que Breuer ait froidement abandonné sa patiente décompensée en la laissant aux mains des psychiatres de la clinique Bellevue. Martha, semble, elle, y avoir été sensible : lorsque, en 1882, « [Freud] écrit à Martha que son amie Anna se porte bien dans sa clinique, elle lui répond de manière « inhabituellement critique : "J'ai souvent eu sur le bout de la langue cette question : pourquoi Breuer a-t-il abandonné Bertha ?" Freud répond de façon énigmatique que Breuer et lui sont des "amis très intimes, très familiers et qu'il [Breuer] lui a dit beaucoup de choses", qu'il ne peut révéler, pour certaines, avant que lui et Martha soit mariés.»[1]

Ou encore la violence entre Freud et Breuer, qui semblent avoir entretenu des rapports tout à fait étranges, houleux, passant d'une admiration (réciproque) à une haine (de Freud qui change de trottoir pour ne pas le saluer) ou de peur (« d'une poule face au faucon » comme le décrira avec humour Breuer[2]). En ce qui concerne la rédaction du cas Anna O., on a l'impression que Freud a vraiment contraint son mentor, le forçant dans ses derniers retranchements, au point « que [celui-ci] ne lui pardonnerait jamais ». Il aurait effectivement de quoi, lui dont l'image a été durablement ternie.

Comment comprendre cette violence à la fois décrite mais jamais thématisée ? Ses origines sont-elles à chercher dans le *Zeitgeist* de l'époque, à Vienne, qui tendait à fermer les yeux sur les turpitudes de la bourgeoisie au détriment d'une prise en compte des violences infligées aux enfants ? Relève-t-elle plutôt de cet étrange et persistant tabou qui voudrait que les actes les plus sordides des parents soient souvent nimbés d'une sorte d'immunité ? Pour notre part, nous allons chercher quels

---

[1] David Cohen, *Freud sous coke*, Éd. Balland, 2012, p. 122.

[2] Lettre du 5 juillet 1895 de Joseph Breuer à Wilhelm Fliess, *in* Albrecht Hirschmüller, *op. cit.*, p. 348.

éléments de l'histoire personnelle de Freud seraient susceptibles de nous éclairer sur les raisons d'une telle éviction.

Pourtant, avant d'aborder ces éléments biographiques, nous allons encore nous intéresser à deux brefs récits, figurant aussi dans les *Études sur l'hystérie,* écrits par Freud, et où il est probablement également question d'inceste. Nous verrons que ce sujet n'y est pas complètement occulté, mais traité à demi-mot, autrement dit de nouveau *partiellement* escamoté.

La patiente au parapluie

Le premier concerne une patiente mentionnée très brièvement en note infrapaginale[1], dont le nom n'est pas précisé mais dont Freud nous dit qu'il s'agit d'un cas « qui l'a beaucoup impressionné ». Cette patiente souffrait de troubles graves de la locomotion avec des points douloureux dans les jambes, des tremblements rapides des mains ; elle « marchait à petit pas, courbée, avec la raideur des jambes, en titubant comme si elle était atteinte de troubles cérébelleux. Elle tombait aussi assez souvent. » Freud se rend vite compte qu'il ne s'agit pas d'un trouble neurologique. Il essaie, sans succès, de la traiter par hypnose. Un jour, il la voit arriver en titubant s'appuyant d'un côté à son père, de l'autre à un parapluie *« au bout usé »*. À ce spectacle, il se sent fortement agacé et lui donne impulsivement l'injonction posthypnotique de casser le lendemain ce parapluie et de marcher désormais par ses propres moyens – ce qu'elle fait ! Freud a d'abord honte de cette prescription qui lui semble inepte, mais admire ensuite le résultat positif obtenu malgré tout. Alors, il « exige de savoir quelles émotions avait provoqué l'apparition de la maladie ». La patiente avance d'abord des explications liées à un fiancé décédé, mais ces explications paraissent insuffisantes à Freud. « Il devait y avoir autre chose qu'elle ne m'avait pas raconté. » Sous son insistance, « elle se laissa alors arracher une unique indication, mais à peine eut-elle prononcé un mot, qu'elle se tut, et son père, assis derrière elle,

[1] Sigmund Freud et Joseph Breuer, *Études sur l'hystérie*, PUF, 1956, p. 78.

se mit à sangloter amèrement. Je n'insistai évidemment pas davantage et ne revis plus jamais ma malade. »

À première vue, on ne saisit pas très bien ce que Freud veut démontrer par cette brève vignette clinique. Sa conclusion renoue avec ce même style elliptique que nous avons vu chez Breuer, plein de sous-entendus que le lecteur est censé interpréter. Voici ce que nous y lisons pour notre part. Ne s'agissait-il pas là d'une autre patiente victime d'inceste, elle aussi, comme Dora, amenée chez le médecin par son père (éventuellement dans le dessein de contrôler la thérapie) ? Comme Anna O., elle présentait des symptômes hétéroclites, peu explicites cette fois-ci. Freud pressentit rapidement l'origine psychique de ces troubles. N'ayant à cette époque pas de théorie précise à sa disposition, il travaille en se fiant surtout à son intuition. Par son contre-transfert, il perçoit la charge de rancœur (transférentielle) qu'incarne cette patiente théâtralement impotente, ce qui l'agace. Dans son récit, on ne comprend pas s'il a saisi la valeur symbolique de cette mise en scène dans laquelle elle se présente entre son vieux père et son vieux parapluie, peut-être tous deux « au bout usé » ! Son injonction, qui se situe dans le droit fil de ce symbolisme particulier (cette mise en scène, pourrait-on dire), a quelque chose de très astucieux : en lui intimant l'ordre de casser le parapluie et de marcher seule, c'est évidemment un encouragement à se débarrasser de ce père encombrant qu'il lui adresse. Ce que la patiente saisit parfaitement. Elle se débarrasse du parapluie puis entraîne Freud au cœur du sujet, en l'occurrence probablement le dévoilement de l'abus paternel. Lorsqu'il a lieu, il amène le dénouement final et l'élucidation de toute cette pathologie mystérieuse.

Si cette interprétation était juste, on devrait bien sûr ajouter qu'aujourd'hui, tout en estimant à sa juste valeur le travail effectué par Freud, il ne s'agirait là que d'une première étape. Qu'une élucidation pleine et entière eût dû ensuite s'effectuer, bien sûr avec tact mais avec détermination aussi, d'éventuelles suites juridiques restant d'ailleurs réservées, même à l'époque. Qu'une thérapie eût dû être instaurée, qui mette en évidence les inévitables autres relations perverses dans la famille, les mensonges, les secrets et les compromissions, ce qui aurait permis à cette jeune patiente de gagner une véritable autonomie.

En résumé, on voit Freud confronté à celles qui sont probablement ses premières expériences thérapeutiques de révélation d'abus sexuels dans la famille. D'une part, il semble se fier à son instinct et, grâce à lui, parvenir à les mettre en évidence. Mais, d'autre part, c'est plutôt lui, et non Breuer, qui, à ce moment, s'arrête au seuil de la « porte des mères ».

KATHARINA, FILLE DE SON ONCLE ?

À première vue, ce récit[1] déroge à toutes les ambigüités ou tous les faux-fuyants qui caractérisaient les précédents, puisqu'il s'agit explicitement d'un abus sexuel d'un oncle sur sa nièce. En réalité, ici encore, les choses ne sont pas si claires. Pour décrypter ce récit selon notre angle de vue, peut-être convient-il de l'aborder par sa fin. En l'occurrence une note de bas de page (de nouveau !) intitulée « Complément de 1924 ». Voici ce que Freud nous y apprend : « Bien des années s'étant écoulées depuis lors, je me crois autorisé à enfreindre la règle de discrétion que je m'étais imposée et ajouter que Katharina était non la nièce, mais la fille de l'aubergiste. La maladie de la jeune fille avait donc été causée par les tentatives de son propre père. Dans une observation de malade, il faudrait toujours éviter de semblables altérations ; elle n'est naturellement pas aussi insignifiante que le simple déplacement des faits d'une montagne à une autre » (allusion au fait que Freud avait renommé la montagne Schneeberg où s'était effectivement déroulé ce drame, en « monts Tauern »[2]). Cet aveu, bien que tardif, est d'une grande importance mais, une fois de plus, nous restons interrogatifs devant l'indication que cette *« altération »* « n'est naturellement pas aussi insignifiante que le simple déplacement des faits d'une montagne à une autre ». Tout en

[1] Sigmund Freud et Josef Breuer, *op. cit.*, p. 98.

[2] Mikkel Borch-Jacobsen, *Les patients de Freud*, Éd. Sciences humaines, Auxerre, 2011, p. 64.

mentionnant ce fait comme une évidence, Freud n'est pas explicite. À quelle signification faisait-il donc précisément allusion ? Quelles sont les raisons qui l'ont poussé à travestir le père en oncle ? Sont-elles à chercher dans sa propre biographie ? Nous tâcherons d'y voir un peu plus clair au chapitre suivant.

En ce qui concerne « Katharina », nous savons maintenant, grâce aux minutieuses investigations du *« détective freudien »* Peter Swales, « aidé des historiens Gerhard Fichtner, Albrecht Hirschmüller et Henri Ellenberger »[1], qu'il ne s'agit pas là de la seule liberté que Freud a prise avec la réalité. Si l'on en croit leurs recherches, l'affaire de cet inceste avait fait grand bruit à l'époque, et il est probable que tout le monde, Katharina et Freud compris, était au courant. Freud semble donc avoir inventé une sorte de travail de « reconstitution » plus ou moins laborieux du traumatisme originel, la patiente se remémorant d'abord les assauts de son oncle/père sur sa cousine (qui semble, elle, avoir été véritablement sa cousine et non sa sœur), puis d'autres tentatives antérieures sur elle-même.

Mais un point particulier nous laisse perplexes, autant d'ailleurs dans le récit de Freud que dans le commentaire de Mikkel Borch-Jacobsen : le fait que le père/oncle incestueux fût resté vivre avec sa victime de l'autre côté de la montagne sans que cela n'eût l'air de poser un quelconque problème. C'est en tout cas ainsi que nous le relate Freud : « Finalement, la tante [mère] décida de partir avec ses enfants et sa nièce [fille ?], de prendre l'auberge actuelle et de laisser l'oncle [père] en compagnie de Franziska devenue enceinte. » On en reste pantois. Comment Freud peut-il faire le constat de cet épilogue sans aucune critique, ni psychologique, ni morale, ni juridique ? Quant à Borch-Jacobsen, il nous confirme, lui aussi sans état d'âme apparent, que le père/oncle incestueux « s'était installé en ménage avec sa nièce Barbara Göschl, dont il devait avoir quatre enfants » !

---

[1] Mikkel Borch-Jacobsen, *ibid.*, p. 64.

Un autre point attire notre attention. Quoique cette vignette soit assez brève, Freud nous dépeint un véritable travail de déchiffrement d'une symptomatologie à première vue énigmatique, prétendument hystérique (difficulté à respirer, sensation d'étouffement, vertige, gorge nouée, céphalées, angoisses de mort…). Au cours de son travail d'élaboration, il nous montre, d'une part, les effets du refoulement, mais surtout plante les premiers jalons d'une notion qui deviendra célèbre, le « traumatisme dans l'après-coup » : une scène plus ou moins scabreuse aurait été vécue innocemment et ce ne serait que plus tard, lorsque la personne prendrait conscience des tenants et aboutissants de cet épisode, notamment de la transgression d'interdits qu'elle implique, qu'elle s'en sentirait choquée. Ici, en l'occurrence, la patiente raconte que lorsqu'elle avait quatorze ans, son oncle/père serait venu la trouver dans son lit. « Sentant le corps de l'oncle/père dans sa couche, elle sauta hors du lit et lui fit le reproche. "Qu'est-ce que vous faites, mon oncle [/père], pourquoi ne restez-vous pas dans votre lit ?" Il essaya de l'amadouer : "Tais-toi donc, petite sotte, tu ne sais pas comme c'est bon." – "Je n'en veux pas de vos bonnes choses, vous ne me laissez même pas dormir !" » Elle resta debout près de la porte, prête à fuir sur le palier, jusqu'à ce qu'il renonçât et s'endormît. Après quoi elle se coucha dans son propre lit et dormit jusqu'au matin. » Cette (dramatique) description est on ne peut plus parlante. Pourtant, voici le commentaire qu'en fait Freud : « La manière dont elle s'était défendue semble prouver qu'elle ne s'était pas rendu compte qu'il s'agissait de tentatives sexuelles (…) Si elle s'était rebiffée, c'était parce qu'elle était furieuse de voir son sommeil troublé et parce que "ça ne se faisait pas". » L'attitude de la malheureuse fille montre pourtant explicitement qu'elle avait bien sûr compris de quoi il en retournait. Freud décrit parfaitement sa réaction horrifiée. Pourtant, il prétend que ce ne serait que « bien plus tard » qu'elle aurait compris qu'il s'agissait d'une tentative d'inceste. Et il ajoute : « Ce n'était pas la vue du couple [de son oncle abusant de sa cousine] qui l'avait dégoûtée, mais le souvenir réveillé par ce spectacle et qui, en fin de compte, devait être celui de la nuit où, attaquée, elle avait "senti le corps de son oncle". » Cette reconstruction complexe paraît vraiment peu crédible, cela d'autant plus que, nous confirme Mikkel Borch-Jacobsen, Katharina « aurait eu alors [en réalité] quinze ou seize ans – un âge où il est peu vraisemblable qu'elle ait pu ignorer la signification sexuelle des avances de son père ».

On ne peut donc se garder d'un certain malaise face à tous ces travestissements de la réalité. Bien sûr, le concept d'« après-coup » est très subtil, et les développements ultérieurs de la psychanalyse en montreront toute l'utilité. Pourtant, nous le verrons, ce concept a précisément été souvent proposé dans une perspective un peu mystifiante pour les victimes d'abus, troublées de s'entendre dire que le traumatisme qu'elles invoquaient n'était « pas le bon », que le véritable traumatisme n'en était peut-être pas un, que c'étaient finalement elles-mêmes qui avaient transformé un fait plus ou moins anodin en traumatisme, etc. À la lumière de l'usage qui a été parfois fait de ce concept d'*après-coup*, on ne peut s'empêcher d'être perturbé lorsqu'on apprend que sa première démonstration a été fallacieusement plaquée sur un traumatisme incestueux parfaitement manifeste.

En définitive, ce cas nous fait soupçonner d'autres formes de dénis partiels : *l'inceste* s'y voit légèrement, insidieusement, travesti en *abus sexuel par l'oncle* et le traumatisme s'y voit fragmenté en plusieurs petits abus. Aujourd'hui, en nous appuyant sur le concept d'incestualité, il nous semblerait essentiel au contraire de rassembler et d'avoir une vue synthétique sur tous les abus perpétrés par ce père dépravé, sur la fille, la grande fille, la cousine, etc., de mettre en lumière la violence perverse inadmissible qu'il infligeait à chacune, à la patiente en premier lieu : « Il répétait que j'étais cause de tout ; si je n'avais pas bavardé, on n'en serait jamais arrivé au divorce ; il me menaçait tout le temps, me disant que j'allais voir ce qui serait ; du plus loin qu'il m'apercevait, sa figure se contractait de colère, et il s'élançait sur moi les points levés. » On reconnaît tous les poncifs des pères incestueux lorsqu'ils passent de la séduction (« tu ne sais pas comme c'est bon ») aux menaces les plus viles, sans oublier les inversions de responsabilités. Saluons en revanche la petite touche humaine que Freud a noté dans sa conclusion de la description du cas : « J'espère que cet entretien a pu faire quelque bien à cette jeune personne si précocement blessée dans ses émotions sexuelles. »

ÉPILOGUE

Comme l'ont effectivement relevé maints auteurs, on trouve dans les récits cliniques des *Études sur l'hystérie* une grande partie de la psychanalyse, en germe. On y trouve malheureusement aussi, *statu nascendi*, bon nombre des manques qui, selon nous, ont grevé son développement ultérieur. On pourrait dire, de manière condensée, que ces travers portent spécifiquement sur le statut de la violence et de la perversion relationnelle.

À ce point de notre investigation, quels enseignements pouvons-nous tirer de l'analyse de ces thèmes dans les cas évoqués ci-dessus ?

Une violence invisible

En premier lieu, nous pouvons observer – et déplorer – que les thématiques de la violence et des relations perverses ne figurent nulle part ; elles ne font l'objet d'aucune analyse, a fortiori d'aucune prise de position critique. En réalité, elles existent bel et bien, mais uniquement que dans la bouche des victimes : Dora s'évertue (en vain) à faire reconnaître les agressions qu'elle subit par son père, par le couple K. ou par Freud. Katharina décrira précisément la bestialité de son père, mais cette description tombe dans le vide. Anna O. ne s'en plaint guère, du moins si l'on en croit le récit qu'en fait Breuer, mais fera de toute sa vie une lutte contre la violence perverse des hommes infligée aux femmes.

Le combat acharné que mènent ces enfants pour survivre dans un milieu psychiquement hostile est pathétique pour autant qu'on veuille bien ouvrir les yeux sur cette réalité. Et il est d'autant plus dramatique lorsqu'il se heurte à une fin de non-recevoir, médicale de surcroît. Les médecins ont en effet une responsabilité particulière à cet égard. Ils exercent la seule profession qui puisse être qualifiée d'intrinsèquement « anti-incestuelle ». Elle est clairement fondée, déontologiquement, sur l'interdiction de tout commerce sexuel avec les patients. Elle incarne pour les victimes de toutes les formes d'abus et de violence familiale un immense espoir de voir ces dérèglements dévoilés et stoppés ; à l'inverse, on mesure aisément la déception qui peut s'ensuivre si le médecin, loin de s'y opposer, en est le simple témoin, voire le complice.

Des enfants très responsables

Affrontement dramatique encore, par le fait que, contrairement à ce qu'on croit souvent, les victimes n'en veulent pas foncièrement à ceux qui les malmènent. Leurs cris, leurs oppositions, pour véhéments ou hostiles qu'ils puissent paraître, ne visent nullement une destruction foncière de leurs parents. Ces enfants souhaitent simplement rétablir une relation correcte, normale, avec leurs géniteurs, empreinte de respect et d'affection. Plus précisément, nous pourrions avancer que, de même que la fixation des enfants sur leurs parents n'a rien à voir avec l'amour œdipien, de même ces manifestations de colère ou de rage n'ont rien à voir avec le véritable versant meurtrier de l'œdipe. Nous avons lu les nombreuses expressions de l'irritation de Dora envers son père, son exaspération, sa rage. Pour nous, elles n'ont rien d'une déception œdipienne d'une fillette amoureuse de son géniteur et déçue par le non-aboutissement de ses élans. Elles sont bien plus les récriminations désespérées d'une jeune fille voyant son père compromettre de plus en plus, par son comportement dépravé, le fonctionnement, la bonne entente, voire même l'existence du foyer. On peut même aller plus loin et comprendre ces enfants comme investis de la responsabilité terrible d'assurer à eux seuls, malgré leur jeune âge, la pérennité de toute leur famille. Ce sont eux qui, au sacrifice de leur vie psychique, se préoccupent de maintenir une certaine cohésion du groupe familial, face à des membres, eux, plus ou moins irresponsables : si l'on revient à l'exemple de Dora, une mère qui se retire et désinvestit ses enfants, un père obnubilé par ses désirs sexuels et un frère lâche qui cherche surtout à se défiler. C'est sur cette dynamique de fond que se développe l'antœdipe pathologique, le sentiment d'être en quelque sorte le parent du parent. Maints patients l'évoquent comme une triste évidence : « J'étais la mère de ma mère », par exemple.

L'immunité parentale

Contrastant avec l'effervescence de ces patientes, la sérénité, l'apparente bonne santé, la respectabilité et la mansuétude de leur entourage : tous ne sont que candeur, bonne foi ; leur seul dessein, allèguent-ils en chœur, est d'aider ces malheureuses, qu'ils présentent avec insistance comme ingrates et surtout mentalement perturbées. Parents comme médecins s'accordent d'ailleurs pour envisager ces troubles soit comme tombant du ciel, soit comme ayant une mystérieuse origine biologique, médicale ou, pour Freud uniquement intrapsychique – bref, tout sauf une origine se situant dans la dynamique de leur propre famille. Ces récits font apparaître une étrange *collusion du déni* ou *pacte dénégatif,* qui pourrait bien avoir persisté jusqu'à aujourd'hui.

La violence seulement décrite, hors contexte familial

La transformation la plus curieuse a trait à la violence, pourtant omniprésente dans tous les récits cliniques. Elle n'est pas véritablement escamotée, et parfois même elle est décrite finement, avec certains détails subtils. Pourtant, on ne la perçoit pas : mentionnée sans jugement ni affects, comme contemplée derrière une vitre, elle semble dénuée de toute véritable existence. Tous les protagonistes de ces situations cliniques tempêtent, souffrent, hallucinent, veulent se suicider, sont abusés sexuellement sans que rien de ce carnage n'apparaisse véritablement dans les récits. Seuls les effets sur les victimes sont (abondamment) décrits, sous le seul angle de symptômes médicaux, qualifiés éventuellement d'hystériques. Les agissements des parents bénéficient, eux, d'un statut particulier : ils sont intouchables, inquestionnables. Même lorsqu'ils échangent leur fille pour une maîtresse ou lorsqu'ils en abusent puis font quatre enfants à leur nièce, tout cela peut se perpétrer sans aucune réaction.

Cette particularité, qui à la fois décrit une réalité sordide sans pour autant la prendre en compte, cette méconnaissance partielle de la phénoménologie de la violence va se retrouver tout au long de l'œuvre freudienne. Les atermoiements théoriques de Freud autour de la « réalité » du traumatisme sont maintenant assez connus. Nous savons aussi qu'après avoir renié sa *neurotica*, il est resté, en tout cas dans sa pratique clinique, jusqu'à la fin, beaucoup plus ambigu sur ce sujet qu'il n'a bien voulu le dire. Nous savons encore que c'était bien cette thématique des abus sexuels qui était au centre des tensions grandissantes entre lui et Ferenczi, culminant par la publication du magnifique et courageux rapport sur la *Confusion des langues*[1] (confusion instaurée par l'adulte pervers qui donne une réponse sexuelle à une demande de simple affection). On sait enfin que Freud prit ce texte comme une déclaration de guerre, qu'il s'efforça par tous les moyens d'étouffer.

Des récits suspects

Une autre observation est celle que tous les récits évoqués ci-dessus sont suspects : le récit du père de Dora, qui *« émousse un conflit en faussant le jugement qu'il porte sur l'un des thèmes qui s'opposent »* (circonlocution signifiant probablement qu'il était de caractère tortueux), de Monsieur K. qui prétend que Dora affabule, tout autant que les exposés scientifiques de Breuer ou de Freud (tronqués). Ces non-dits, ces falsifications, ces manipulations du langage traversent le temps et l'espace : ils enserraient autrefois les victimes dans un réseau de mystification et, cent trente ans plus tard, poursuivent leurs mêmes effets confusionnants sur l'esprit du lecteur contemporain. En effet,

[1] Sandor Ferenczi, *Confusion de langue entre les adultes et l'enfant, Psychanalyse IV, Œuvres complètes*, Paris, Éd. Payot, 1990.

comme dans les familles pathogènes, des générations de psychanalystes se sont succédé sous le joug de cette emprise, répétant quasi hypnotiquement des fragments de récits et d'interprétations, toujours les mêmes. Nous retrouverons d'ailleurs cette particularité, encore plus marquée, dans les récits portant sur la vie de Freud.

La violence familiale

Cette « mystification centenaire » est tout sauf fortuite. Elle nous amène à ouvrir les yeux sur ce que représente une dynamique familiale aussi violente, qui autorise certains parents à détruire psychiquement leurs enfants, à leur faire endurer les pires avanies sous couvert d'éducation bienveillante (père de Dora), à se défausser sur eux de tous les conflits dont ils ne veulent pas se charger (mère de Dora).

Ces enfants se voient enchaînés dans un réseau de projections, envahis, « colonisés » par les « injections » qui leur sont faites ; ils sont tributaires tantôt de mouvements d'admiration idéalisante, tantôt d'une réprobation haineuse et infondée. Dépositaires malgré eux, à leurs corps défendant, de parties essentielles du psychisme de leurs parents, « portefaix », comme les appelait Racamier, ils ploient sous le poids de ces délégations ; leurs moindres faits et gestes sont scrutés, commentés et aussitôt récupérés et utilisés pour les intégrer de force dans une scénographie pathologique. Maurice Corcos utilise, pour une thématique très proche, la métaphore du « cheval de Troie » : « L'objet interne n'est pas un témoin inconscient et un tuteur, il est le cheval de Troie de l'autre, dans le sujet. Celui-ci est alors prisonnier du fantasme mortifère inconscient ou du rêve (appropriateur) d'un autre, de l'objet, sans qu'il lui soit possible de savoir de quoi il s'agit… ce que l'on lui veut. »[1]

Nous avons vu que les moyens les plus variés sont requis pour cette agression. On y trouve toutes les formes de la rhétorique

[1] Maurice Corcos, « La terreur d'exister », *in* Catherine Chabert (sous la direction de), *Les Psychoses*, Éd. Dunod, 2013, p. 94.

perverse. Dénis partiels, litotes, approximations, y alternent avec les non-dits, la mauvaise foi ou les inversions pour paralyser l'entendement des victimes. Les actes sont perpétrés aveuglément, sans qu'aucune intention n'en soit assumée : ils sont incontestables. Les mots eux-mêmes sont « désignifiés », vidés de leur sens : « respect », par exemple, est posé comme « soumission à l'arbitraire » ; « amour filial » vaut pour « fixation et sacrifice de soi ». Ces victimes songent-elles à se rebiffer que les menaces, chantages ou les séductions ont tôt fait de les paralyser et de les mettre au pas. Ces enfants sont ainsi *fétichisés :* dépossédés de leur vie propre, vampirisés, ils permettent aux adultes qui se servent psychiquement d'eux non seulement de survivre, mais même de mener la belle vie, de s'amuser – tout en n'ayant que mépris pour le reste de l'humanité. En effet, ces adultes ainsi soulagés des parts douloureuses d'eux-mêmes, exempts de tout doute, dégagés de tout questionnement, se sentent souvent ivres d'un narcissisme glorieux et autosatisfait. Pour autant, cet équilibre se révèle précaire et va dépendre grandement de l'enfant-bouc émissaire et de ses réactions. Trop vives, elles risquent de compromettre l'équilibre familial, trop faibles elles manquent à leur fonction stabilisatrice. Un savant dosage, pernicieux, sera donc requis.

Ce contrôle se portera tout particulièrement sur les contacts que vont nouer ces enfants à l'extérieur de leur famille d'origine, avec leurs amis et, surtout, plus tard avec leur conjoint. La solution la plus radicale est évidemment d'amener l'enfant à renoncer à toute amitié et, par la suite, à renoncer aussi à fonder sa propre famille pour se dévouer aux siens (Anna O. ? ou, dans quelle mesure, Anna Freud ?). Lorsque des unions ont lieu, une énergie considérable va être développée par ces parents pour séduire et impliquer les partenaires dans la dynamique familiale. Dans notre casuistique clinique personnelle, les beaux-fils sont fréquemment charmés et intégrés à la vie de la famille de madame au titre d'enfant supplémentaire. Ils peuvent aussi, à l'inverse, faire l'objet d'un dénigrement, d'une condamnation sans appel et d'un bannissement, qui se légitime souvent par un prétexte futile ou choquant (âge, race, religion…).

La violence apparaît donc comme omniprésente dans les récits évoqués plus haut, mais jamais évoquée en tant que telle, ni par les parents ni, malheureusement, par les thérapeutes. Il y a là un terrible paradoxe, celui d'un drame qui se joue au vu et au su de tout le monde sans qu'il ne soit jamais nommé. Il s'agit d'une tragédie qui se soustrait à toute description comme à toute thérapie ; *non-drame,* pourrait-on dire, qui, par son inexistence sociale, ôte à ceux qui le subissent leur dignité de victime. Ceux-ci se contorsionnent, souffrent, crient – en vain ; personne ne les entend. Ils restent murés dans une solitude morale bien pire que tout éloignement physique, puisqu'elle ne se voit pas. À la fois vivants et morts, idolâtrés et méprisés, chéris et honnis, ils n'ont d'autre recours que de s'acharner désespérément, par n'importe quelle voie, à chercher une improbable issue à leurs tourments. Nous avons vu que l'idée du suicide a effleuré plus d'une fois autant Dora qu'Anna. Pourtant, même cette solution, envisagée par l'une, réalisée partiellement par l'autre, n'aurait pas véritablement mis fin à leur sort désastreux ; on pourrait même dire que, bien au contraire, elle l'eût fixé à jamais, gravé dans la stèle d'un marbre funéraire.

Un questionnement particulier pourrait concerner les autres membres de la fratrie, dont le sort contraste souvent radicalement avec les enfants boucs émissaires. Fréquemment exhibés par les parents pour démontrer que leur éducation était bénéfique, tantôt on les voit faire corps contre leur malheureux frère ou sœur – parfois même avec plus de véhémence que les parents. Tantôt, plus embarrassés (comme le frère de Dora), ils cherchent surtout à sauver leur peau et à échapper aux conflits familiaux. Dans notre expérience, leur sort, apparemment meilleur, n'est pas aussi privilégié qu'il pourrait en avoir l'air. Leur compromission, même au titre de simples témoins, s'accompagne souvent de certaines restrictions mentales ou morales qu'ils s'infligent à eux-mêmes pour supporter ces relations éminemment tendues, forme d'automutilation qui peut être associée aux effets du décervelage familial. Contrairement à l'enfant patient-désigné qui émet plutôt des symptômes d'ordre psychologique, ils auront, eux, préférentiellement recours à des modes d'être caractériels, comportementaux ou psycho-somatiques. Parfois, un effort d'identification à l'agresseur pervers est mené (par exemple le frère de Dora, qui essaie de la convaincre qu'ils devraient être heureux que leur père ait une maîtresse), presque pathétique. Rarement cette identification aboutit entièrement, réalisant la figure odieuse d'un clone pervers des parents abuseurs.

Quelles conséquences thérapeutiques ?

À la lumière de ces considérations, nous pouvons nous interroger sur l'attitude qui eût pu être la plus adéquate dans des situations évoquées ci-dessus, compte tenu des outils dont nous disposons aujourd'hui, touchant notamment à l'incestualité.

Une meilleure prise en compte des patients dans leur *contexte familial* nous paraît un préalable essentiel. Dans le cas mentionné ci-dessus, comme dans la grande majorité des situations qui se présentent aujourd'hui en thérapie, les liens familiaux se révèlent déterminants. Nous avons vu à quel point ils peuvent moduler, influencer, façonner les symptômes et même les traits de personnalité des patients. Seul les cas de névroses bien constituées nous paraissent des exceptions : l'individu y a acquis une autonomie qui permet, dans le cadre d'une cure type, de ne tenir compte que de sa « famille intérieure ». Dans tous les autres cas, non névrotiques, la réalité, passée *et* présente, des relations familiales doit être appréhendée, analysée et traitée. Il s'agit là d'une position théorique, aux applications pratiques variées : du setting de thérapie familiale avec les trois générations présentes à la thérapie individuelle qui prenne en compte la réalité relationnelle familiale en passant par toute la gamme des variations intermédiaires (thérapie de couple notamment, entretiens familiaux ponctuels, entretiens mère-fille, etc.).

Eu égard à la complexité des liens qui enserrent ces patients, à leur ambiguïté, à leur paradoxalité, eu égard à la confusion morale qui règne dans ces familles, il nous semble capital que le thérapeute relève d'éventuelles *formes de violences* physique ou morale et *prenne une position* aussi claire que possible à leur égard. Cette attitude contraste catégoriquement avec le silence analytique usuel qui, selon notre expérience, a souvent eu un effet fâcheux d'angoisser et d'embrouiller encore plus ce type de patients. Une prise de position, qu'il convient de distinguer d'une intervention moralisante, ne contrevient, étonnamment, pas à la neutralité souhaitée de la part d'un analyste. Elle est bien perçue par les patients comme une opinion, certes autorisée, mais non toute-puissante. Bien loin d'induire quoi que ce soit, elle leur permet au contraire d'étayer leurs propres convictions, dont ils doutaient jusque-là, et de développer leurs propres raisonnements.

Comme nous avons déjà eu l'occasion de le présenter ailleurs, l'investigation d'une éventuelle source traumatique des symptômes ne doit pas se limiter à la recherche d'un événement précis, plus ou moins ancien, dans la perspective des premières conceptions du traumatisme. D'éventuels actes ou comportements peuvent évidemment s'être révélés destructeurs, mais ils ne doivent pas monopoliser l'attention thérapeutique. Ces actes, en effet, sont le fruit d'une dynamique familiale *globalement* traumatique (ce que désigne en fait le concept d'incestualité) ; en outre, cette dynamique ne s'arrête pas à l'enfance, bien au contraire elle se perpétue inlassablement. Comme le disait déjà si bien Faulkner, « le passé ne meurt jamais, il n'est même pas encore passé »[1]. L'avantage de cette répétition est qu'elle se donne à voir très aisément en thérapie, pour autant, encore une fois, qu'on veuille bien la considérer. Cette vision transgénérationnelle de la violence familiale n'avait pas non plus échappé à François Mauriac, qui faisait dire à son héros du roman *Les anges noirs* : « Ma mère est morte quand j'avais 18 mois. Je lui ressemble. Elle était blanche de peau, fine, d'une autre race que son mari… Je crois savoir sur elle des choses que l'on m'a cachées longtemps : un homme qui a roulé très bas éprouve le besoin de chercher un responsable parmi ses

[1] William Faulkner, *Requiem pour une nonne*, Éd. Folio, Paris, 1993.

ascendants. *Nous sentons tellement que cette puissance pour nous avilir dépasse les forces de l'individu misérable et que pour être entraîné à ce rythme il faut une vitesse acquise et accrue de génération en génération. Que de morts s'assouvissent en nous et par nous !* Que de passions ancestrales se délivrent ! Pour ce geste que nous hésitons à faire, combien sont-ils à nous pousser la main ? »[1]

Mais, en définitive, d'où proviennent ces distorsions touchant un registre si essentiel ? Seraient-elles perceptibles dans la vie même du fondateur de la psychanalyse ? C'est ce que nous allons maintenant chercher à comprendre.

---

[1] François Mauriac, *Les anges noirs*, Éd. Grasset, Le livre de poche, 1936, p. 8.

MYSTÈRES ET PERVERSION DANS LA VIE DE FREUD

PRÉAMBULE

À partir des découvertes de Racamier et de nos propres recherches sur l'incestualité, nous avons tenté une relecture de deux cas paradigmatiques de la psychanalyse, du moins à ses débuts. Ce réexamen nous a permis de percevoir ou de pressentir d'autres dimensions que celles qui avaient été découvertes par Freud, touchant notamment à des problèmes de perversion relationnelle. Arrivés à ce stade, il nous semble légitime de nous interroger sur les origines de cet oubli, qu'il nous faut maintenant rechercher dans la vie même du fondateur de la psychanalyse. Nous espérons que les lecteurs ne verront là aucun voyeurisme malsain ni recherche de sensationnel. L'hypothèse qui nous guide est que Freud a été lui-même confronté, durant sa vie, à différentes facettes de cette problématique d'incestualité. De cette confrontation douloureuse serait à la fois née la psychanalyse mais aussi l'escamotage de la dimension familiale de ces liens pervers.

Nous ne sommes pas historiens de la psychanalyse, discipline qui existe et qui rassemble des chercheurs de tous bords, qui s'efforcent de collecter les données historiques les plus objectives possibles relatives à la psychanalyse et à son fondateur. Les faits ainsi rassemblés ont déjà certainement un intérêt en tant que tels, mais il revient ensuite à d'autres, comme nous, si possible cliniciens, de les interpréter. C'est dans cette optique précise que nous avons entrepris notre recherche.

FREUD ET SES SECRETS

Une première découverte inattendue se propose à toute personne intéressée à comprendre ce sujet : la vie privée de Freud est à la fois *omniprésente* et *inaccessible*. Ses *Lettres à Fliess*, sa *Science des rêves* et sa *Psychopathologie de la vie quotidienne* nous introduisent, par petites touches isolées, jusque dans le tréfonds de ses désirs refoulés. Pourtant, dès que l'on cherche à connaître sa biographie ordinaire et les événements qui ont tissé son itinéraire de vie, on se heurte à une muraille impénétrable. Ou, plutôt, à une collection d'anecdotes décousues, toujours les mêmes, que les psychanalystes se sont fidèlement transmis de génération en génération. Nous trouvons là un premier signe qui nous fait penser à la dynamique de certaines familles pathologiques que nous rencontrons en consultation. Les souvenirs, opinions ou fantasmes n'y circulent pas. Le « roman familial » groupal se trouve figé autour de quelques événements, visiblement filtrés et expurgés. La curiosité s'y voit bannie et les enfants indiscrets ont tôt fait d'être rappelés à l'ordre. Tous ces traits se retrouvent dans ce que Freud nous livre de lui, de ses proches et de ses successeurs. Nous retrouvons d'ailleurs là notre hypothèse, qui voudrait que Freud ait grandi dans une famille à maints égards problématique, peut-être perverse, et que cela n'ait pas été sans conséquences, positives ou négatives, sur toute son œuvre. Voyons précisément quels pourraient en être les indices.

Pour commencer, relevons ce que Freud dit lui-même de sa biographie. Voici ce qu'il écrit à sa fiancée Martha en 1885, à l'âge de vingt-neuf ans, alors qu'il est encore loin d'être célèbre. Ce passage est bien connu, surtout de ses biographes, tour à tour frustrés ou indignés, qui le citent souvent en exergue de leurs ouvrages, pour attester la difficulté de leur entreprise.

> « Je suis en train de mener à bonne fin un travail que j'avais projeté de faire et qui mettra, un jour, dans un cruel embarras une foule de gens qui ne sont pas encore nés mais qui naîtront pour leur malheur. Comme tu ne devineras pas de qui je parle, je vais te le dire : il s'agit de mes biographes. J'ai détruit toutes mes notes de ces quatorze dernières années, ainsi que les lettres, les extraits scientifiques et les manuscrits de mes travaux. (...) Je ne peux atteindre ma maturité ni mourir sans m'inquiéter de savoir qui s'occupera de mes papiers. En outre, tout ce qui fait partie du passé qui a précédé le grand tournant de ma vie, notre amour et le choix que j'ai fait de ma profession, est mort depuis longtemps et ne doit

> pas être privé de funérailles honorables. Quant aux biographes, laissons-les se tourmenter, ne leur rendons pas la tâche trop facile. Chacun d'eux pourra garder son opinion personnelle sur le "développement du héros", je me réjouis déjà des erreurs qu'ils commettront. »[1]

Passons sur le ton légèrement présomptueux de son jeune auteur, que lui fait pardonner son génie ultérieur. Mais pourquoi cette rage ? À quoi correspond, dans ce contexte, cette cruauté, presque ce sadisme contre des personnages à ce point abhorrés ? Pourquoi cette formulation curieuse qui s'en prend à des personnes « non encore nées mais qui naîtront pour leur malheur » ? À quelle course malsaine est-il, déjà à cette époque, en train de nous entraîner, se riant par avance de nos incompréhensions, de nos fourvoiements et de nos frustrations ? Il ne s'agit pas là de projections invraisemblables de notre part puisqu'en 1930, dans son allocution à la maison de Goethe, il reviendra sur son goût du secret en faisant l'éloge du grand homme : « Goethe ne fit pas seulement, en tant que poète, de grandes confessions, mais… il restera aussi, malgré la profusion de ses notes autobiographiques, un grand dissimulateur. »[2]

Quel est donc ce passé qu'il déclare « mort » et qu'il prétend enterrer ? « Il me semble que le monde n'a aucun droit sur ma personne et qu'il n'apprendra rien de moi aussi longtemps que mon cas (pour de multiples raisons) ne peut pas être rendu entièrement transparent », répond-il, bien plus tard, dans une lettre à Fritz Wittels[3]. En réalité, ce genre d'argument nous paraît bien ambigu et a davantage pour effet d'intriguer que de prohiber. Même Alain de Mijolla, biographe tardif mais très respectueux de l'œuvre freudienne, le déplore : « On ne peut ignorer par ailleurs le *goût du mystère*[4] que Freud a manifesté à plusieurs reprises, par exemple lors des destructions réitérées et de ses

---

[1] Lettre du 24 avril 1885 à Martha, *in Correspondance 1873-1939*, Paris, Éd. Gallimard, 1966, 1979, p. 542.

[2] Didier Anzieu, *L'auto-analyse de Freud*, PUF, 1988, p. 190.

[3] Lettre de Freud à Fritz Wittels, 18 décembre 1923, *in Correspondance 1873-1939*, Éd. Gallimard, 1966, p. 377.

[4] Souligné par nous.

archives. »[1] Max Schur, un autre de ses biographes et surtout ami et médecin personnel de Freud, nous confirme en effet qu'« il se livra malheureusement plusieurs fois dans sa vie à cet autodafé : en 1915, il brûla une bonne partie de ses manuscrits sur la métapsychologie et, en 1938, avant de quitter Vienne, il détruisit encore un nombre considérable de lettres et de manuscrits. »[2] Jacques Bénesteau, un historien très critique mais bien documenté, parle, lui, de sept destructions de notes, courrier, manuscrits ou journaux cliniques[3]. De toute évidence, il y a là un scrupule dont les motivations nous échappent, mais qui nous amène très logiquement à nous interroger : au-delà d'une pudeur tout à fait légitime, Freud avait-il quelque chose de particulier à cacher ? « Les raisons d'une telle censure peuvent bien être une réaction aux attaques virulentes faites contre Freud et la psychanalyse durant sa vie ; mais les effets ont été d'éveiller le soupçon que l'armoire freudienne est aussi pleine de cadavres qu'un cimetière », ironise Ronald Clark[4]. Cette restriction n'a d'ailleurs pas porté que sur les archives ; elle semble s'être également exercée en famille : « Freud exigeait de ses enfants comme de sa femme de ne pas être questionné plus avant en tant qu'individu. Comme son père, il avait frappé son passé d'un tabou. »[5] De quelle nature pourrai(en)t donc être ce ou ces mystérieux « tabou(s) » ? Il est bien probable que ces prochaines années nous en apprennent davantage à ce sujet, au gré de l'ouverture au public des archives freudiennes à Washington. Pour notre part, ce que nous essaierons de faire sera plutôt de nous appuyer sur ce que Freud nous laisse lui-même entrevoir, ainsi que sur ce qui a été mis au jour (jusqu'à aujourd'hui, en automne 2013) par des historiens autorisés, cela dans le but de comprendre pourquoi les thèmes relatifs à la violence et à la perversion ont été, dès le départ, scotomisés en psychanalyse.

Marianne Krüll voit cette censure comme une injonction du père de Freud à son fils. Elle en suit la trace jusque dans les

---

[1] Alain de Mijolla, *Freud ; fragments d'une histoire*, PUF, 2003, p. 37.
[2] Max Schur, *op. cit.*, p. 54.
[3] Jacques Bénesteau, *Mensonges freudiens*, Éd. Mardaga, 2002, p. 22.
[4] Ronald Clark, *op. cit.*, p. 21.
[5] Marianne Krüll, *op. cit.*, p. 245.

rêves de Freud, notamment le fameux « On est prié de fermer les yeux », dont il donnera deux versions légèrement différentes, la seconde déjà « travaillée »[1]. Voici le commentaire que Marianne Krüll en fait : « Ces altérations de la deuxième version, destinée à la publication, renvoient, à mon avis, au fait que Freud avait le sentiment que son père lui demandait non seulement d'accomplir un dernier geste de piété, mais encore de fermer les yeux pour ne pas voir certaines choses. D'après moi, ce rêve lui rappelait une interdiction tacite de son père, qui remontait à sa petite enfance : lui, le fils, ne devait pas faire de recherches sur le passé de son père. La crise que traversa Freud après la mort de celui-ci et qui dura près d'un an, était me semble-t-il, une lutte contre l'ordre de ne pas fouiller dans le passé. C'était là le grand tabou qui allait le contraindre, quelques mois plus tard, à abandonner la théorie de la séduction. » Résumons : plusieurs signes témoignent d'une interdiction d'approcher tant le passé de Freud que celui de son père ; ce tabou pourrait être à mettre en rapport avec l'abandon de la théorie des abus sexuels en tant qu'origine des névroses.

Après la mort de Freud, ce fut sa fille Anna qui prit le relais de ces interdits. « Anna restera intolérante. Elle mettra des obstacles sur le chemin de quiconque veut écrire sur son père, et cela bien au-delà de sa propre mort, en imposant des conditions (notamment d'accessibilité) qui entraveront la recherche des décennies durant. Même sa cousine Lilly Marlé, la fille de tante Mitzi morte en déportation, n'a pas le droit d'écrire un livre sur Freud, bien qu'elle réunisse des documents depuis des années. »[2] Nous verrons d'ailleurs la censure très particulière qu'Anna exerça sur l'édition des lettres de son père à Fliess, dont elle supprima de nombreux passages cliniques touchant précisément à la perversion.

Cette obsession du secret à tout prix, qui éveille évidemment la curiosité, mais aussi la perplexité de tout un chacun, s'étend aux archives Freud déposées à la Librairie du Congrès, à Washing-

[1] Marianne Krüll, *op. cit.*, p. 69.
[2] Marianne Krüll, *ibid.*, p. 410.

ton. Les délais imposés par Freud d'abord, puis par d'ultérieurs gardiens du secret, pour leur ouverture au public, frisent le ridicule, allant au-delà de ceux concernant les archives de la CIA ou du FBI[1]. Cette censure frappe notamment les 20 000 à 40 000 lettres que Freud aurait écrites tout au long de sa vie[2], dont la majorité n'est pas consultable (ou aurait peut-être été détruite). Nous verrons au chapitre suivant, avec l'examen des lettres de Freud à Fliess, que ce ne sont en tout cas pas des anecdotes intimes qu'on a tenté ainsi de soustraire à la curiosité.

En ce qui concerne la biographie de Freud, nous nous trouvons donc face à un corpus d'informations très curieux. Certains textes ont reçu une sorte de label d'officialité, telle la biographie d'Ernest Jones ou plus tard celle de Peter Gay. À leur suite, de nombreux analystes ont scrupuleusement repris l'une ou l'autre anecdote et l'ont développée dans tous ses détails – mais uniquement sous l'angle intrapsychique. D'autres, moins nombreux, historiens de la psychanalyse, tentent, en dépit des obstacles, de reconstituer laborieusement des faits objectifs. Enfin, pour faire contrepoids aux nombreux thuriféraires, il existe une brochette d'adversaires enragés, mais souvent bien informés, qui s'efforcent avec acharnement de démolir et le maître et son œuvre.

Omissions, oublis, secrets, dissimulations

Avant d'évoquer des « tabous » plus ou moins pathologiques qui obéreraient la circulation de la pensée dans la famille de Freud, on peut exclure de simples secrets, tout à fait légitimes, soit qu'ils touchent à l'intimité personnelle, de proches ou de patients, soit qu'ils concernent éventuellement de simples faits peu glorieux.

[1] Une lettre de Freud à Joseph Breuer ne sera accessible qu'en 2102. Et Bénesteau de s'interroger : « Quel secret peut bien contenir le lot de documents d'abord réputés pendant des années inaccessibles jusqu'en 2102, puis soudain déclassé et expressément interdit jusqu'en… 2113 ?! » (Bénesteau, *op. cit.*, p. 16).

[2] Paul Roazen, « Paul Roazen chez Sigmund Freud », *in Dans les secrets de la psychanalyse de son histoire*, PUF, 2005, p. 79.

La consommation de cocaïne par Freud, son opération « de Steinach »[1] n'ont pas vocation à rester à la postérité. Dans le même ordre d'idées, quelques incohérences paraissent bénignes, comme celle d'enjoliver la situation matérielle de sa famille : « Je suis l'enfant de gens aisés à l'origine qui, à ce que je crois, avaient mené une vie assez confortable dans ce petit trou de province »[2] – alors que le père, la mère et trois enfants se partageaient chichement l'unique pièce de la masure d'un forgeron serrurier[3].

Une certaine ambivalence envers les figures parentales pourrait aussi paraître banale, telle qu'elle transparaît autant chez le fils que chez ses biographes. Ainsi, Jones décrit la mère de Freud comme « de caractère enjoué (...). Un tendre attachement ne cessa jamais d'unir la mère et le fils. Jolie et svelte dans sa jeunesse, elle sut conserver jusqu'à la fin sa gaieté, sa vivacité et la finesse de son esprit. »[4] D'autres avis sont moins élogieux : « Impatiente, autoritaire, égoïste »[5] ; « peu chaleureuse », « tyran domestique », « vaniteuse », elle « exploitait sa fille Adolphine, "Dolfi", restée célibataire, qui vivait entièrement sous sa dépendance »[6]. Elle semble avoir passé par une crise profonde à la suite du décès de son fils puîné, Julius, à 8 mois, qui succédait de peu à celui de son propre frère, également prénommé Julius. « Elle est si triste et absente que Freud est convaincu qu'il lui faut mourir pour regagner l'amour de sa mère », estime Thérèse Delpech[7]. Par la suite, selon cet auteur, elle pourrait bien s'être montrée séductrice à l'égard du petit Sigmund : « Plus tard, à Vienne, déçue par l'échec professionnel de son

---

[1] Ligature du canal déférent à la base des testicules, pour, comme on le croyait à l'époque, prolonger l'espérance de vie ou la puissance sexuelle.

[2] « Sur les souvenirs-écrans », *in Névrose, psychose et perversion*, PUF, 1973.

[3] « Dans l'une [des deux pièces] vivaient le propriétaire et sa famille. Entassée dans l'autre vivait la famille Freud, Jakob, Amalia et les enfants : Sigmund (né le 6 mai 1856), Julius (né vers la fin de 1857 et mort le 15 avril 1858) et Anna (née le 31 décembre 1858) » (Max Schur, *op. cit.*, p. 39).

[4] Ernest Jones, *op. cit.,* p. 3.

[5] Martin Freud, *Freud, mon père,* Éd. Denoël, 1975.

[6] Jürg Kollbrunner *Der Kranke Freud*, Stuttgart, 2001, p. 167, cité *in* Weissweiler, *op. cit.,* p. 335.

[7] Thérèse Delpech, *L'homme sans passé ; Freud et la tragédie historique*, Éd. Grasset, 2011, p. 121.

mari, elle a une relation fusionnelle et possessive avec son fils aîné, en qui elle place tous ses espoirs. En un sens, c'est peut-être elle qui souhaitait inconsciemment être mariée à ce jeune homme talentueux. » Quoi qu'il en soit, étrangement, lorsqu'elle mourut, Sigmund ne se rendra pas à son enterrement (il n'interrompra même pas ses vacances) et y déléguera sa fille !

Il en va de même pour la figure paternelle : « Jones estime que ce père était "un homme de grande valeur, d'une intelligence et d'une largeur de vues bien au-dessus de la moyenne". »[1] Anna, la sœur de Freud, rapporte que la devise de son père était : « Penser et agir moralement »[2]. À sa mort, Freud écrit à Fliess : « La mort de mon vieux père m'a profondément affecté. Je l'estimais fort et le comprenais tout à fait bien... »[3] Pourtant, quelques mois auparavant, il parlait de lui comme d'un pervers responsable de la névrose de ses sœurs et de son frère cadet. A d'autres moments, le père est décrit comme irresponsable, incapable d'assumer les charges de sa famille – cela sans mentionner tous les doutes qui planent sur son éventuelle complicité dans l'écoulement de fausse monnaie (cf. infra). Jones lui prête des tendances « uxorieuses »[4] (qu'il aurait, de plus, transmises à son fils !)[5]. Ellenberger pressent une histoire complexe entre ces deux hommes : « Freud n'insiste guère sur les aspects positifs de son père, si bien qu'on peut se demander s'il n'avait pas des raisons plus sérieuses pour adopter cette attitude à l'égard de son père que la seule rivalité infantile pour sa mère »[6].

D'autres données biographiques bizarres tiennent probablement à des erreurs. Ainsi, le père de Freud aurait épousé sa première femme, Sally, très jeune, « au plus tard vers le milieu des années 1832, alors qu'il avait à peu près seize ans et demi. On peut supposer que ce mariage avait été arrangé... »[7] Bien ;

[1] Marianne Krüll, *op. cit.,* p. 159.
[2] Marianne Krüll, *ibid.,* p. 159.
[3] Lettre du 2 novembre 1896.
[4] « Se dit d'un époux qui se laisse gouverner par sa femme ».
[5] Ernest Jones, *op. cit.,* p. 4.
[6] Henri Ellenberger, *op. cit.,* p. 377.
[7] Marianne Krüll, *op. cit.,* p. 137.

mais, si l'on en croit l'arbre généalogique publié par Anzieu[1], Sally, elle, aurait alors eu onze ans ! En outre, la même année, en 1832, ou l'année suivante, elle aurait donné naissance à Emanuel ! Et deux ans plus tard à Philipp ! De toute évidence, une erreur doit s'être glissée dans ces dates de naissance.

En ce qui concerne toujours ce premier mariage de Jakob Freud avec Sally, il semblerait que le couple aurait eu, après Emanuel et Philipp, encore un fils et une fille, dont on ne sait strictement rien, si ce n'est qu'ils sont tous deux « morts en bas âge »[2]. Il est vrai qu'à l'époque le taux de mortalité infantile était plus élevé qu'aujourd'hui, mais on reste quand même un peu songeur de n'avoir jamais entendu parler de ces deux demi-frère et sœur de Freud, tragiquement décédés. Nous aurons l'occasion de revenir sur la hantise de la mort (ou des revenants) qui le taraudait et qui traverse toute son œuvre, mais voilà d'ores et déjà deux deuils qui ont évidemment dû affecter son père et ses deux grands frères. Quant à lui, nous ne savons même pas s'il était au courant. S'il ne l'était pas, nos connaissances actuelles sur les pathologies familiales du deuil, particulièrement des deuils masqués, pourraient nous amener à penser qu'il pourrait avoir inconsciemment pressenti ces décès[3].

Cela d'autant plus qu'un autre enfant, celui-là frère de Sigmund, Julius, né à peine un an après lui, est décédé à l'âge de huit mois. De lui non plus, Freud ne parle quasiment jamais, si ce n'est pour évoquer laconiquement qu'il avait dû être jaloux de ce cadet et avoir souhaité sa disparition. Quel impact au juste la mort de ces demi-frère, demi-sœur et frère ont-elles eu sur la vie de Freud ? S'agissait-il, une fois encore, de secrets plus ou moins connus, plus ou moins refoulés et faisant plus ou moins retour (notamment sous la forme de la hantise des revenants) ?

---

[1] Didier Anzieu, *op. cit.,* p. 511.

[2] Marianne Krüll, *op. cit.,* p. 345.

[3] Les écrivains sont plus subtils, tel Scott Fitzgerald qui écrivait dans son registre : « Eh bien, trois mois avant ma naissance, ma mère perdit ses deux autres enfants et je pense que ce double décès est la première chose qui m'advint, bien que je ne sache pas exactement comment. Je pense que c'est à partir de ce moment-là que je commençai à être un écrivain ». Cité par Matthew Bruccoli dans *F. Scott Fitzgerald : sa vie, sa gloire, sa chute,* Éd. Vertiges, Paris, p. 37.

En conclusion de ce premier aperçu, deux thématiques ressortent déjà de ces incohérences ou omissions : celle de la naissance et celle la mort. Les deux apparaissent même liées à plus d'un titre. « N'oublie pas que tu dois une mort à la nature »[1], écrivait d'ailleurs Freud dans une lettre à Fliess[2], peut-être dans un sens un peu différent que Goethe ne l'entendait.

L'ONCLE FAUX-MONNAYEUR

L'affaire de l'oncle faux-monnayeur est, elle, à première vue, plutôt limpide. Voici le récit qu'en font Nicholas Rand et Maria Torok[3] : « Son oncle Josef fut arrêté le 20 juin 1865 [Sigmund avait donc neuf ans] sur une dénonciation pour colportage de faux roubles ; il fut inculpé, un procès public s'ensuivit et il se vit condamné à dix ans de prison ferme dans des conditions de détention lourde. » On voit là qu'il s'agit d'une affaire très grave, contrairement aux tentatives de banalisation effectuées par Freud ou, plus tard, par Jones. Affaire internationale même : « Le cas de Joseph Freud faisait partie d'une affaire de faux monnayage plus vaste et s'étendait à plusieurs pays d'Europe. » Et ces ramifications ne s'étendent pas n'importe où : « À partir de 1865, une intense activité diplomatique policière établit l'existence d'un réseau, vraisemblablement au départ de l'Angleterre. Faute de concertation internationale, l'enquête ne parvint jamais à découvrir le lieu de fabrication des faux roubles. » La mention de l'Angleterre fait bien entendu immédiatement penser à Manchester, ville dans laquelle les deux frères aînés de Freud étaient allés s'établir cinq ans auparavant. Effectivement : « Un rapport du ministre de la police autrichienne fit état de deux lettres adressées à Joseph Freud par ses neveux – les demi-frères de Sigmund domiciliés à Manchester en Angleterre – pour suggérer les lieux éventuels de la fabrication des faux billets et pour recommander en vain des recherches en Angle-

[1] Le texte allemand est encore plus parlant : *"Du bist der Natur einen Tod schuldig"*, Schuld signifiant à la fois dette et culpabilité (Goethe, *Wilhelm Meister)*. Nous retrouverons ce thème à propos de la deuxième femme du père, peut-être morte peu avant la naissance de Sigmund.

[2] Sigmund Freud, lettre du 6 février 1899.

[3] Nicholas Rand et Maria Torok, *Questions à Freud*, Les Belles Lettres, 1995, p. 218.

terre. » Voici ce qu'en dit précisément le rapport de police établi à l'époque : « Dans une de ces lettres, il est dit que ceux-ci, les fils du frère [Emanuel et Philipp, fils de Jakob, demi-frères de Sigmund], possèdent autant d'argent qu'il y a de sable au bord de la mer et que, vu qu'ils étaient sages, avisés et très prudents, la fortune ne saurait leur faire défaut. Dans une autre lettre, ils lui demandent si chez lui aussi la bonne étoile de la maison Freud s'est déjà levée et ils le prient de trouver pour la marchandise un établissement bancaire où l'écoulement soit plus grand, plus rapide et plus rentable. »[1] À la lecture de ces lettres et de ce rapport, dignes des Pieds-Nickelés, on ne sait ce qui, de l'indignation ou du rire, devrait l'emporter !

Pourtant ces données nous rapprochent de notre sujet, lorsque toutes les facettes de ce délit sont progressivement mises en lumière. Bon nombre d'auteurs semblent en effet partager les doutes de la police sur l'éventuelle complicité du père de Freud et de ses fils dans cette affaire. Depuis le départ de Freiberg, on ne sait effectivement pas de quoi la famille Freud a vécu, et plusieurs biographes laissent entendre entre les lignes que cette fausse monnaie pourrait avoir été une source d'argent bienvenue. Voilà ce qu'en dit par exemple Marianne Krüll : « Quoi qu'il en soit, la famille se débrouilla pour joindre les deux bouts. Il est probable qu'Emanuel et Philipp, partis s'installer à Manchester, où ils s'étaient trouvé une situation relativement confortable, suppléèrent à ses besoins (…) L'origine des revenus de la famille n'est pas bien établie. »[2] Ou d'autres, comme Alain de Mijolla, très prudent et un peu ambigu dans ses dénégations : « Il faut d'ailleurs rappeler ici le mystère de l'origine de l'argent dans la famille Freud (…) Comment Amalia et Jakob font-ils [pour entretenir leur famille] ? Il y a là un mystère que certains ont cru un moment, sans aucune preuve, pouvoir expliquer par quelques complicités secrètes avec l'oncle Joseph, ses trafics de faux roubles et ses liens avec un réseau dont le centre se trouvait justement à Manchester… »[3] D'autres auteurs sont moins

---

[1] Nicholas Rand et Maria Torok, *ibid.*, p. 218.
[2] Marianne Krüll, *op. cit.,* p. 209.
[3] Alain de Mijolla, *Freud, fragments d'une histoire*, PUF, 2003, p. 80.

précautionneux, tel Klaus Theweleit, qui évoque les frères aînés de Sigmund « qui faisaient des affaires louches à Manchester, et subvenaient certes aux besoins de la famille, mais sans doute à l'aide de fausse monnaie et de fausses lettres de crédit »[1].

Toutefois, cette affaire ne concerne pas Freud directement et, contrairement à d'autres, elle ne semble pas avoir suscité des mécanismes trop tortueux pour être dissimulée. Pour autant, elle jette un premier éclairage douteux sur la moralité générale de la famille dans laquelle le jeune Sigmund a grandi.

Peut-être pourrait-on en dire autant de sa belle-famille, puisque le père de Martha, Berman Bernays avait été condamné en 1866 pour malversations et avait passé un an en prison[2]. « On occulta plus ou moins ce chapitre de l'histoire familiale, en tout cas vu de l'extérieur. »[3]

Le mystère Rebekka, deuxième femme du père, « effacée »

Avec ce que l'on peut appeler l'affaire Rebekka, nous nous engageons dans les méandres d'une dynamique bien plus complexe. Rappelons qu'il s'agit là d'une énigmatique deuxième épouse du père de Freud, dont l'existence a été débusquée par divers historiens de la psychanalyse dans les années soixante. Jusqu'alors, le père de Freud n'avait officiellement été marié que deux fois : en premier lieu à une dame Sally Kanner, dont il avait eu deux fils (Emanuel et Philipp) (ceux-là même qui émigrèrent à Manchester, peut-être pour y fabriquer de la fausse monnaie), puis, dès 1856, à Amalia Nathansohn, dont il eut tout d'abord le célèbre Sigmund, puis six autres enfants. Qui était donc cette mystérieuse Rebekka de trente-deux ans qui apparaissait dans l'intervalle, figurant sur les registres officiels de Freiberg de 1852 – mais qui y disparaissait tout aussi

---

[1] Klaus Theweleit, *Objektwahl (all you need is love) ; über Paarbildingstrategien & Bruchstück einer Freudbiographie*, Basel, Frankfort-sur-le-Main, Stoemfeld/Roter Stern, 1990 (cité *in* Katja Behling, *op. cit.*).

[2] David Cohen, *Freud sous coke*, Éd. Balland, Paris, 2012, p.117.

[3] Katja Behling, *Martha Freud*, Éd. Albin Michel, Paris, 2006, p. 47.

énigmatiquement puisque, quatre ans plus tard, son nom n'y était plus mentionné ? Bien sûr, les hypothèses ont fusé : Max Schur pensait qu'« elle était apparemment décédée, à moins qu'il n'y ait eu divorce »[1]. Pour Renée Gicklhorn, il s'agit d'une épouse que le père aurait répudiée parce qu'elle ne lui avait pas donné d'enfants[2]. Pour Marie Balmary, elle se serait suicidée en se jetant d'un train, par dépit de n'avoir pu donner de progéniture à son mari[3]. À moins qu'il ne se fût agi tout simplement de sa belle-sœur (femme de son frère Joseph, le faussaire), que le père aurait fait passer pour son épouse, pour des raisons administratives[4, 5].

On perçoit ici le désarroi éprouvé par ces chercheurs, confrontés à la découverte d'un secret dont ils ne savent que faire et qui tentent désespérément de lui trouver un sens. Certains prennent l'option de se gausser de leurs confrères, comme Peter Gay, le biographe quasi officiel : il commence par reconnaître, à propos du père de Freud, l'existence de « son énigmatique seconde épouse »[6]. Toutefois, quelques lignes plus bas, il raille Marie Balmary qui « a suffisamment d'imagination pour intéresser même ceux qui, comme moi, estiment que ces spéculations n'ont aucune base rationnelle : la mère de Freud aurait été enceinte avant son mariage avec le père de Freud (un argument qui ne peut être convaincant qu'à une condition, et cette condition est bien improbable : Freud serait né le 6 mars 1856 et non le 6 mai, date habituellement retenue et, à mon avis, correcte) [nous aborderons ce sujet plus bas]. En outre, elle suppose que cette seconde épouse, Rebekka doit s'être suicidée en sautant d'un train. (…) Avec Freud, il semble que la fiction se substitue facilement à la réalité », ironise-t-il par une phrase dont il ne mesure peut-être pas l'ambiguïté. Malgré toutes ces réticences, lorsqu'il évoque à son tour l'enfance de Freud, il écrit quand-même : « Lorsque Jakob Freud épousa en 1855 Amalia

[1] Max Schur, *op. cit.*, p. 38.
[2] Marianne Krüll, *op. cit.*, p. 145.
[3] Marie Balmary, *L'homme aux statues*, Éd. Grasset, 1997.
[4] Didier Anzieu, *L'auto-analyse de Freud*, *op. cit.*, p. 511.
[5] Marianne Krüll, *op. cit.*, p. 144.
[6] Peter Gay, *Freud, une vie*, Éd. Hachette, 1991, p. 838.

Nathansohn, sa troisième femme, il avait quarante ans, vingt de plus qu'elle. »

D'autres auteurs ironisent aussi, comme Wladimir Granoff lorsqu'il évoque les mystères nimbant cette deuxième épouse disparue : « Le tout, ajouta-t-on paradoxalement, était bien entendu sans importance aucune... Tel n'est pas évidemment l'avis de Schur, qui cependant ne fait de ces constatations aucun usage »[1]. Mais, malheureusement, on peine à saisir l'usage qu'il en fait lui-même. Dans le même sens, Alain de Mijolla s'indigne et estime qu'« une littérature de gare a fleuri et continue de proliférer autour des cadavres qui auraient encombré ces placards, et la fermeture persistante de nombreuses sources d'archives ne fait qu'exacerber l'exploitation commerciale de ces soupçons de mystère et de scandale : les trois femmes de Jakob Freud transformé en Barbe-Bleue, la conception de Freud hors mariage et le mensonge sur sa date de naissance, sa liaison présumée avec Minna Bernays, l'"avortement" de celle-ci à l'origine du lapsus d'*aliquis*[2], que sais-je encore ? »[3] Indignation à vrai dire plutôt ambiguë puisque, en prétendant réfuter un secret, elle en révèle une kyrielle d'autres – sur lesquels nous reviendrons. Quoi qu'il en soit, on sent historiens et psychanalystes bien embarrassés devant ces dissimulations ou ces mystères (comme la mort des deux premières femmes de Jakob, puisque aucun acte de décès concernant l'une ou l'autre n'a été retrouvé).

Il est alors logique de se tourner vers Freud lui-même : comment est-il possible qu'il n'ait jamais évoqué cette « belle-mère », qu'il ait au contraire soutenu à plusieurs reprises que son père n'avait été marié que deux fois[4] ? N'était-il donc pas au

---

[1] Wladimir Granoff, *Filiations*, Éd. Gallimard, 2001, p.320.

[2] Lapsus analysé par Freud dans sa *Psychopathologie de la vie quotidienne* chez un compagnon de voyage, qui témoignait d'un embarras par rapport à une grossesse possible chez sa compagne et d'un souhait de l'interrompre le cas échéant. Peter Swales estime qu'il s'agissait en fait de lui-même (Freud) et de Minna.

[3] Alain de Mijolla, *op. cit.*, p. 32.

[4] À une troublante exception près, lorsque, dans sa *Psychopathologie de la vie quotidienne*, il écrit textuellement : « Notre père s'est d'ailleurs remarié plus tard pour la troisième fois, alors que ses enfants du deuxième mariage étaient déjà avancés en âge. » On retrouve dans ce qui ressemble à un lapsus l'existence d'un troisième mariage, avec

courant ? Schur s'interroge : « Se pose alors tout naturellement la question : qui *devait* être au courant de ce mariage, et qui l'était *probablement* ? En dehors de Jakob Freud, ses deux fils Philipp et Emanuel et la femme de ce dernier étaient forcément au courant. Il est possible, mais assez invraisemblable que la mère de Freud, c'est-à-dire la troisième femme de Jakob, ait tout ignoré de ce second mariage. »[1] Et Marianne Krüll de compléter : « J'ajouterai que naturellement toutes les personnes qui, à Freiberg, eurent affaire avec Jakob au cours des années 1852-1854, devaient en avoir connaissance. »[2] Comment alors concilier cela avec la méconnaissance de Freud ? Faut-il imaginer une sorte de vaste collusion de déni autour de lui ? Schur préfère conclure : « Ces écarts entre la légende familiale et l'histoire déposée dans les registres peuvent provenir d'une *distorsion* ou de *l'effacement complet* de certains faits. Il semble bien, par exemple, que l'existence de la seconde femme de Jakob Freud ait été soumise à ce mécanisme d'effacement. » En d'autres termes, ce serait Freud qui, pour des raisons mystérieuses, aurait refoulé l'existence de cette femme. Ce refoulement aurait en tout cas été efficace, si l'on en croit une lettre de Freud à un psychanalyste péruvien, le Dr Delgado, qui souhaitait éditer une plaquette biographique à l'occasion de ses soixante-dix ans[3]. Freud en corrige le projet : « Mon père n'a été marié que deux fois, et pas trois... »[4], affirme-t-il catégoriquement. Alvaro Rey de Castro, le psychanalyste contemporain qui commente cette lettre, est visiblement mal à l'aise : « Les lettres montrent de manière conclusive que Freud ignorait [l'existence de la deuxième femme] ou qu'il préférait que le deuxième mariage ne soit pas connu. »

---

toutefois la confusion que ses deux grands frères seraient issus du deuxième mariage et non du premier ! (cf. infra) (Sigmund Freud, *Psychopathologie de la vie quotidienne*, Éd. Payot, Paris 1922, p. 254).

[1] Max Schur, *op. cit.*, p. 39.

[2] Marianne Krüll, *op. cit.*, p. 192.

[3] Álvaro Rey de Castro, « Lettres de Sigmund Freud à Honorio Delgado », *Revue internationale d'histoire de la psychanalyse*, 1993, 6, pp. 401-428.

[4] Étonnamment, il le réécrit d'ailleurs deux fois, à deux ans d'intervalle, reprenant chaque fois ce livret qui lui était dédié et le corrigeant toujours de la même façon.

Ce qui est aussi intéressant dans cet exemple est le fait que le Dr Delgado ait, au Pérou en 1926, entendu dire que le père de Sigmund avait eu trois épouses ! Ce que des chercheurs ont laborieusement fini par exhumer bien des années plus tard était en fait notoire depuis longtemps ! Voilà un exemple typique de ces secrets de famille qui sont, en réalité, des secrets de Polichinelle et qui, malgré les efforts des uns ou des autres, finissent toujours par transpirer. Leur toxicité a été a très bien décrite par Racamier. Loin des secrets « névrotiques », générateurs de fantasmes, ceux-ci distillent au contraire des « fantasmes-non-fantasmes » qui paralysent la pensée des membres d'une famille (et au-delà). Ces événements, non accessibles au psychisme, vont dès lors être simplement *remis en scène* de façon répétitive. Les membres de la famille seront, à leur insu, enrôlés dans ces scénographies aberrantes et, surtout, devront, eux, en endosser la charge.

Les mystères autour de l'existence de Rebekka ont une incidence imprévue sur la biographie freudienne, certains alléguant qu'elle se serait suicidée de dépit après avoir appris que Jakob avait engrossé (sa maîtresse) Amalia, l'enfant en question n'étant autre que Sigmund ! À l'appui de cette thèse, une inscription manuelle réellement ambiguë de la naissance de Freud dans le registre d'état civil, reproduite dans plusieurs ouvrages, où l'on peut aussi bien lire « 6 Marz » que « 6 May », date officielle. Si la première était exacte, elle corroborerait effectivement que, lors de son mariage, le 29 juillet 1855, Amalia était déjà enceinte de deux mois. Là encore, il est difficile de se forger une opinion : une controverse semble avoir opposé Freud à la ville de Freiberg lorsqu'elle voulut apposer sur sa maison natale une plaque commémorative mentionnant la date du 6 mars[1]. À l'inverse, cette naissance a été inscrite dans la Bible familiale par Jakob comme étant survenue le 6 mai, avec une dédicace affectueuse, et il semble assez improbable qu'il puisse s'agir d'un faux. Quoi qu'il en soit, sa date

[1] « Il s'agit sans doute d'une erreur de copie dont il y aurait lieu d'accuser un fonctionnaire », écrit Ernest Jones, un peu curieusement, à la première page de sa biographie. (Ernest Jones, *op. cit.*, p. 1).

d'anniversaire semble avoir toujours posé problème à Freud, comme le décrit Alain de Mijolla : « La plus régulière des "nuisances" se situe le 6 mai de chaque année. (...) [Son anniversaire] n'est jamais passé inaperçu, malgré ses apparentes protestations, au point que l'on puisse suggérer qu'il n'y aurait pas eu tant de mouvements chaque année autour de cette date si l'entourage de Freud n'avait pas ressenti son profond désir qu'il en soit ainsi. »[1] L'intéressé lui-même en témoigne dans une lettre à Abraham : « Par suite des annonces publiées dans les journaux berlinois, le jour de mon anniversaire n'a pu être tenu secret, comme je le désirais. »[2]

Schur, quant à lui, semble opter pour l'hypothèse qui voudrait que Freud ait soit ignoré, soit entièrement refoulé cette information qui, dès lors, aurait fait retour dans bon nombre de symptômes ou de rêves. Il s'autorise à reprendre un songe évoqué par Freud et à l'interpréter à sa manière, effectivement assez parlante. Il s'agit du « rêve du conseil municipal », présenté par Freud comme exemple de rêve absurde : « Je reçois une lettre du conseil municipal de ma ville natale concernant les frais d'une hospitalisation en 1851 nécessitée par une attaque. Cela me paraît très comique, car d'abord en 1851 je n'étais pas né, et en second lieu mon père, à qui cela pourrait se rapporter, est déjà mort. Je vais le trouver dans la chambre à côté où il est couché et je le lui raconte. À mon grand étonnement, il se rappelle qu'en 1851 il s'était un jour enivré et fut conduit au poste ou enfermé. C'était au temps où il travaillait pour la maison T... "Tu buvais donc aussi ? lui demandai-je. *Et tu t'es marié peu de temps après ?" Je calcule que je suis, en effet, né en 1856, date qui me paraît suivre immédiatement l'autre.* » Schur ajoute : « Les associations de Freud reviennent sans cesse à cette idée que "quatre ou cinq ans ne comptent pas". »[3]

---

[1] Selon Gabrielle Rubin, Alain de Mijolla « retient le 6 mars comme date de naissance de Sigismund » (Gabrielle Rubin, *Le roman familial de Freud*, Éd. Payot, 2002, p. 59).
[2] Alain de Mijolla, *Freud, fragments d'une histoire*, PUF, 2003, p. 125.
[3] Max Schur, *op. cit.*, p. 232.

Freud interprète ce songe dans un tout autre sens, comme une tentative de réfuter une critique qui lui aurait été faite par un collègue, selon laquelle ses traitements duraient trop longtemps (en l'occurrence, cinq ans), en invoquant dans son rêve l'argument qui voudrait que « quatre ou cinq ans ne soient pas grand-chose comparés à la durée d'une vie... »[1] Toutefois, après avoir décrit d'autres rêves, il revient à celui-ci et complète les associations qui lui sont venues à l'esprit dans un sens qui nous semble de nouveau reprendre le thème de ses origines et de sa date de naissance, qu'il lutterait pour établir clairement, à l'encontre de certaines forces d'obscurcissement : « Tout se passe comme si *quelqu'un* copiant sans la comprendre une équation algébrique contenant, à côté des chiffres et des lettres, des signes +, −, de puissances ou de racines, avait tout mêlé » ; et il ajoute : « Les deux arguments [dans le contenu du rêve] peuvent être amenés aux éléments suivants : il m'est pénible de penser qu'un grand nombre des suppositions sur lesquelles je m'appuie dans mes solutions psychologiques des psycho-névroses rencontreront des doutes, seront *tournées en ridicule* dès qu'elles seront connues. Ainsi, par exemple, j'affirme que des impressions remontant à la deuxième, parfois même à la première année de la vie de l'individu laissent une trace ineffaçable dans la vie psychique de ceux qui seront plus tard des malades, et que ces impressions [...] peuvent être la première et la plus profonde raison d'un symptôme hystérique. Des malades à qui je donne ces explications quand je dois le faire *se moquent de moi*, se déclarant prêts à rechercher des *souvenirs datant du temps où ils n'étaient pas encore nés*". »

Et voici le commentaire qu'en fait Schur : « Si l'on se souvient qu'en 1852, l'"année qui suit 1851", Jakob Freud a épousé une femme qui n'était pas la mère de Freud [Rebekka], on peut raisonnablement se poser quelques questions, qui ne reposent d'ailleurs que sur une simple supposition : *Freud aurait-il réellement demandé à son père qui il avait épousé "peu après" l'année 1851 ?* Les "conclusions" qu'il tire et le fait qu'il revienne plusieurs fois sur la réalisation du désir que "quatre ou

[1] Sigmund Freud, *L'interprétation des rêves*, PUF, Paris, [1900], 1967, p. 371.

cinq ans ne comptent pas" se rapportent-t-il à ce même thème ? L'association concernant les patients qui se moquent de l'importance donnée aux premiers souvenirs en se déclarant prêts à rechercher des souvenirs "datant du temps où ils n'étaient pas encore nés", cette association ferait-elle référence à cette épouse inconnue de son père, dont il avait peut-être appris l'existence au temps "préhistorique" de Freiberg ? »[1]

Dans ce rêve, nous sommes donc au carrefour entre deux interprétations : l'éclairage intrapsychique, « pulsionnel », tel qu'il a été développé par Freud à propos de sa culpabilité. Et celui que développe Schur, dans une optique totalement différente, celle de l'élucidation d'un rébus d'ordre non *intrapsychique* mais *familial*. Il y a là une différence essentielle. Si le premier axe s'intéresse au jeu des désirs et de leurs aménagements intérieurs, le second tend à mieux comprendre et à élaborer la vérité extérieure au sujet, qui le précède, l'entoure ou le porte, celle qui peut avoir été éventuellement trafiquée ou qui lui a été cachée bien qu'elle le concerne.

Pour différents qu'ils soient, ces deux éclairages ne sont pas foncièrement antinomiques, contrairement à ce qui a souvent été prétendu. Le premier a affaire plutôt au monde de l'imaginaire, alors que le second s'intéresse plus aux faits ou aux relations. Ainsi, nous ne sommes pas étonnés de lire que Schur se demande si Freud aurait « réellement » interrogé son père. Dans cette optique, le rêve serait un travail cherchant à élucider une énigme d'ordre familial plutôt qu'un conflit intérieur. Le mot d'« énigme » est peut-être un peu faible ; vraisemblablement celui de traumatisme, voire de drame ou de tragédie, serait plus adéquat.

À la lecture de ces deux interprétations, on pourrait dire que nous avons, en germe, deux directions différentes dans lesquelles la psychanalyse peut s'engager. Alors que la première, depuis Freud, a été amplement explorée, la seconde, qu'on pourrait appeler « psychanalyse familiale », reste, elle, encore trop méconnue. Alors que la première trouve chez les

[1] Max Schur, *op. cit.*, p. 233.

névrosés son terrain de prédilection, la deuxième se révèle beaucoup plus appropriée dans l'abord des pathologies non névrotiques, qui s'inscrivent toutes dans des histoires familiales gravement perturbées.

L'interprétation « familiale » que tente Schur ici est en tout cas évocatrice. Même Anzieu va dans le même sens, qui y perçoit « un second symbolisme, celui de la filiation (...). Comment s'est conduit mon père dans sa vie, avant que je vienne au monde ? Combien de temps s'est-il écoulé entre le mariage de mon père et ma naissance ? » On voit que ces questions touchent de plein fouet à l'histoire de la famille, aux différents faits ou catastrophes qui la composent. On peut d'ailleurs encore s'interroger sur un mot, qui passerait presque inaperçu, dans ce rêve : « Tu buvais donc aussi ? » demandait Freud à son père. Que recouvrait au juste cet « aussi » ? Quels autres écarts sous-entendait-il ?

Puis Anzieu relève un incroyable lapsus de Freud dans le commentaire de ce rêve : « Mon père s'est marié, bientôt après l'attaque, *en 1851* [au lieu de 1855] ; je suis le fils aîné, né en 1856... »[1] Cette bévue n'a pas non plus échappé à Jones, qui rectifie dans une note que ce mariage a bien eu lieu le 29 juillet 1855, comme l'atteste un certificat en possession de Harry Freud. Et il poursuit : « Plusieurs auteurs, dont le dernier en date est Rachel Baker, ont dit que ce mariage avait été célébré en 1851, la fiancée étant âgée de 16 ans. Il serait surprenant qu'une femme aussi féconde n'eût donné naissance à son premier enfant, Sigmund Freud, que cinq ans plus tard. Cette erreur est due à une interprétation erronée d'un passage de *La science des rêves*, où la date de 1851 a été indiquée comme étant celle du mariage... »[2] Ces hésitations, ces erreurs sont très certainement révélatrices d'un mystère entourant ce mariage. Freud aurait été au courant de ce fameux deuxième mariage, qu'il aurait, lui aussi, voulu effacer.

---

[1] Sigmund Freud, *L'interprétation des rêves*, p. 382.

[2] Ernest Jones, *op. cit.*, p. 2.

Ce « retour du refoulé » – ou, plus justement, du secret de famille – serait d'ailleurs perceptible dans bien d'autres rêves ou commentaires consignés par Freud juste avant ou après celui du « conseil communal », et qui tournent autour de ce thème de la filiation. Dans l'un d'eux, par exemple, Freud y reprend deux devinettes qu'on lui avait récemment posées en société et dont il n'avait pas trouvé la solution, ce qui l'avait vexé :

« Le maître l'ordonne,
le cocher le fait,
chacun le possède,
il repose dans la tombe. »

(*Solution :* « Vorfahren », *« venir en voiture »* ou *« ancêtres »*)

Et :
« Le maître l'ordonne,
le cocher le fait,
tout le monde n'en possède pas,
il repose dans le berceau. »

(*Solution :* « Nachkommen », *« venir après, suivre, obéir »* ou *« descendants »*)

Autrement dit, lorsqu'il s'agit d'ancêtres ou de descendants, l'esprit de Freud s'embrouille, et cela le travaille jusque dans ses rêves.

Concernant le rêve suivant, Freud écrit : « Je cherche à m'expliquer un peu les *rapports de temps* qui me paraissent *invraisemblables*[1] (…) Mais je ne sais pas très bien en quelle année nous sommes, et tout mon calcul sombre dans le brouillard. » Puis il revient encore sur le rêve du conseil communal : « La pensée dominante du rêve est : quatre ou cinq ans ce n'est rien, ça ne compte pas. » Plus loin, un autre « rêve absurde » : « Il s'agissait d'une fille qui avait un enfant dont on ne savait pas qui était le père ("*ce n'était pas clair*"[2])[3] ». De la date de naissance, le questionnement s'oriente progressivement

[1] Souligné par nous.
[2] Souligné par Freud.
[3] Sigmund Freud, *ibid.*, p. 379.

vers l'identité du géniteur : « La façon dont je m'entretiens en rêve avec mon père rappelle un *interrogatoire* ou un *examen*, et par là un professeur de la Faculté de médecine qui, à sa première leçon, avait coutume de dresser un état civil complet de tous ses élèves : – Date de naissance ? – 1856. – Patre ? – On répondait en donnant le prénom du père avec une terminaison latine. Nous supposions que les professeurs pouvaient tirer du prénom du père des *conclusions* pour lesquelles le prénom de l'étudiant seul n'eût pas suffi. »

Curieusement, Freud analyse ces rêves dans diverses directions (comme une réplique à d'anciennes critiques quant à la durée de sa formation médicale, retardée de cinq ans ou un sarcasme à l'endroit du conseil municipal), mais il manque tout le questionnement qui aurait trait à ses véritables origines, thème qui nous semble pourtant aisément perceptible. Nous verrons que le problème du *prénom* de ce père pourrait bien avoir une importance capitale.

Mais, avant de voir ce qui, éventuellement, n'était pas clair quant à l'identité du père de Freud et, plus précisément, de son prénom, il nous faut nous arrêter un instant sur l'épisode de sa prime enfance lié à sa gouvernante.

Sigmund a-t-il été abusé par sa gouvernante ?

Avec cette question, posée de façon un peu provocatrice, mais au moins claire, nous abordons un thème central de notre investigation : quels furent les rapports personnels du père de la psychanalyse avec la perversion sexuelle ? Plus précisément, Freud aurait-il vécu, jusque dans son propre corps, une violence sexuelle, infligée par une femme, alors qu'il était âgé de moins de trois ans et demi ?

Pour téméraire qu'elle puisse paraître, cette question n'est en rien nouvelle. Freud lui-même s'en est ouvert franchement à son ami Fliess. C'est d'ailleurs à un récit assez bizarre que nous confrontent ses confidences. Essayons d'y voir clair. Voyons d'abord leur contexte : elles surviennent à un moment crucial de son autoanalyse : dix jours auparavant, il a récusé sa *neurotica*, théorie sur laquelle il planchait depuis des années et qui voyait les abus sexuels perpétrés par les pères comme la source de l'hystérie survenant ultérieurement chez les filles. Ce renoncement abrupt, en réalité pas si radical qu'il apparaît, a fait couler beaucoup d'encre. Les raisons invoquées sont en effet peu convaincantes, comme celle qu'il eût fallu accuser un grand nombre de pères « sans exclure le [sien] » – alors que six mois plus tôt il confiait à Fliess : « Malheureusement, mon propre père a été l'un de ces pervers et a été responsable de l'hystérie de mon frère (dont les états correspondent tous à une identification) et de celle de quelques-unes de mes plus jeunes sœurs. »[1] Mais ce revirement ne l'abat point ; au contraire, il se déclare en pleine forme et continue à explorer ses rêves et son inconscient. Et revient sur l'hypothèse qu'il vient de réfuter : « Je peux seulement indiquer que, chez moi, le vieux ne joue pas un rôle actif, mais que j'ai probablement fait une déduction par analogie de moi à lui, que ma « génératrice » était une femme laide et plutôt âgée, mais intelligente, qui m'a beaucoup parlé du bon Dieu et de l'enfer et qui m'a appris à avoir une haute opinion de mes propres capacités. » (Une note infrapaginale nous apprend ici que « le nom de la bonne d'enfants de Freud était Monica Zajic »[2]). Reprenons : Freud comprend que sa propre névrose n'est pas à imputer à son père – dédouanement partiel, puisque ne concernant qu'un éventuel rôle *actif* – mais bien à sa gouvernante. Le terme d'*« Urheberin »* qu'il lui attribue est effectivement difficile à traduire, mais pas au point, quasiment cocasse, de la qualifier de « génératrice »[3] ! *Urheberin* désigne en fait quelqu'un qui a *provoqué* quelque chose, l'*auteur* d'un délit par exemple, quelqu'un qui en serait à l'*origine*, l'*initiateur* d'un événement ;

---

[1] Sigmund Freud, *Lettres à Wilhelm Fliess*, lettre N° 120 [58] du 8 février 1897, PUF, 2006, p. 294.

[2] Bizarrement, malheureusement sans explication, Eva Weissweiler l'appelle différemment : « Sigmund est confié aux bons soins d'une *Kinderfrau*, Resi Wittek ». (Eva Weissweiler, *op. cit.*, p. 16). Pour compliquer les choses, Didier Anzieu pense que « Nannie pourrait être aussi cette Rosi Wittek (citée en 1857) ou la nourrice des enfants d'Emanuel, Magdalena Kabat » (Didier Anzieu, *op. cit.*, p. 513).

[3] Anzieu l'appelle « ma "génératrice originaire" de névrose » (Didier Anzieu, *op. cit.*, p. 166).

toutes ces traductions sont évidemment plus évocatrices de l'abus qu'aurait subi Freud. Mais, surtout, c'est la description qu'il fait de cette femme qui suscite un léger malaise. Il y a quelque chose de disharmonieux dans ce bref portrait qu'est censé avoir retrouvé Freud dans le tréfonds de sa mémoire, au sujet d'une femme qui l'aurait abusé. Ainsi, comment la violence d'un tel acte est-elle compatible avec le fait qu'elle lui aurait « appris à avoir une haute opinion de ses propres capacités » ? Troublant est aussi l'âge attribué à cette bonne d'enfants qui, si elle était effectivement la fille du forgeron du rez-de-chaussée, ne devait pas être si « âgée » que cela.

Freud poursuit en disant que « plus tard (entre deux ans et deux ans et demi) », sa libido s'est tournée vers sa mère ; cela situe les faits, les délits pourrait-on souligner, survenus antérieurement avec la nurse comme extrêmement précoces. Puis, après avoir encore évoqué d'autres souvenirs, Freud revient à sa gouvernante, de nouveau d'une manière assez déroutante : « Je n'ai encore rien saisi des scènes elles-mêmes qui sont à la base de l'histoire. Si elles viennent aussi et si je réussis à résoudre ma propre hystérie, je serai reconnaissant envers la mémoire de la vieille femme qui m'a procuré à une époque aussi précoce de ma vie les moyens de vivre et de continuer à vivre (…). Je ne peux pas te donner une idée de la beauté intellectuelle de ce travail. »[1] Qu'est-ce à dire ? Comment Freud peut-il éprouver une telle reconnaissance pour une femme qui l'aurait abusé ? Même s'il s'agit d'une reconstruction, comme le laisse entendre Max Schur, le lecteur reste troublé par cet éloge totalement inadéquat.

Le lendemain, Freud, visiblement hanté par ce souvenir, poursuit la rédaction de sa lettre à la lumière des rêves qu'il a faits pendant la nuit. « Elle était mon professeur dans les choses sexuelles et se fâchait parce que j'étais maladroit et je ne pouvais rien faire (l'impuissance névrotique se passe toujours ainsi ; l'angoisse de ne pouvoir rien faire à l'école reçoit de cette manière son soubassement sexuel). » Il passe ensuite sans

---

[1] Sigmund Freud, *op. cit.*, p. 340.

transition à d'autres sujets, puis revient à sa Nannie : « En outre, elle me lavait avec une eau rougeâtre dans laquelle elle s'était elle-même lavée auparavant (l'interprétation n'est pas difficile)[1] ; je ne trouve rien de semblable dans la chaîne de mes souvenirs ; je considère donc que c'est une authentique découverte ancienne, et elle m'incitait à dérober des zehners (pièces de 10 kreuzers) pour les lui donner (...) Le rêve [que Freud avait décrit et interprété dans la première partie de la lettre] pouvait se résumer dans les mots "mauvais traitement". De même que la vieille femme recevait de l'argent de moi pour ce mauvais traitement, de même je reçois aujourd'hui de l'argent pour le mauvais traitement de mes patients. » Là encore, ce récit mérite qu'on s'y arrête. En premier lieu, la désignation de cette femme comme « professeur de choses sexuelles » nous interroge. Ce sont plutôt en général les abuseurs qui se présentent eux-mêmes sous un jour (pseudo)-pédagogique. La suite, qui évoque des sentiments d'incompétence et d'impuissance, est plus convaincante, quoique passablement laconique. Effectivement, les victimes d'abus ou d'inceste font régulièrement état de séquelles sous forme de tels sentiments. Mais que pouvait donc exiger cette femme perverse d'un enfant de deux ou trois ans[2] ?

Puis vient cette étrange accusation sur l'incitation à dérober de l'argent et, sur le thème de « payer pour recevoir des mauvais traitements » (être abusé), le parallèle assez amusant avec un traitement psychanalytique que Freud était en train de prodiguer (au cours duquel le patient aurait aussi payé pour recevoir des mauvais traitements !). Quant au souvenir lui-même, il paraît légitime d'avoir des doutes sur son authenticité. C'est probablement ce que Freud lui-même a ressenti puisque, quelques jours plus tard, il a demandé confirmation à sa mère

[1] Cette Nannie ne devait donc pas être si âgée, puisqu'elle avait encore ses règles.

[2] Parmi les commentateurs, toujours très chastes sur ce sujet, Marianne Krüll est la seule à poser plus ou moins clairement le problème : « On peut se demander si Monica ne mania pas son pénis en d'autres occasions que l'apprentissage de la propreté. Dans son essai "La sexualité infantile", Freud remarque : "On sait que des nourrices peu consciencieuses calment et endorment les enfants qui leur sont confiés en leur caressant les organes génitaux », Krüll, *op. cit.*, p. 172.

de cet épisode : « Bien sûr, [lui] dit-elle, une personne âgée, et très avisée[1], elle t'emmenait dans toutes les églises ; puis, quand tu rentrais à la maison, tu prêchais et racontais ce que fait le bon Dieu[2]. Alors que j'étais alitée après avoir accouché d'Anna (de deux ans et demi plus jeune), il s'est révélé que c'était une voleuse, et l'on a trouvé chez elle tous les kreuzers, les zehners neufs, et tous les jouets qui avaient été offerts. Ton frère Philipp est lui-même allé chercher un policier et elle a eu une peine de dix mois. » Cette Nannie semble donc avoir été clairement, sous le sceau de la vérification dans la réalité, une voleuse, ce qui s'accorderait d'ailleurs avec son comportement sexuellement pervers. Freud le répétera dans sa *Psychopathologie de la vie quotidienne,* dans laquelle il reprend de nouveau toute l'anecdote : « Elle avait commis d'importants vols dans le ménage. »[3] Mais ce souvenir ne colle pas avec les recherches entreprises par Sajner, mentionnées en bas de page par Schur[4]. Voici ce qu'il écrit en évoquant la maison natale : « D'après Sajner, le propriétaire était un certain M. Johann Zajic (1850-1924), dont la fille a fourni tous ces renseignements [s'agissait-il donc de la nounou pédophile et voleuse ?]. D'après elle, son père se rappelait Freud et se souvenait d'un enfant vif qui aimait à jouer dans l'atelier et fabriquer de petits jouets avec les débris de métal. M. Zajic aurait rendu visite à Freud chaque fois qu'il allait à Vienne. » Si les méfaits de la fille étaient avérés, ainsi que leur sanction, on ne pourrait que rester interloqués par l'équanimité de son père – et celle de sa victime.

En définitive, tous ces récits concernant la Nannie sont éminemment troubles. La description qu'en fait Freud est passablement contradictoire, ce qu'on ne saurait lui reprocher. Mais, curieusement, ces ambiguïtés persistent, même après qu'il a interrogé sa mère, supposée apporter un éclairage objectif. Véri-

---

[1] … qui deviendra « rusée et malhonnête » dans *Psychopathologie de la vie quotidienne*, Paris, Éd. Payot, 1956, p. 59. Mais à relever aussi la troublante confirmation du fait qu'elle ait été « âgée ».

[2] Là encore, cette « confirmation » semble peu crédible, décrivant Freud, quelque précoce qu'il ait pu être, en train de relater les sermons du curé à moins de deux ans et demi.

[3] Sigmund Freud, *ibid.*, p. 59.

[4] Max Schur, *op. cit.,* p. 39.

té d'un souvenir authentique, vérité reconstruite ou vérité falsifiée semblent ici s'entremêler d'une manière malsaine. La suite de la lettre ne fait que compliquer encore les choses (et les hypothèses).

Effectivement, plus loin dans cette même lettre, Freud, toujours en quête de confirmations, évoque un autre souvenir qui lui paraît corroborer celui de la Nannie voleuse : celui d'une crise de panique qu'il aurait eue à l'idée que sa mère ait été, comme la nounou, « coffrée », enfermée dans un coffre ou une armoire, ainsi que le lui faisait croire facétieusement son grand frère Philipp. Là encore, la chronologie nous laisse perplexes. Cette scène, précise-t-il (à quarante et un ans), « surgit depuis vingt-cinq ans dans [son] souvenir conscient », ce qui impliquerait donc qu'il s'en souvienne depuis l'âge de seize ans. Pourquoi donc dès ce moment ? De plus, cette crise d'angoisse, au cours de laquelle il aurait demandé à son frère d'ouvrir ce fameux coffre, serait survenue lors du retour de sa mère après la naissance d'Anna, alors qu'il n'avait que deux ans et demi ? Cela paraît bien jeune pour s'accorder avec un souvenir aussi précis. D'autre part, la signification véritable de cette scène d'angoisse n'est pas très claire, bien qu'on la présente souvent comme telle. Que craignait au juste le petit Sigismund ? Freud nous laisse entendre qu'il aurait appréhendé que sa mère ait disparu, coffrée comme la Nannie par son frère Philipp. À un autre moment, il évoque plutôt la crainte qu'elle soit de nouveau enceinte (qu'il y ait de nouveau un bébé dans le coffre), ce qui concorderait avec le soulagement qu'il se souvient avoir éprouvé en la voyant apparaître sur le pas de porte « svelte ». Serait-il complètement extravagant de déduire plutôt de toute cette scène que le jeune Freud ait compris qu'il y avait entre Philipp et sa mère des relations troubles, peut-être répréhensibles, qui pouvaient même aboutir à la fabrication de bébés ? Nous allons y revenir.

En définitive, c'est tout l'édifice de ces souvenirs, censés se valider mutuellement, qui semble passablement précaire.

Dans un dernier effort, Freud parvient à un ultime point de sa lettre à Fliess, qui nous semble, lui, capital. Il commence par déclarer qu'il est « allé beaucoup plus loin » [que cette crise de panique avec Philipp au sujet de sa mère], mais qu'il n'a « pas encore atteint un véritable point d'arrêt. » Et de poursuivre, d'une manière dramatique : « La communication de la partie inachevée est si étendue et si pénible que j'espère que tu m'en dispenseras... (...) Cela n'est vraiment pas facile. Être vraiment honnête avec soi-même est un bon exercice. » Et il enchaîne alors : « Il m'est venu une seule pensée ayant une valeur générale. Chez moi aussi j'ai trouvé le sentiment amoureux pour la mère et la jalousie envers le père... » Et suit la célèbre description de ce qui sera plus tard le complexe d'Œdipe. Ce passage mérite une attention minutieuse. Ne dirait-on pas que Freud commence par annoncer qu'il a découvert encore d'autres facettes à cette affaire de nounou et de mère, l'une « coffrée par Philipp », l'autre ayant eu un bébé, facettes si terribles qu'il lui est impossible de les formuler explicitement et de les partager, même avec son meilleur ami ? Ne dirait-on pas qu'à ce point de son récit, confronté à une affaire familiale scabreuse, bien réelle et très précise, il oblique pour évoquer quelque chose de moins grave et de plus général, en l'occurrence le complexe d'Œdipe, lui d'ordre intrapsychique et peut-être moins compromettant sous l'angle des relations familiales existantes ?

Quels pourraient donc être ces souvenirs ou cette prise de conscience si terrifiants ? Tiendraient-ils aux origines mêmes de Freud ?

FREUD SERAIT-IL LE FRUIT D'UNE RELATION INCESTUEUSE ENTRE SA MÈRE ET SON DEMI-FRÈRE ?

Une fois de plus, nous voici confrontés à un sujet bien délicat, mais qui n'est en aucune façon une trouvaille. C'est Freud lui-même qui en parle – de façon étonnamment désinvolte. Voyons ce qu'il nous en dit dans la *Psychopathologie de la vie quotidienne*[1]. Il y évoque un lapsus qu'il a commis dans son ouvrage précédent, *La science des rêves,* et qu'on lui a signalé depuis : « Page 135, je donne au père de Hannibal le nom de Hasdrubal. Cette erreur, qui m'a été particulièrement désagréable, ne m'a d'ailleurs que confirmé dans la conception que je me suis faite des erreurs de ce genre. Peu de lecteurs de mon livre étaient mieux au courant de l'histoire des Barkides que moi qui ai commis cette erreur et l'ai laissée passer dans trois épreuves. Le père de Hannibal s'appelait Hamilcar Barkas ; quant à Hasdrubal, c'était le nom du frère de Hannibal, ainsi d'ailleurs que celui de son beau-frère et prédécesseur au commandement. » Et, plus loin : « L'erreur qui m'a fait dire Hasdrubal au lieu de Hamilcar, c'est-à-dire qui m'a fait mettre *le nom du frère à la place de celui du père,* se rattache à un ensemble d'idées où il s'agit de l'enthousiasme pour Hannibal que j'avais éprouvé étant encore jeune lycéen et du mécontentement que m'inspirait l'attitude de mon père à l'égard des "ennemis de notre peuple". » Cette fin de phrase n'est pas très explicite, mais probablement le jeune Freud reprochait-il à son père son manque de courage face à certains bourgeois antisémites et arrogants. Toujours est-il qu'il a remplacé le nom du père par celui du frère ou du beau-frère aîné. Sans paraître troublé par cette explication, il poursuit et approfondit l'interprétation de son lapsus en évoquant la visite qu'il avait rendue, adolescent, à ses beaux-frères aînés en Angleterre : « J'aurais pu laisser se dérouler les idées et raconter comment mon attitude à l'égard de mon père s'est modifiée à la suite d'un voyage en Angleterre, où j'ai fait la connaissance de mon demi-frère, le fils que mon père avait eu d'un premier mariage. Mon demi-frère a un fils qui me ressemble[2]; je pouvais donc, sans aucune invraisemblance, envisager les conséquences de *l'éventualité où j'aurais été le fils, non de mon père, mais de mon frère*. C'est à l'endroit même où j'ai interrompu mon analyse que ces

[1] Sigmund Freud, *Psychopathologie de la vie quotidienne*, Éd. Payot, Paris, 1953, p. 252.

[2] D'après les photos dont nous disposons, Freud, en effet, ne ressemble pas beaucoup à son père.

fantaisies ont faussé mon texte, en me faisant mettre le nom du frère à la place de celui du père. »

On reste interloqué devant la légèreté du ton (« je pouvais donc sans aucune invraisemblance… »), par rapport à la gravité du sujet. Serait-elle le signe d'une grande familiarité de Freud avec la problématique de l'inceste ? Pourtant, cette explication se heurte au complément qu'il nous livre ensuite, qui a trait non à des *fantasmes névrotiques*, mais bien à la *réalité* d'une discussion qu'il a eue avec son frère : « Des conseils que m'avait donnés mon frère, il en est un qui est resté très longtemps dans ma mémoire : *"En ce qui concerne ta conduite dans la vie, me disait-il, il est une chose que tu ne dois pas oublier : tu appartiens, non à la deuxième, mais à la troisième génération, à partir de celle de notre père."* Notre père s'est d'ailleurs remarié plus tard pour la troisième fois[1], alors que ses enfants du deuxième mariage étaient déjà assez avancés en âge. Je commets l'erreur (…) à l'endroit précis de mon livre où je parle du respect que les enfants doivent à leurs parents. »

La directive donnée solennellement au jeune Sigismund (prénom qu'il changera en Sigmund au retour de ce fameux voyage[2]) par son frère aîné est légèrement sibylline, mais ne relève en tout cas pas du registre du fantasme. S'agirait-il, dès lors, d'une simple allusion à l'âge relativement élevé du père de Freud lors de sa naissance ou plutôt de l'aveu bouleversant, exprimé de façon prudente, du fait que Jakob, que Freud pensait être son père, n'était en réalité que son grand-père, et que son véritable père n'était autre que l'un de ses frères aînés ?

Rappelons pour mémoire que ceux-ci avaient respectivement un an de plus et un an de moins qu'Amalia, la jolie nouvelle épouse de leur père (et que Philipp avait partagé, pendant trois ans et demi, leur unique chambre). Il est évident que ces deux options sont absolument différentes, et il est surprenant que

---

[1] Lapsus étrange, déjà signalé plus haut. On dirait qu'il corrige un lapsus en en faisant un autre (en outre, il attribue ses deux frères à la *deuxième* femme !).

[2] En outre, « à son retour de Manchester, un résultat est toutefois acquis : il ne sera plus pour Sigmund question de l'existence de Dieu » (A . de Mijolla, *Freud*, p. 82).

Freud puisse adopter une attitude à la fois désinvolte et ambiguë sur un sujet aussi crucial.

Il se justifie d'ailleurs lui-même plus loin en admettant ne pas avoir voulu divulguer certains problèmes trop intimes : « Or, la déformation ou la suppression de certaines idées qui m'étaient connues et qui étaient en plein développement ne s'est pas effectuée sans qu'il restât des traces de ces idées. Ce que j'ai voulu supprimer s'est souvent glissé à mon insu dans ce que j'ai maintenu et s'y est manifesté sous la forme d'une erreur. Dans les trois exemples cités plus haut, il s'agit d'ailleurs du même sujet : les erreurs sont des produits d'idées refoulées se rapportant à mon père décédé. »[1] Autrement dit, c'est bien l'identité de ce père qui a troublé Freud au moment où il écrivait Hasdrubal en lieu et place de Hamilcar.

« Il se pourrait qu'Emanuel ait mis le jeune homme au courant de certains secrets de la vie de leur père », estime elle aussi Marianne Krüll[2].

Le malaise autour de ce problème ne sera en tout cas pas dissipé par les biographes de Freud, visiblement perturbés par ce sujet épineux. Jones puis, plus tard, Gay semblent vouloir atténuer la portée des confessions de leur maître, éventuellement au prix d'une certaine confusion. Pour eux, si Freud a pu avoir des doutes quant à la nature des relations entre son frère Philipp et sa mère, ils n'étaient, en quelque sorte, que larvés et ne devinrent manifestes qu'ultérieurement, lors de la naissance de sa petite sœur Anna : « Circonstances aggravantes qui venaient brouiller plus encore la constellation familiale, sa jeune mère paraissait à Freud mieux accordée à son demi-frère Philipp qu'à son père. C'est pourtant le lit du vieux père qu'Amalia partageait. En 1858, alors qu'il n'avait pas encore deux ans et demi, ce mystère se fit plus bouleversant que jamais avec la naissance d'Anna. »[3] Quant à Jones, il avait été encore plus maladroit : « D'autres problèmes plus obscurs se posèrent pour lui quand il

---

[1] Sigmund Freud, *op. cit.*, p. 253.
[2] Marianne Krüll, *op. cit.*, p. 176.
[3] Peter Gay, *op. cit.*, p. 10.

en vint à soupçonner qu'un autre personnage pouvait être encore plus intime que lui-même avec sa mère [phrase plus ambiguë que ne l'entendait probablement Jones]. Avant qu'il eût atteint l'âge de deux ans, pour la seconde fois un autre bébé allait naître, ce qui devint bientôt visible. Comment ne pas être jaloux de l'intrus et n'en pas vouloir à celui qui avait poussé sa mère à agir aussi déloyalement ? Bien qu'il connut les chambres à coucher de la maison, il rejeta hors de son esprit l'idée intolérable que son père bien-aimé et parfait pût être ce néfaste responsable. Afin de maintenir intacte son affection pour lui, il lui substitua son demi-frère Philipp, à qui déjà il en voulait de lui avoir dérobé un ami [son petit frère Julius ?] ; tout ceci semblait plus vraisemblable… »[1] Ce n'est pas tout à fait notre avis : en fait de « chambres à coucher », par exemple, Jones savait pertinemment que toute la famille s'entassait dans une seule pièce. Et aussi : qui est au juste cet « intrus » qui « pousse la mère à agir aussi déloyalement » ? Ne serait-ce pas le grand frère ? Enfin, voici les termes qu'utilise Didier Anzieu : « Une autre suspicion est dirigée à l'égard [de Philipp], à savoir que c'est lui qui a de quelque façon introduit le bébé récemment venu au monde dans le ventre de la mère (…). La grande satisfaction au sujet de la sveltesse de sa mère lors de son retour ne peut être pleinement comprise que dans la perspective de ce courant plus profond. »[2]

Il est en tout cas intéressant d'observer que tous ces biographes détournent subtilement, mais significativement, le cœur du sujet pour le situer autour de l'origine de sa sœur Anna, et non de Sigmund lui-même. À ce moment-là, comme il était âgé de deux ans et demi, il paraît effectivement plus plausible de situer ses interrogations dans le registre fantasmatique œdipien (d'une rivalité avec le père). D'autres auteurs, comme Alain de Mijolla, évoquent d'ailleurs aussi, dans ce même sens, le fait de reléguer son père au rang de grand-père comme une forme de « castration » du père de nature défensive. Anzieu en fait de même, qui conclut cette analyse par un tour de passe-passe : « Freud peut

[1] Ernest Jones, *La vie et l'œuvre de Sigmund Freud*, PUF, 1958, p. 16.
[2] Didier Anzieu, *op. cit.*, p. 172.

répondre à la question théorique pendante. Sa névrose provient non d'un *traumatisme* sexuel subi, mais de [simples] *fantasmes* incestueux. » D'autres s'en tiennent à des formules plus ambiguës : « Dans le cas de Freud, l'identité du père est longtemps restée une douloureuse énigme dans son inconscient » ; ou : « L'identification au père, précocement bouleversée chez Freud par l'incertitude (Jakob ou Philipp ?), est un élément clef du développement de sa vie psychique. »[1]

Ces éléments concernant une éventuelle et hypothétique relation incestueuse entre la mère de Freud et son beau-fils seraient-ils de nature à éclairer les souvenirs évoqués plus haut, qui associaient dans cette étrange dramaturgie la Nannie abuseuse, le frère Philipp qui l'avait fait coffrer et la mère qui venait d'accoucher ? Cette scène, probablement reconstruite bien plus tard, condenserait-elle la panique d'une jeune victime d'abus sexuels et celle d'un enfant angoissé par des relations incestueuses dont il a été témoin ? Marianne Krüll l'écrit textuellement : « Je serais portée à croire que ce qu'il apprend à neuf ans sur le coït l'instruit sur les choses perçues à l'âge de trois ans, qui lui avait fait soupçonner que Philipp était pour quelque chose dans la naissance d'Anna. Nous ne savons rien des faits ; l'enfant a peut-être surpris un coït de Philipp et de sa mère, comme il a pu simplement sentir qu'il existait entre eux un secret qui devait rester ignoré de tous parce qu'il s'agissait d'une chose défendue. »[2] Ignoré, ce secret (et non ce fantasme !) l'est resté.

Nous trouvons dans l'ouvrage *Le roman familial de Freud*[3], de Gabrielle Rubin, psychanalyste membre de la Société psychanalytique de Paris, une thèse allant pleinement dans ce sens. « Je crois, écrit-elle, que déjà tout petit Sigismund avait des doutes sur sa filiation et que c'est pour cela qu'en essayant de trouver la solution de l'énigme, il a longtemps pensé que son géniteur était son demi-frère Philipp et non Jakob… »[4] Outre les éléments que

---

[1] Thérèse Delpech, *L'homme sans passé ; Freud et la tragédie historique*, Éd. Grasset, 2011, p. 51.
[2] Marianne Krüll, *op. cit.*, p. 180.
[3] Gabrielle Rubin, *Le roman familial de Freud*, Éd. Payot, Paris, 2002.
[4] *Ibid.*, p. 67.

nous avons développés plus haut, elle trouve un argument supplémentaire dans l'interprétation du rêve dit « Mère chérie et personnages à bec d'oiseau », rêve dit « d'angoisse » que Freud avait fait à l'âge de sept ans environ. Ce rêve, écrivait Freud, « me montrait ma mère chérie avec une expression de visage particulièrement tranquille et endormi, portée dans sa chambre par deux (ou trois) personnages munis de becs d'oiseaux. » Freud s'était alors réveillé en pleurant et criant si fort qu'il avait réveillé ses parents. Gabrielle Rubin, après un détour par le désir sexuel *(vögeln)*, par l'omission de Philipp, son grand demi-frère, dans ses différentes associations autour du rêve, par les râles d'agonie du grand-père (« qui pourraient bien évoquer la "petite mort" [l'orgasme] plutôt que la grande ») estime que ce songe pourrait être en réalité l'évocation d'une scène primitive. Et de poursuivre : « Avec qui avait lieu cette scène primitive ? »; « avec Jakob ou avec Philipp ou avec les deux ? »[1] Plus loin, elle reprend l'épisode « du coffre » qui, pour elle, signifie clairement que « [Freud] avait tiré la conclusion que c'était son demi-frère qui avait mis Anna dans le coffre/ventre d'Amalia. »[2]

Malheureusement, cette auteure se heurte au sempiternel problème de la différenciation – ou de la confusion – entre réalité et fantasme. Elle commence par établir une distinction, fort judicieuse, entre un « roman familial » qui est le fantasme d'un enfant contrarié qui cherche à se doter d'une origine plus prestigieuse que ses parents et un « secret de famille » qui « n'est pas un fantasme mais une réalité objective »[3]. Évidemment, admet-elle, ce distinguo n'est pas toujours aisé : « Le roman familial de Freud est tellement présent dans sa vie et dans son œuvre que je me suis parfois demandé s'il était plus qu'un fantasme et s'il pouvait s'agir là d'un secret de famille. »[4] Effectivement, tout au long de son ouvrage, le lecteur passe insidieusement d'un registre à l'autre. En définitive, conclut-elle,

[1] *Ibid.*, p. 93.
[2] *Ibid.*, p. 68.
[3] *Ibid.*, p. 184.
[4] *Ibid.*, p. 5.

ce doute pourrait bien avoir été celui de Freud lui-même : « Le roman familial que s'était créé Freud – suivant en cela le schéma classique –, c'est qu'il n'était pas vraiment le fils de Jacob. Et comme un certain nombre de faits venaient soutenir ses doutes quant à sa filiation, nous le voyons, à travers plusieurs de ses écrits de ses demi-confidences, tantôt penser qu'il ne s'agit que d'un fantasme et tantôt pencher pour sa réalité. »[1] Une fois de plus, comme par rapport à ses patientes, on perçoit un Freud tiraillé : doit-il donner du crédit à ses souvenirs et à ses intuitions ou doit-il plutôt les considérer comme les simples fruits d'une imagination débordante et de désirs refoulés ? Là encore, il semble avoir privilégié la seconde solution.

À l'appui de la thèse d'une (véritable) relation incestueuse entre Amalia et son beau-fils, un autre élément pourrait encore être apporté : la brusque dislocation, inexpliquée, de la famille en 1859, les deux frères aînés (et leurs familles) partant pour Manchester, le père, la mère, Sigmund et Anna pour Leipzig puis Vienne. Voici comment Eva Weissweiler décrit cet événement : « Du jour au lendemain, il faut quitter Freiberg. On fait les valises à la hâte (…). Personne ne lui explique ce qui s'est réellement passé, la raison de leur départ précipité de Freiberg. Ses biographes n'en savent pas davantage. Il est question d'une "catastrophe", d'une ruine financière et d'une fuite nocturne. »[2] Freud n'est pas vraiment explicite à ce sujet. D'abord, il argue d'une crise financière : « Comme j'avais environ trois ans, une catastrophe survint dans la branche économique où travaillait mon père. Il perdit ses biens et nous fûmes contraints de quitter ce lieu. »[3] Dans un courrier à Fritz Wittels, son biographe non autorisé, il relativise cette version : « La pauvreté à la maison n'avait rien à voir avec le krach de 1873, mais datait de bien des années auparavant, à vrai dire depuis que nous avions quitté mon lieu de naissance. »[4] Paul Roazen reprend et approfondit

[1] *Ibid.*, p. 19.
[2] Eva Weissweiler, *op. cit.*, p. 18.
[3] Didier Anzieu, *op. cit.*, p. 364.
[4] Lettre à Fritz Wittels, *in Sigmund Freud, Œuvres complètes*, XVI, p. 359.

l'hypothèse d'une cause financière : « Les raisons de ces déménagements ne sont pas absolument claires. Alors que la famille était prospère, autrefois, des changements économiques à long terme venus couronner un énorme désastre financier (Emanuel et Philipp, deux des frères aînés de Freud, avaient étourdiment investi dans des fermes où l'on ramassait des plumes d'autruche en Afrique du Sud) finirent par ruiner le père de Freud, Jakob, un marchand de laine. »[1] Pour Didier Anzieu, d'autres hypothèses existent, non contradictoires d'ailleurs avec les soucis financiers, mais nettement plus malhonnêtes : « Emanuel et Philipp auraient donc pu, en émigrant en Angleterre, avoir l'intention d'entrer en contact avec les faux-monnayeurs et de s'associer à leur entreprise ou même de participer à son organisation. Dans ce cas, on ne concevrait guère que Jakob n'ait rien su de ces projets. Aurait-il alors liquidé son négoce à Freiberg afin de mettre à la disposition de ses fils les sommes nécessaires pour leur voyage et leurs débuts en Angleterre, avec l'espoir que sa générosité serait récompensée ?[2] »

On reste surpris devant de telles hypothèses, avancées posément par un analyste réputé, qu'on ne saurait soupçonner de vues antipsychanalytiques. Elles dépeignent un milieu familial franchement perverti, malhonnête, délinquant. Perversion qui semble d'ailleurs contaminer l'analyste qu'on voit adopter un style cynique qui n'est pas du tout le sien habituellement (« avec l'espoir que sa générosité serait récompensée »). Mais ce qui est curieux est que des assertions aussi audacieuses que celle-là n'aient pas eu de véritable écho, comme si elles tombaient dans le vide ou étaient encore nimbées d'un halo d'interdit qui empêcherait le lecteur d'émettre une foule de réflexions à leur sujet.

Pour revenir à ce départ de Freiberg, il dut être véritablement bouleversant, puisque trente-sept ans plus tard, en l'évoquant dans une lettre à Fliess, Freud se trompe, une fois de plus, dans les dates et le situe une année trop tôt : « ... entre deux ans et

---

[1] Paul Roazen, *La saga freudienne*, PUF, 1986, p. 30.
[2] Didier Anzieu, *op. cit.*, p. 513.

deux ans et demi, (…) à l'occasion d'un voyage de Leipzig à Vienne »[1].

Mais surtout, et cela en rapport direct avec notre hypothèse incestuelle, Anzieu, à l'instar de plusieurs autres biographes, imagine que cette décision fut en réalité le fait d'un père souhaitant mettre un terme à une relation trop proche entre son fils et son épouse : « Il se pourrait aussi que Jakob, jaloux, ait voulu séparer Philipp et Amalia… » Marianne Krüll fait la même supposition : « Si l'hypothèse que Jakob envoyait ses fils en Angleterre notamment pour séparer Philipp et Amalia est exacte, Philipp s'est vu punir de bannissement pour ses débordements… »[2] Cette explication paraît en tout cas plausible et corroborerait notre hypothèse d'une relation incestueuse.

En conclusion de ce survol de la famille d'origine de Freud, ces premiers éléments nous amènent à penser qu'il est né dans une famille plutôt problématique, et à certains égards passablement perverse. Alors que certains de ces comportements douteux qui l'affectaient étaient connus (oncle faux-monnayeur), d'autres semblent avoir été plus ou moins refoulés (existence ou statut de Rebekka et abus sexuel par sa gouvernante) ou juste pressentis (origines incestueuses ?).

L'INCESTUALITÉ DANS LA FAMILLE DE FREUD

Outre ces sujets particuliers ou ces secrets spécifiques, bien d'autres éléments de la vie de Freud et de sa famille nous interrogent, allant dans le sens de relations perturbées, éventuellement perverses, en tout cas violentes et constituant ce que Racamier puis nous avons appelé une atmosphère incestuelle. Il s'agit là d'un *ensemble de relations*, organisé, qui peut comporter un véritable inceste ou pas, mais qui implique toujours des *équivalents d'inceste*. C'est dans cette « machinerie incestuelle » (cf. Dora) que réside à nos yeux le véritable traumatisme, tout à la fois passé et présent – et en cela nous nous distancions du Freud de 1895 et de sa recherche d'un (ou de plusieurs) trauma-

[1] Lettre N° 141 [70] du 3 octobre 1897.
[2] Marianne Krüll, *op. cit.*, p. 182.

tismes spécifiques, particuliers, uniquement définis par certains comportements[1]. La mise en évidence d'une telle « machinerie » s'appuie donc sur un ensemble d'obser-vations ou d'informations. Par ailleurs, peut-être convient-il de préciser une fois de plus qu'il n'entre pas dans nos vues de procéder à une psychanalyse de la personnalité de Freud.

Une mort très présente

En premier lieu, il nous semble important de noter que la mort est une donnée omniprésente dans la famille de Freud, sous diverses formes. Nous avons déjà évoqué l'hypothétique suicide de Rebekka, auquel Freud « devrait » en quelque sorte sa propre venue au monde. Nous avons évoqué que lorsque Sigmund fut âgé d'une année et demie, est né un petit frère, Julius, qui est mort peu après, à l'âge de huit mois. Un mois auparavant, un autre Julius, le frère d'Amalia, était mort à l'âge de vingt ans[2]. Nous avons déjà évoqué les deux enfants de son demi-frère Emanuel, morts en bas âge, dont nous ne savons rien. John, un autre enfant du demi-frère, avec lequel Freud avait joué intensément jusqu'à l'âge de trois ans et demi, disparut mystérieusement à l'âge de dix-huit ans. Emanuel lui-même, arrivé à l'âge de quatre-vingt-un ans, se serait suicidé (en se jetant d'un train !). Bien d'autres suicides marquent d'ailleurs l'arbre généalogique proche ou lointain de la famille. Dans quelle mesure ces décès ont-ils influencé le penseur ? Sa hantise de la mort est notoire. On la trouve déjà dans ses lettres à Édouard Silberstein, comme le relève ironiquement Jacques Bénesteau : « Il est superstitieux et, pendant toutes ces premières années d'échange épistolaire, il truffe ses lettres de signes cabalistiques conjuratoires : "... Je crains à force de m'ennuyer mortellement, d'attraper le +++ choléra+++"[3] [inscrit sous cette forme dans

[1] Nous nous distancions également de tous les ouvrages récents qui se focalisent sur la seule recherche de tel ou tel abus ou inceste ignorés. Ce défaut se retrouve aussi dans le livre célèbre de Jeffrey Moussaieff Masson, *Le réel escamoté*, dont les thèses sont pourtant proches des nôtres (Jeffrey Moussaieff Masson, *Le réel escamoté,* Éd. Aubier, 1992).
[2] Marianne Krüll, *op. cit.*, p. 167.
[3] Lettre à E. Silberstein du 30 juillet 1873.

tous les ouvrages, sans explication aucune].[1] » Cette angoisse a été bien explorée par Max Schur, qui décrit par exemple : « En 1894, peu avant son anniversaire, il parle de "délires de mort", qu'il cache à sa femme. »[2] Il l'évoque constamment dans ses lettres à Fliess : « En ce qui me concerne, je note migraines, sécrétion nasale et crises d'angoisse de mort, comme aujourd'hui... »[3] ; ou : « J'aimerais tellement tenir jusqu'à ce fameux âge limite de cinquante et un ans. »[4] « Freud croyait sérieusement avoir la prescience de la date de sa mort »[5], ajoute Marianne Krüll. « Pendant des années, il fut hanté par l'idée de mourir à cinquante et un ans, puis à soixante et un, ou soixante-deux. Il se sentait traqué par ces chiffres fatidiques qui le rappelaient à sa condition de mortel. Même le numéro de téléphone qu'on lui alloue en 1899 – 14362 – eut, pour lui, valeur de confirmation : il avait publié *L'interprétation des rêves* à quarante-trois ans, et dans les deux derniers chiffres il fallait voir – il en était convaincu – le sinistre avertissement du terme – soixante-deux ans – assigné à sa vie. »[6] Même lorsqu'il répond, fâché, en 1923, à un collègue qu'il n'apprécie pas vraiment, le Dr Fritz Wittels, qui vient de rédiger une biographie sur lui sans lui demander son assentiment, Freud ne peut s'empêcher de glisser une petite allusion dans ce sens : « Vous savez peut-être que j'ai été sérieusement malade et que, bien que je me rétablisse, j'ai cependant toutes les raisons d'interpréter cette épreuve comme un avertissement d'une fin assez prochaine. »[7]

Si cette hantise de la mort est bien répertoriée dans la littérature psychanalytique, peu d'explications ou interprétations en ont été fournies. Selon notre expérience, sous un jour « transgénérationnel », on peut avancer que les patients qui vivent ce genre de souffrance ont souvent été des enfants non désirés, qui ont senti de la part de leurs géniteurs le terrible souhait de les

[1] Jacques Bénesteau, *op. cit.,* p.101.
[2] Max Schur, *op. cit.*, 1972, p. 69, *Lettre du 19 avril 1894*, cité *in* Krüll, p. 29.
[3] Lettre du 16 avril 1896.
[4] Lettre du 29 septembre 1896.
[5] Marianne Krüll, *op. cit.*, p. 28.
[6] Peter Gay, *op. cit.*, p. 70.
[7] Lettre à F. Wittels, du 18 décembre 1823, *in Sigmund Freud Correspondance 1973-1939*, Éd. Gallimard, 1966, p. 378.

voir disparaître, qui l'ont ensuite intériorisé et le portent en eux comme une croix leur vie durant. Si les conditions de la conception de Freud ont bien été celles que nous avons supputées, il est probable que sa venue au monde ne fut pas souhaitée, bien au contraire. Tant son père qu'Amalia (ou Rebekka ?) ont dû avoir d'intenses souhaits de se débarrasser de cette grossesse encombrante. En outre, au sein des familles incestuelles, on sait que la mort est le moteur d'une dynamique particulière, infiltrant les liens de filiation autant que les relations entre les membres, sans parler des rêves ou des angoisses individuels. À ce sujet, notons encore chez Freud la hantise des revenants, elle aussi bien connue, mais peu élucidée, surtout dans un sens transgénérationnel (qui sont donc ces fantômes ?).

Mariages consanguins et équivalents d'inceste

La famille de Freud semble avoir eu une attitude curieuse envers les liaisons consanguines, à la tonalité presque incestueuse. Ainsi, lorsque Freud a dix-huit ans, il part rendre visite à son grand frère Emanuel à Manchester. « Mais je crois qu'entre mon père et mon oncle[1] avait été conçu un plan : (…) que j'épouse ma cousine. »[2]. (La cousine en question, Pauline, est d'ailleurs morte, célibataire, en 1944[3]). Sans entrer dans des considérations juridiques ou religieuses, on perçoit à travers cet exemple l'indifférence troublante envers le tabou de l'inceste, ici bafoué non par le feu d'un amour impossible, mais en toute conscience par les parents et évoqué candidement par le concerné.

La sœur de Freud, Anna, elle, aurait fait l'objet des convoitises d'un oncle déjà âgé, ce qui, même en tenant compte des mœurs de l'époque, paraît choquant. Voici comment le raconte Eva Weissweiler : « Un jour, [l'oncle] Nathanson vient en visite chez Freud, ce qui crée un grand émoi. Anna a environ seize

---

[1] À notre avis, Freud commet ici un nouveau lapsus, voulant parler vraisemblablement de son beau-frère Emanuel, car l'« oncle » Joseph n'est jamais mentionné en Angleterre. Cette « cousine » aurait donc été (au mieux) sa nièce (la fille de son beau-frère).

[2] Sigmund Freud, *Des souvenirs-couverture*, OCF, III, pp. 253-276, cité *in* A. de Mijolla, *op. cit.*, p. 80.

[3] Didier Anzieu, *L'auto-analyse de Freud*, PUF, 1988, p. 513.

ans. Né en 1815, approchant donc de la soixantaine, Nathanson est un prospère commerçant d'Odessa, veuf depuis des années. Père de six enfants et plusieurs fois grand-père, il est venu à Vienne pour trouver une nouvelle femme. En voyant les sœurs Freud, il est ravi et emballé. La plus belle est Rosa, mais elle n'a que quatorze ans, sans compter qu'elle est sous la garde de son grand frère Sigmund. Alors, il fait la cour à Anna, qui a à peine seize ans... (...) [Anna s'interroge : l'épouser ?] Pour se retrouver quand même au sein de la famille ? Avec les frères, neveux et nièces, cousins et cousines de sa mère, qui sont en même temps ses oncles et tantes ? Pour donner peut-être elle-même le jour à des enfants, qui seraient les grands-oncles et les grand-tantes de leurs demi-sœurs et demi-frères ? Un terrible chaos émotionnel et relationnel. Pourtant, Anna a l'habitude de ce modèle familial. C'est ainsi qu'elle a grandi, dans des circonstances absurdes faisant fi des générations. »[1]

Effectivement, « une autre sœur de Freud, Maria (Mitzi) épousa Moritz Freud, parent éloigné né de Samuel Freud »[2]. Cela ne lui valut rien de bon : « Elle avait un garçon, et trois filles que leur oncle Sigmund diagnostiqua vite comme toutes hystériques, surtout la dernière, Martha appelée "Thom" qu'il décréta "sévèrement hystérique" dès l'âge de cinq ans et demi, plus tard talentueuse dessinatrice mais plus qu'à moitié folle. Théodor ("Teddy") – le fils de "Mitzi" – se noiera en 1923 à dix-huit ans, dans des circonstances très obscures. Jankev Seidmann – le mari de Martha "Thom" – se suicidera en 1929, et sa veuve se laissera mourir l'année suivante, à trente-sept ans. »[3]

De son côté, Anna n'épousera pas l'oncle d'Odessa, mais Ely Bernays, le frère de la femme de Freud (autrement dit, le frère et la sœur Freud ont épousé la sœur et le frère Bernays). Là encore, cette grande proximité ne leur fut pas favorable et le ménage Bernays connut de grandes dissensions. Il peut être intéressant de noter qu'ils eurent un fils, Edward, qui fit fortune aux États-Unis en tant que théoricien et pionnier de la propa-

---

[1] Eva Weissweiler, *op. cit.*, p. 28.
[2] Marianne Krüll, *Sigmund, fils de Jakob*, Éd. Gallimard, 1983, p. 288.
[3] Jacques Bénesteau, *op. cit.*, p. 59.

gande et du marketing. Cet Edward aurait d'ailleurs été le seul véritable amour d'Anna, fille de Freud cette fois, ce qui « aurait été un double inceste. En effet, ils étaient à la fois les enfants des Freud et des Bernays. »[1]

Freud idolâtré

Pour être tout à fait exhaustif dans l'exploration de l'incestualité au sein de la famille Freud, peut-être faudrait-il s'attacher à évoquer quelques traits de sa toute petite enfance, tels que Freud les rapportait. Sa mère, disait-il, l'appelait « mon petit Sigi en or ». Dans la bouche de Freud, ce souvenir semble avoir eu une connotation positive ; il l'associait à la confiance en soi que ressent un être qui fut ainsi « aimé » par sa mère. En ce qui nous concerne, nous pourrions l'entendre autrement. Ce genre d'appellation trahit plus une forme de séduction narcissique, voire d'idolâtrie, que l'amour. Elle signe pour nous une relation pathologique dans laquelle l'enfant se voit fétichisé : il n'a aucune existence ni valeur propres. Il n'existe que dans la mesure où il est conforme aux désirs de sa mère, dont il est le faire-valoir. Il s'agit là d'un véritable abus narcissique, particulièrement redoutable car utilisant les voies de la séduction, l'enfant se sentant évidemment flatté d'être mis sur un piédestal.

Ce type d'abus s'accompagne d'une forme particulière de parentification, le jeune se trouvant artificiellement considéré comme un adulte. C'est dans ce sens que nous entendons la confidence qu'il fit plus tard à Martha : « Je n'ai jamais été jeune. »[2] Dans cette même lettre d'ailleurs, très touchante, il lui fait aussi l'aveu : « Je ne suis pas un génie et je ne comprends plus comment j'avais pu désirer en être. Je ne suis même pas très doué. » Faut-il aussi entendre cette réévaluation comme une

---

[1] Lydia Flem, *La vie quotidienne de Freud et de ses patients*, Éd. Hachette, 1986, p. 139, citée *in* Emilio Rodrigué, *Freud, le siècle de la psychanalyse*, Éd. Désir/Payot, 2000, tome 2, p. 221.

[2] Sigmund Freud, lettre N° 94 du 2 février 1896, *in Correspondance, 1873-1939*, Éd. Gallimard, 1966, p. 214.

prise de distance par rapport aux attentes narcissiques démesurées de sa mère ?

Les relations entre cette mère et son fils Sigmund ont-elles pu également comporter une teinte incestuelle ? C'est ce que sous-entend une petite note de bas de page du psychanalyste Didier Anzieu. Alors qu'il évoque la piste de la « perversion paternelle » de Freud et des variations sur ce thème décrites précisément par Freud, il note : « Il est significatif que Freud n'évoque pas la possibilité d'une séduction sexuelle qui serait exercée par les mères sur leurs propres enfants. »[1]

Un autre souvenir ancien, rapporté par Freud lui-même dans *L'interprétation des rêves*, nous laisse perplexes : « Il paraît que vers deux ans je mouillais encore mon lit de temps à autre. Un jour où l'on me faisait des reproches à ce sujet, j'avais voulu rassurer[2] mon père en lui promettant que je lui achèterais un beau lit neuf, rouge, à la ville voisine. »[3] « Ne t'en fais pas, papa, je t'achèterai un beau lit rouge tout neuf, à Neutitschein" (le chef-lieu voisin). »[4] Freud le connote simplement comme illustrant « la folie de grandeur de l'enfant ». Pour notre part, nous avons le sentiment que le bambin qui a prononcé ces mots ne semblait guère inquiété par la castration symbolique d'une punition ; crainte d'une sanction qu'il avait transformée (inversée ?) en problème *du père* qu'il se proposait, *lui*, aimablement de rassurer. On pourrait donc dire qu'on retrouve dans ce bref exemple, anodin, certains mécanismes de défense d'ordre pervers.

Par la suite, la vie amoureuse de Freud jeune homme semble plutôt pauvre – ou ne nous est pas connue, à part son bref béguin d'adolescent pour Gisella Fluss. Ce ne sera qu'à l'âge de vingt-six ans qu'il écrira sa première lettre d'amour à Martha. « Il est alors en passe de devenir un célibataire endurci »[5] (son

---

[1] Didier Anzieu, *L'auto-analyse de Freud*, *op. cit.*, p. 102.
[2] Souligné par Freud.
[3] Sigmund Freud, *L'interprétation des rêves*, PUF, 1926 et 1967, p. 190.
[4] Ernest Jones, *op. cit.*, p. 7.
[5] Eva Weissweiler, *op. cit.*, p. 32.

frère Alexander, lui, ne se mariera que très tard, en 1909, à l'âge de quarante-trois ans)[1].

Freud bigame

C'est surtout la vie conjugale du père de la psychanalyse qui semble avoir été particulière, sous l'angle spécifique qui nous occupe ici, soit celui des relations perverses et de la violence.

La relation entre Freud et sa belle-sœur Minna a alimenté bien des controverses. Aux soupçons, puis aux accusations de relations adultérines (faudrait-il ajouter incestueuses, puisqu'il s'agit d'une belle-sœur ?) des uns s'opposaient les dénégations offusquées des autres, qui les reléguaient au rang de pures médisances antipsychanalytiques. Progressivement, au gré des révélations ou des investigations[2], il devint plus ou moins clair que Freud avait effectivement entretenu une relation intime avec Minna ; ou peut-être pourrait-on formuler que le trio entretenait des relations à la fois intimes et étranges. Car c'est bien l'aménagement relationnel de l'ensemble de ces trois protagonistes qui semble avoir été à tout le moins douteux et qui reste encore aujourd'hui assez incompréhensible. Si la fougue amoureuse et la verve épistolaire du prétendant Freud à l'égard de sa fiancée Martha sont bien connues, plus troublantes sont les lettres qu'il adresse parallèlement à sa future belle-sœur : *[En 1884],* « il commence à lui écrire régulièrement, échange des photos avec elle, l'appelle tendrement sa "petite sœur chérie", sa confidente et parente spirituelle »[3]. « Durant ses fiançailles avec Martha, il écrit des lettres intimes et affectueuses à Minna, signant "ton frère Sigmund", et l'appelle "mon trésor". »[4] S'agissait-il alors d'une simple amitié, d'une innocente affection, ou ces déclarations présageaient-elles un lien adultérin à venir ?

---

[1] Marianne Krüll, *op. cit.,* p. 224.

[2] Notamment Franz Maciejewski (*Freud in Maloya; Die Engadiner Reise mit Minna Bernays*, Osburg Verlag, 2008), qui a retrouvé la fiche de l'hôtel Schweizerhaus sur laquelle Freud, alors en voyage avec Minna, le 13 août 1898, s'était inscrit comme « Freud et Mme ».

[3] Eva Weissweiler, *op. cit.,* p. 48.

[4] Peter Gay, *op. cit.,* p. 90.

Déjà du vivant de Freud, les spéculations semblent être allées bon train sur les relations au sein de ce trio (car Minna, veuve, emménagea chez les Freud dès 1896) qui paraît avoir mis en scène un curieux aménagement, comportant un mélange plutôt malsain d'exhibitionnisme et de dissimulation – celui-là même que nous observons fréquemment dans les familles incestuelles. Occasionnellement, la rumeur de cette liaison transpire comme un secret d'alcôve : ainsi, par exemple, après la rupture avec Freud, Jung divulguera qu'un jour, Minna l'aurait pris à part et lui aurait confié qu'elle « était très troublée par ses relations avec Freud et se sentait coupable. Elle m'a appris que Freud était amoureux d'elle et que leurs rapports étaient extrêmement intimes. » Mais ce n'était pas une révélation, et il semble que Minna ne se donnait pas beaucoup de peine pour camoufler sa place : « Selon divers témoignages, [Minna] savait donner l'impression qu'elle était l'épouse de Sigmund Freud et tolérait la présence de Martha, et non le contraire. Quand elle décrochait le téléphone, elle disait habituellement "Madame le professeur Freud à l'appareil". »[1] Plus troublants encore sont les nombreux voyages que Freud a effectué avec sa belle-sœur, en tout cas une dizaine entre 1900 et 1923, romantiques à souhait. Le couple adressait à ces occasions des lettres enthousiastes à Martha, restée seule à s'occuper du ménage et des enfants, qui ne bénéficiait que de moyens financiers précaires – alors que les deux autres menaient grande vie. [En 1908, par exemple], « Freud et sa belle-sœur sont descendus au Grand Hôtel, cela va de soi. Pendant ce temps, Martha est de nouveau contrainte d'emprunter de l'argent. Minna, qui écrit régulièrement à Martha, ne manque pas de souligner combien Sigi est satisfait et heureux avec elle ; après les fatigues et les tracas de ces dernières années à Vienne, il est presque méconnaissable. "Ma chérie, écrit-elle le 6 août de Landeck, jusqu'à présent, nous avons eu la chance de dormir chaque nuit dans un lit différent, ce qui est bien sûr l'idéal de Sigi. Il a incroyablement bonne mine, est d'excellente humeur et ne tient naturellement pas en place. La région est d'une beauté indescriptible, l'hôtel est

[1] Eva Weissweiler, *op. cit.*, p. 159.

charmant, avec un public très international qui ne s'occupe pas de ce que font les autres [allusion explicite à leur situation]. Hier j'ai pensé à toi, petite mère adorée".[1] » On ne peut rester indifférent devant cette étonnante jovialité, comportant l'évocation de détails aussi troublants et l'appellation de « petite mère ». Martha possédait-elle donc une telle largesse d'esprit qu'elle pût réellement se réjouir du bonheur de sa sœur qui voyageait et couchait avec son mari ? Quel sombre bénéfice en tirait-elle ? Selon son fils Martin en tout cas, le mariage [*ce* mariage, pourrait-on peut-être spécifier] ne semble pas lui avoir vraiment convenu : elle « ne manifeste presque plus aucun sentiment. Elle paraît froide et lointaine, presque aussi inabordable que son mari. Un jour que Martin tombe d'un trapèze et s'ouvre le front sur un meuble, elle reste de marbre, ne le prend pas dans ses bras ; elle ne lève même pas les yeux de sa couture, se contentant de dire à la gouvernante d'appeler le médecin. (…) J'étais fort surpris que l'accident n'ait suscité aucun émoi, écrit Martin, pas le moindre soupçon de panique, pas même un cri d'effroi. [2]»

Et Minna ? Était-elle véritablement satisfaite de cet aménagement ? Ce n'est pas si sûr. En été 1901, les Freud étaient allés passer l'été à Reichenhall. « En réalité, Freud a choisi Reichenhall uniquement pour être près de sa "chère malade", à savoir Minna, qui fait une cure à Berchtesgaden et est très "déprimée". »[3]

Quant aux enfants, on peine à imaginer qu'ils n'en aient pas été perturbés : « Tous sont maintenant au courant de cette liaison. Y compris les enfants. Sur les photos de vacances, ils paraissent tristes et troublés. »[4] Eva Weissweiler, qui a analysé de très près l'évolution détaillée de l'état de santé des divers membres de la

---

[1] Lettre du 6 août 1898, *in* Chriestfried Tögel (ed.) unter Mitarbeit von Michael Molnar, *Sigmund Freud, unser Herz zeigt nach dem Süden, Reisebriefe, 1895-1923*, Berlin, 2002, cité *in* Weissweiler, p. 111 (trad. franç. *Notre cœur tend vers le sud. Correspondance de voyage 1895-1923*, Éd. Fayard, Paris, 2005).

[2] Martin Freud, *Sigmund Freud, mon père*, Éd. Denoël, Paris, 1975, cité *in* Weissweiler, p. 73.

[3] Eva Weissweiler, *op. cit.*, p. 133.

[4] Eva Weissweiler, *op. cit.*, p. 133.

famille Freud, aboutit même à un parallèle troublant, à certains égards presque ironique, entre ce que Freud décrivait chez sa patiente Dora et ce qui arrive à sa fille Mathilde : « En septembre 1903, Freud peut enfin recommencer à voyager avec Minna, qui est à peu près rétablie. Cette fois, il ne s'agit que d'une courte excursion vers le Königsee et le Tyrol du Sud, mais cela suffit à provoquer chez Mathilde une crise de nerfs si grave qu'elle songe sérieusement à essayer sur elle-même la "thérapie de papa" (...). Freud n'a rien remarqué ; il n'était pas là. Dès qu'il revient de son voyage en compagnie de Minna, l'état de Mathilde s'améliore, du moins en apparence. Un cas classique de "jalousie œdipienne" ou d'"d'hystérie féminine", comparable à celui d'Ida, alias "Dora" ? Plutôt une forme de protestation contre son infidélité flagrante, qu'elle juge tellement intolérable, tellement indescriptible, qu'elle ne peut effectivement plus écrire [à son ami Pachmayr]. »[1] Nous avons vu plus haut qu'effectivement pour nous non plus, il n'y avait rien d'« œdipien » dans les récriminations de Dora. Ici, ce serait Mathilde qui pourrait bien avoir été choquée par l'attitude de son père et s'être efforcée, par un biais ou un autre, de le ramener à un comportement plus moral.

L'abus narcissique d'Anna

Parmi les enfants, le destin de sa fille cadette, Anna, nous semble être particulièrement concerné par la thématique de l'incestualité. Avec, pour commencer, ces secrets qui n'en sont pas. Tout le monde, dans le milieu psychanalytique de l'époque en tout cas, devait être au courant du fait que Freud avait psychanalysé sa propre fille, à plusieurs reprises. Pourtant, un voile pudique recouvrit cet abus pendant des années. Ce ne fut que très progressivement, depuis les années septante[2], que certaines rumeurs en firent état, puis que cela fut écrit, puis enfin clairement divulgué. « Père et fille savaient qu'ils étaient immergés dans une action clandestine. Freud n'en fit aucune

[1] Eva Weissweiler, *op. cit.*, p. 140.

[2] Paul Roazen, « Les patients de Freud : intemporels ? », *Revue française de psychanalyse*, 4/1995, p. 1197-1213.

allusion en public et aucune note ne fut conservée. Anna était quasiment aussi discrète. »[1] Bien sûr, une fois encore, il s'agit d'un secret de type pervers, donc de Polichinelle (« exhibé – caché », *objet incestuel* traversant les générations, diffusant bien au-delà du cercle familial et paralysant la pensée) : son amie Margareth, Lou-Andreas Salomé, Max Eitington étaient en tout cas au courant, son fils Oliver apparemment aussi.

Ce qui est intéressant est le sort qui fut réservé à cette révélation, qui évoque le magistral conte d'Andersen *Les habits neufs de l'empereur*. On se souvient qu'il s'agit d'un empereur nigaud qui s'était laissé berner par ses conseillers. Alors qu'il était nu, ceux-ci prétendaient qu'il était vêtu d'habits que seuls les gens intelligents pouvaient voir. N'osant les contredire au risque de passer pour un sot, il parada en ville, où il fut acclamé jusqu'au moment où un petit enfant s'écria que l'empereur était nu. La fin de ce conte édifiant est souvent méconnue, et pour cause : alors qu'on s'attendrait à une réaction immédiate de la foule, d'hilarité ou de colère, ce qui traduirait la récupération de la faculté de penser, nous lisons chez Andersen une conclusion toute en demi-teinte : « L'empereur frissonna, car il lui semblait bien que tout son peuple avait raison, mais il pensait en même temps qu'il fallait *tenir bon* jusqu'à la fin de la procession. Il se *redressa encore plus fièrement*, et les *chambellans continuèrent* à porter le manteau de cour et la traîne qui n'existait pas. » Cette dynamique en demi-teinte correspond exactement à notre expérience clinique : lorsque certains secrets d'ordre pervers ont exercé leur influence nuisible pendant trop longtemps, ou paralysé l'entendement de trop de personnes, leur divulgation n'a pas l'effet de soulagement immédiat escompté. Bien au contraire, le système tente souvent de maintenir son homéostasie contre toute logique. Éventuellement, il accentue au contraire les traits pervers ou délirants qui le caractérisaient. L'aboutissement de cette réaction est un système clivé, étrange, où à la fois les protagonistes savent et ne veulent pas savoir (déni partiel).

[1] Emilio Rodrigué, *Freud, le siècle de la psychanalyse*, Éd. Payot, Paris, 2000, p. 219.

Pour revenir à Anna, peut-être faut-il commencer par souligner l'horreur que représente une telle entreprise, que de vouloir « psychanalyser » sa propre fille, projet scientifiquement absurde et assurément passablement pervers. Demander à son enfant, que l'on croise tous les jours, avec lequel on mange et l'on vit, de s'allonger journellement sur un divan pour raconter ses fantaisies intimes est un acte barbare. S'immiscer ainsi dans son intimité sous couvert de sa profession de médecin, récolter ses confidences au titre de matériel thérapeutique, prétendre intervenir ainsi sur cet enfant pour le soigner pourrait même paraître risible, si le saccage qui en résulte n'était aussi grave. Cette mise en scène révoltante constitue de toute évidence l'équivalent d'un inceste, d'un viol psychique d'autant plus pervers que perpétré pendant des années, qu'il sollicite l'adhésion de la victime et qu'il masque sa cruauté sous des airs de sollicitude.

Ces mots forts et condamnant sans ambiguïté la démarche de Freud envers sa fille nous paraissent appropriés, ne serait-ce que pour contrebalancer le peu de réactions qu'a eue la révélation de cet équivalent d'inceste. « Ce fut la plus grande transgression dans la vie de Freud, qui nous met face à un inceste fantastique ou face a un fantastique refoulement », formule Emilio Rodrigué[1]. Pis, certains applaudissent : « Génial créateur, [Freud] se prévaut d'une liberté que les règles institutionnelles interdisent. Autant son amour pour elle que le désir de lui confier son "enfant psychique", son œuvre, l'emportent. »[2] Est-il nécessaire de préciser que même un « génial créateur » (ce que Freud était assurément), n'a aucun droit d'abuser de sa fille, de l'utiliser pour sa démarche « scientifique », de la coloniser pour lui « confier son bébé » ?

Cette pseudo-psychanalyse n'est malheureusement pas tombée du ciel, mais s'inscrit au contraire dans une dynamique incestuelle bien plus large et plus précoce, qui a certainement affecté Anna dès son enfance. Dès les débuts de sa recherche

[1] Emilio Rodrigué, *Freud, le siècle de la psychanalyse*, Éd. Payot, Paris, 2000, p. 219.
[2] Mario Cifali, « Pourquoi Freud a pris sa fille Anna en analyse », *Le Temps*, 26.11.2012.

psychanalytique, Freud a témoigné d'une propension malsaine à utiliser sa fille pour vérifier ses théories. Dans sa correspondance avec Fliess, il l'écrit sans ambages : « Pourquoi ne pas aller à la nurserie et faire l'expérience *avec la petite Annerl* ? »[1]

Il est bien probable que cette implication d'Anna ne se soit pas faite sans dommages. « Anna n'a jamais eu de relations avec un homme, pas même une amourette anodine, à l'exception du flirt avec son "double cousin" Edward Bernays, tellement incestueux que l'on hésite à le qualifier de "normal". (...). Après l'échec de ce projet, [Anna] éprouve de tendres sentiments à l'égard d'Ernst [son cousin]. Les lettres qu'elle lui adresse contiennent d'innombrables déclarations d'amour. »[2] Ce climat malsain n'est peut-être pas étranger au sentiment de déréliction qu'Anna confiera plus tard mélancoliquement à son amie Eva : « [Depuis toute petite], j'ai toujours recherché la compagnie d'enfants qui m'ont abandonnée... Comme si je me voyais à travers les yeux de l'autre et avais aussi peu de valeur pour moi que j'en avais pour lui... »[3]

Freud témoigne à l'égard de sa fille d'une emprise assez révoltante : « En 1915, il avait écrit à Ferenczi (8 avril 1915) qu'il souhaitait qu'Anna échoue à son examen d'institutrice pour la garder près de lui. »[4] Lorsqu'elle est courtisée par Jones – l'un de ses disciples – il la décourage (peut-être ici à bon escient, vu la position de Jones d'élève par rapport à lui et vu ses anciens démêlés avec l'ordre des médecins). Il lui écrit : « Je sais par sa femme que tu connais... que ce n'est pas l'homme qu'il faut à une jeune fille de nature délicate (...). Je te conseille d'éviter, non pas toute relation avec lui, mais en tout cas les tête-à-tête... » Et à Jones : « Elle ne s'attend nullement à être traitée en femme, car elle se trouve encore loin d'éprouver des désirs

---

[1] La fin de la phrase avait été escamotée par Anna pour la publication (cf. infra).
[2] Eva Weissweiler, *op. cit.*, p. 258.
[3] Lettre d'Anna Freud à Eva Rosenfeld, juin 1930, dans *Anna Freud, lettres à Eva Rosenfeld*, éd. par Peter Heller, Éd. Hachette/littérature, Paris, 2003, cité *in* Weissweiler, p. 161.
[4] Georges Pragier et Sylvie Faure-Pragier, « Une fille est analysée », *Revue française de psychanalyse*, 2/1993, pp. 447-457.

sexuels, et a plutôt tendance à refuser l'homme. »[1] On reste interloqué face à une telle ingérence.

Freud décide ensuite de modifier les orientations homosexuelles d'Anna (à l'origine desquelles il n'est peut-être pas étranger) en l'envoyant chez la très féminine Lou Andreas Salomé. Ces manipulations en viennent alors à prendre une tournure carrément burlesque : « La stratégie de Freud, consistant à la rapprocher de Lou Andreas Salomé afin que celle-ci lui montre la voie de la féminité, n'a pas fonctionné ; pas encore en tout cas. Par contre, Anna est tombée follement amoureuse de Loe Kann »[2], la compagne de Jones, par ailleurs morphinomane ! « Jones, qui exerce de nouveau à Londres, voit cela d'un mauvais œil. Il craint que Freud n'exerce sur Loe une influence excessive. Il se rend en toute hâte à Vienne pour y remettre de l'ordre, mais commet un faux pas. Il couche avec Lina, la bonne de Freud. Loe est tellement outrée et blessée qu'elle quadruple sa dose de morphine et veut mettre fin à l'analyse (…). Sur ces entrefaites, Loe fait la connaissance d'un Américain, un certain Herbert, dont le nom de famille est comme par hasard "Jones". (…) Lina, la bonne de Freud, vit maintenant avec "Jones I" dans l'appartement londonien de celui-ci. »[3] Lorsqu'on ajoutera que Loe Kann était en analyse chez Freud, on réalisera ce que cet imbroglio psychanalytico-incestueux avait d'inextricable ou de saugrenu.

Il ne s'agit malheureusement pas d'un épisode isolé et, quelques années plus tard, nous retrouverons un mélange similaire, et tout aussi malsain, de relations filiales, amoureuses, amicales et psychanalytiques (pour autant que tous ces termes aient encore un sens dans un tel contexte). Il s'agit de l'aménagement relationnel d'Anna, devenue entre-temps ouvertement lesbienne, avec sa compagne Dorothy Burlingham, mariée et mère de quatre enfants : « Anna s'est finalement décidée à mener une vie homosexuelle. Tout va très vite. Dorothy retourne chercher ses

[1] Lettre de Sigmund Freud à Ernest Jones du 22 septembre 1914, citée *in* Weissweiler, p. 230.

[2] Eva Weissweiler, *op. cit.*, p. 227.

[3] Eva Weissweiler, *ibid.*, p. 229.

autres enfants, puis loue une villa dans la banlieue de Vienne (...). Anna a souvent rêvé d'avoir au moins un enfant. Maintenant, elle en a quatre d'un coup. Elle est tout à la fois leur père et leur mère, leur analyste, leur professeur et leur grande sœur. C'est fantastique. Mais aussi un peu étrange, voire inquiétant. »[1] Avec le recul, nous pourrions nous permettre d'être même plus sévères. Ce « rêve » « fantastique », « étrange » et « inquiétant » a quelque chose de fou et de révoltant, notamment lorsqu'on prend en compte ce qui est infligé aux quatre enfants Burlingham, ainsi plongés dans un aménagement éminemment pathologique. Plus tard, en 1929, Dorothy viendra carrément s'installer à l'étage au-dessus des Freud. « Notre symbiose, écrira ce dernier, légèrement irrité, à son vieil ami Ludwig Binswanger[2], avec une famille américaine (sans mari), dont les enfants sont analysés... avec fermeté par ma fille, ne cesse de se consolider. » Symbiose est le terme adéquat, Anna et Dorothy ayant par exemple installé un téléphone particulier allant d'une chambre à coucher à l'autre, par lequel elles échangent des confidences nocturnes pendant des heures. Freud peut bien en être contrarié, ou parler de « fermeté », mais cela sonne faux.

Dorothy engage une bonne, Paula Fichtl, fille de paysans. Les quatre enfants Burlingham sont analysés par Anna, à raison d'une séance par jour. Dorothy elle-même va en analyse chez Theodor Reik, un disciple de Freud, puis chez Freud lui-même. Tout cela se termine mal. Le mari de Dorothy, déclaré maniaco-dépressif, largué à New York, finira par se suicider. Une de ses filles en fera de même, au 20, Maresfields Gardens à Londres[3], dans les appartements de sa mère et de son analyste[4]. Une autre, Mabbie, malgré qu'elle reproche à sa mère et sa compagne leur peu d'intérêt pour elle, appelle quand-même sa fille « Dorothy Anna »[5], leurs deux prénoms combinés...

---

[1] Eva Weissweiler, *ibid.*, p. 314.
[2] Eva Weissweiler, *ibid.*, p. 325.
[3] Paul Roazen, *Mes rencontres avec la famille Freud*, Éd. du Seuil, 1996, p.75.
[4] Patrick Mahony, *Freud thérapeute familial*, *in* Catherine Meyer, *Le livre noir de la psychanalyse*, Éd. Les Arènes, Paris, 2010, p. 419.
[5] Eva Weissweiler, *op. cit.*, p. 384.

La relation incestuelle entre Freud et Anna connaît encore bien d'autres épisodes, plus ou moins malsains, comme le fait d'utiliser leurs observations sur les fantaisies masochistes d'Anna, pour en faire, elle une conférence, lui une publication. Emilio Rodrigué semble bien complaisant en décrivant : « Anna – la jumelle de la psychanalyse – fut, de son côté, la vaillante et loyale compagne de Freud. »[1] Ou, plus loin : « Elle n'avait d'yeux que pour son père. "Vous ne pouvez imaginer combien je pense continuellement à vous", lui écrit-elle en 1920 [ce qui évoque pour nous le "Je ne peux penser à rien d'autre", de Dora qui, elle au moins, s'en plaignait]. Fille dévouée, elle prenait soin de la digestion paternelle avec le plaisir d'une yiddish mame ou, mieux encore, comme une épouse ashkénaze de pure souche. »[2] Le vernis culturel peine à masquer toute la violence incestuelle.

Ces relations troubles culminent vers la fin de la vie de Freud, où l'on retrouve la figure de la fille dévouée jusqu'à la caricature aux derniers soins de son père et, dans ce rôle, évinçant agressivement la mère : « Freud passa de moins en moins de temps avec sa femme, *dont sa fille Anna prit la place*. Mais Anna se mit à reprocher amèrement à sa mère de ne pas avoir été assez forte pour satisfaire à tous les besoins de Freud. Lorsqu'il eût contracté son cancer de la mâchoire, Anna s'occupa de le soigner ; c'était elle qui veillait à ce que sa bouche, et la prothèse qui en remplaçait une partie ôtée au cours d'opérations, soient correctement rincées. » De telles configurations relationnelles impliquant une telle intimité ne peuvent manquer de susciter des mouvements de jalousie insensés : « Martha était jalouse de sa plus jeune enfant, et un antagonisme se développa entre elles. (...) À cette époque, Anna avait non seulement repris le rôle de sa mère, mais aussi celui de sa tante Minna. »[3]

Bien sûr, il y avait une dimension culturelle dans cette mission attribuée à un enfant (une fille en général, qui devait rester célibataire si possible) de veiller aux soins de ses parents âgés.

---

[1] Emilio Rodrigué, *op. cit.,* p. 221.
[2] Emilio Rodrigué, *op. cit.,* p. 225.
[3] Paul Roazen, *La saga freudienne*, PUF, Paris, p. 58.

Pourtant, aujourd'hui encore, alors que les mœurs ont passablement évolué à cet égard, il s'agit là d'un aménagement que nous retrouvons dans les familles à dynamique incestuelle. Dans un tel contexte, l'enfant-victime éprouve fréquemment une véritable passion pour son parent abuseur, ce qui est tout à fait étrange. Elle nous semble résulter d'une sorte de reddition, de lâchage des défenses, qui amènerait l'enfant, dans un mouvement maniaque, à solliciter lui-même son bourreau (dynamique évoquant peut-être le célèbre syndrome de Stockholm). Les soins dévolus au père agonisant dans un tel contexte sont également à considérer comme des équivalents d'inceste, pratiqués en toute impunité de façon triomphante, pourrait-on dire, au vu et au su de tous, avec ce qu'ils impliquent de partage d'intimité corporelle, mais aussi psychique ou même spirituelle. Nous avons déjà eu l'occasion de développer ce sujet dans l'étude du cas d'Anna O.

Dans la famille Freud, cet aménagement apparaît fréquemment, ce qui n'a pas échappé à divers biographes : « Lors de sa dernière maladie, Jakob Freud [le père de Freud] fut aussi soigné par une de ses filles restée célibataire, alors que sa femme Amalia, elle aussi, était encore active et en bonne santé. »[1] Quant à la mère de Freud, c'est à sa fille Dolfi qu'elle a confié le soin de s'occuper d'elle lors de ses vieux jours : « À soixante-huit ans, Dolfi, de son vrai nom Adolphine, reste entièrement soumise à sa mère, qui devient de jour en jour plus vaniteuse et dominatrice. »[2]

Enfin, comme le montre l'expérience thérapeutique avec les familles incestuelles, le décès ne met aucunement un terme à ces relations malsaines et psychiquement dévastatrices. À ce moment, d'autres voies, comme le testament et l'argent, prennent le relais en incarnant ce que Racamier appelait des « objets incestuels », d'autant plus redoutables qu'ils poursuivent l'action toxique du parent décédé, mais de façon clandestine et apparemment neutre. La succession de Freud ne déroge pas à cette

---

[1] Marianne Krüll, *op. cit.,* p. 342.

[2] Jürg Kollbrunner, *Der Kranke Freud,* Stuttgart, 2001, p. 167, cité *in* Weissweiler, *op. cit.,* p. 335.

règle funeste : « Selon une lettre d'Anna de 1954, Freud avait décidé, "sous la pression" de ses deux fils qui vivaient en Angleterre, Martin et Ernst, "que sa fortune reviendrait collectivement à toute la famille, mais que seule [Martha] pouvait s'en servir à sa guise". On peut, bien sûr, s'intéresser aux relations difficiles qui existaient entre Anna et sa mère, mais il y avait surtout, dans ce testament, tous les ingrédients nécessaires au développement, des années plus tard, d'un véritable conflit d'intérêts entre Anna et les petits-enfants de Freud. »[1] C'est effectivement ce qui se produisit : « Les droits d'auteurs à venir, émanant des livres de Freud, allèrent en totalité à ses petits-enfants (...). Et Anna, restée célibataire et sans enfants, fut exclue d'une importante source de gains. » La perversion relationnelle que nous avions soupçonnée déjà bien avant la naissance de Freud semble se poursuivre après sa mort.

L'IMBROGLIO INCESTUEL PSYCHANALYTIQUE

La dynamique incestuelle ne s'est pas limitée à la famille de Freud ni donc arrêtée après son décès. Elle s'est étendue bien au-delà, chez ses élèves et surtout dans la théorie, où elle perdure encore aujourd'hui.

Nous avons vu les agissements de Freud avec sa fille Anna, prise en « analyse ». Mais il en est allé de même chez nombre d'autres psychanalystes : Karl-Gustav Jung, Karl Abraham[2], Mélanie Klein, Abraham Brill et Ernest Kris « analysèrent » tous leurs propres enfants[3]. Le cas d'Hermine von Hug-Hellmuth, qui avait « analysé » son neveu, défraya la chronique lorsque celui-ci finit par l'étrangler (Rolf Hug, une fois sa peine purgée, réclama à l'Association viennoise de psychanalyse des dommages et intérêts financiers, se considérant comme une « victime de la psychanalyse »[4]). Dans toute la corporation psychanalytique, du moins à ses débuts, nous retrouvons le même chaos mêlant sans distinction les relations familiales, amicales,

---

[1] Paul Roazen, *Mes rencontres avec la famille Freud*, Éd. du Seuil, Paris, 1996, p. 24.
[2] Eva Weissweiler, *op. cit.*, p. 258.
[3] Paul Roazen, *op. cit.*, p. 139.
[4] Han Israëls, *De weense kwakzalver*, Amsterdam, Bert Bakker, 1999, pp. 153-158.

thérapeutiques, collégiales ou professionnelles. On peut même dire que la situation prévalait déjà avant la découverte de la psychanalyse, puisque Bertha Pappenheim était à la fois l'amie d'enfance de Martha Freud et la patiente de Breuer/Freud (et que Martha écrivait à Sigmund pour demander des nouvelles du traitement de Bertha, et que Sigmund lui répondait en évoquant que Breuer avait un attachement excessif à Bertha, etc.). Wilhelm Fliess, lui, épouse une patiente de Breuer[1] « qui était une connaissance de Freud »[2]. Une fille de Breuer a épousé un certain Dr Schiff, qui était parent, ou en tout cas très proche de Fliess et de la famille de sa femme[3]. En 1929, Freud a encore analysé Eva Rosenfeld, une amie d'Anna, chez laquelle son fils Ernst vivait à cette époque[4]. Chez Jung, les déboires de Sabina Spielrein, tour à tour son élève, sa collaboratrice et sa maîtresse sont célèbres ; les affres de Ferenczi aux prises avec l'analyse et les relations amoureuses concernant Mmes Palos, mère et fille, sont également bien connues. On pourrait multiplier les exemples[5]. Bien sûr, une part de cette confusion s'inscrit dans le contexte si particulier de la découverte d'une nouvelle discipline, de l'enthousiasme des pionniers, ivres de leurs découvertes et déterminés à transgresser toutes les limites qui restreignaient jusqu'alors leurs pratiques. Mais de tels débordements laissent néanmoins songeur, émanant de médecins, tous soumis au serment d'Hippocrate, qui auraient dû normalement être familiarisés aux problèmes du cadre et des éventuels pièges de la relation médecin-patient. Bien plus, on aurait attendu de la part de psychanalystes une attention et une sensibilité toutes particulières aux variations de la thématique de la séduction. Cette *hybris* ne serait-elle pas l'expression d'une sexualité qui aurait été idéologiquement clivée ? Lorsqu'il s'agissait de pulsions

---

[1] Marianne Krüll, *op. cit.*, p. 27.

[2] *Ibid.*, p. 27.

[3] Max Schur, *op. cit.*, p. 250.

[4] Eva Weissweiler, *op. cit.*, p. 323.

[5] « Cette clientèle [de Freud] se recrute fréquemment dans un milieu fermé où chacun connaît l'autre, ce qui ne doit pas manquer de poser des problèmes d'interférences transférentielles et contre-transférentielles auxquels Freud ne semble pas attacher beaucoup d'importance, à l'inverse de nos contemporains placés dans des situations similaires » (Alain de Mijolla, *Freud, fragments d'une histoire*, *op. cit.*, p. 295).

psychologiques, intrapsychiques, anciennes, elles étaient analysées avec finesse, voire maestria. Lorsqu'il s'agissait en revanche d'attraits sexuels actuels, ils étaient considérés comme ne relevant d'aucune loi et ainsi, *de facto*, plus ou moins exaltés. Pour notre part, nous dirions que toutes ces relations étaient marquées du sceau de l'incestualité.

Ce concept, en effet, ne désigne pas qu'une transgression sexuelle ou prédation narcissique ; il a aussi son versant meurtrier, que nous retrouvons sous la forme effrayante d'un nombre considérable de suicides parmi ces jeunes pionniers. Le plus célèbre d'entre eux fut le cas de Victor Tausk, que Freud maltraita honteusement. Il n'entre évidemment pas dans nos vues de faire une analyse du caractère de Freud, contrasté à souhait, comme celui de presque tous les génies. Signalons toutefois son occasionnelle cruauté (son éloge funèbre de Tausk : « Je confesse qu'il ne me manque pas vraiment ; je l'ai longtemps considéré comme inutile, et même comme une menace pour l'avenir »[1] ; sa potentialité à séduire et à fixer les gens sur lui : « Comme d'autres dans cette sous-culture minuscule, Federn était prêt à croire qu'un homme abandonné par Freud pouvait être poussé à se détruire. L'exclusion de la communauté révolutionnaire était un anéantissement pire que tout type de mort physique[2] » ; sa capacité à mépriser, voire à détruire quelqu'un d'une seule phrase. En 1912, lorsque qu'éclate le conflit avec Jung, pour dire qu'il prend ses distances d'avec lui, il écrit : « Je me suis pris en main et ai vite supprimé cette surabondance de libido. »[3]

CONCLUSION

Où est-ce que nous a menés notre exploration de la vie de Freud, considérée sous l'angle de la perversion et de la violence ?

[1] Paul Roazen, *La saga freudienne*, PUF, 1986, p. 255.
[2] Paul Roazen, *op. cit.*, p. 254.
[3] De Mijolla, *op. cit.*, p. 144.

En premier lieu, à constater que sa famille comportait d'importantes caractéristiques pathologiques. Divers secrets recouvraient des actes plus ou moins graves survenus parmi ses membres, au point que nous en sommes venus à postuler l'existence d'un secret fondamental portant sur la conception de Freud. L'incestualité était en tout cas une tonalité affectant un grand nombre de ces rapports familiaux, pour ne pas dire qu'elle les imprégnait probablement tous. Ce n'est, à notre avis, pas faire offense à Freud, que de constater qu'il a grandi dans une telle famille. Sous cet angle, il nous apparaît sous un jour particulier, celui d'un enfant puis d'un homme tourmenté par ces influences familiales nocives et cherchant sans relâche, avec une détermination farouche, à les comprendre. On sait que la première direction, orientée sur les traumatismes bien réels, provenant de l'environnement proche, tourna court. Il est vraisemblable d'imaginer qu'effectivement le poids de ces dynamiques familiales a joué un rôle dans l'abandon de cette première théorie. L'histoire de la psychanalyse voudrait que ce fût grâce à cet abandon qu'eût été découvert le monde intrapsychique, et notamment l'œdipe. Si tel est le cas, le prix à payer fut fort lourd. Et, surtout, la confusion instaurée entre un événement réellement advenu et un événement imaginé, confusion qui, lorsqu'on l'envisage aujourd'hui, n'est pas très loin du délire, eut des conséquences désastreuses sur tout le développement ultérieur de la psychanalyse et des soins donnés aux patients. Le discrédit infligé à tout ce qui est traumatisme « externe » a paralysé la recherche psychanalytique pendant un siècle. Aujourd'hui encore, les chercheurs intéressés à cette dimension sont tout juste tolérés au sein des associations de psychanalyse. Même la recherche d'orientation « intrapsychique », d'ailleurs, a pâti de ce clivage, déracinée qu'elle s'est trouvée de la réalité ambiante. Depuis bien des années maintenant, la psychanalyse centrée sur la cure type et les névroses montre des signes d'essoufflement, alors même que toutes les recherches psychanalytiques sur les couples, sur la famille, sur les groupes, sur les institutions et finalement sur la société elle-même se font, elles, au contraire, aussi pressantes que passionnantes et prometteuses.

Confusion entre fantasme et réalité

Cette confusion entre deux registres pourtant si différents se retrouve en maints chapitres de l'œuvre freudienne. Nous l'avons analysée dans le cas de Dora, mais nous la retrouvons dans d'autres vignettes cliniques. Ainsi, à la fin de son *Interprétation des rêves*[1], s'interrogeant sur les frontières entre inconscient, préconscient et conscience, Freud évoque un cas clinique d'une manière particulièrement troublante : « Je suis allé l'année dernière en consultation auprès d'une fillette au regard intelligent et candide. Son aspect est bizarre. Tandis que les femmes soignent ordinairement les moindres détails de leur toilette, elle laisse pendre un de ses bas et deux boutons de son corsage sont défaits. Elle se plaint de douleurs dans une jambe et montre son mollet sans qu'on lui demande. Mais sa plainte principale est, textuellement, la suivante. Elle a l'impression d'avoir dans le corps "quelque chose de caché" qui va et vient et la "secoue" tout entière. Souvent alors tout son corps se raidit. Mon collègue me jette un coup d'œil, il trouve cela très clair. Il nous paraît bizarre que la mère de la malade n'y comprenne rien ; elle a pourtant dû se trouver souvent dans la situation que son enfant décrit. La fillette n'imagine pas la portée de ce qu'elle dit, sinon elle ne le dirait pas. Ici, la censure a été à tel point aveuglée qu'une rêverie ordinairement inconsciente a pu franchir le seuil de la conscience sous le déguisement ingénu d'une plainte. »

Yvon Brès, à qui la bizarrerie de ce texte n'a pas non plus échappé[2], précise que « la traduction "d'avoir dans le corps quelque chose de caché" rend mal l'expression originale beaucoup plus évocatrice : *"als ob etwas darinstecken würde"* (souligné par Freud). » Il n'en livre toutefois pas la traduction précise, qui pourrait se formuler de la façon suivante : « comme si quelque chose m'avait été planté dedans [qui va et vient et qui me secoue tout entière]. » Effectivement, les deux thérapeutes avaient de quoi se regarder, médusés. Pourtant, si l'association

[1] Sigmund Freud, *L'interprétation des rêves*, PUF, 1967 [1900], p. 525.
[2] Yvon Brès, *Critique des raisons psychanalytiques*, PUF, Perspectives critiques, 1985, p. 175.

avec un acte sexuel ne semble pas leur avoir échappé, si même Freud a noté l'allure vestimentaire débraillée, évocatrice, de cette jeune fille visiblement abusée, le commentaire qu'ils font de ce récit laisse perplexe. Loin d'y percevoir le message pathétique d'une victime ayant subi un viol épouvantable et quêtant un secours par tous les moyens, verbaux ou non verbaux, Freud n'y voit qu'une « rêverie » ayant traversé par mégarde la barrière du préconscient !

Quant à savoir si la fillette ne savait pas ce qu'elle disait, nous nuancerions ce propos, dans la mesure où bon nombre de patientes abusées sexuellement manifestent une telle curieuse déconnexion affective, le trauma étant maintenu à l'écart du reste du psychisme (nous avons même vu que ce fonctionnement pourrait bien avoir concerné Freud lui-même). Cette défense fait qu'elles évoquent souvent ce qu'elles ont subi au détour d'une phrase anodine, comme si de rien n'était – mais qu'il revient bien sûr au thérapeute de ne pas méconnaître l'importance de ce qui a été formulé.

Ici encore, nous pouvons percevoir que Freud avait estimé que ses patientes n'avaient en aucun cas subi de violence sexuelle, qu'il ne s'agissait que d'innocentes « rêveries » pouvant parfois « aveugler » la censure et passer dans le conscient.

Enfin, pour clore ce dossier sur Freud et la perversion, ce dernier élément, une fois de plus « troublant », dont nous ne saisissons pas bien la logique. Dans sa lettre N° 112 à Fliess[1], Freud évoque, de façon très parlante, la névrose en tant que *refus* de la perversion (cf. infra). Il y décrit une situation clinique et conclut : « Le frère abhorre toute perversité, alors qu'il souffre de pulsions compulsives. Autrement dit, il a réprimé certaines impulsions qui sont remplacées par d'autres avec des compulsions. C'est en général le secret des impulsions compulsives. *S'il avait été pervers, il serait sain comme le père.* »[2] Probablement Freud voulait-il dire « apparemment

[1] Sigmund Freud, lettre N° 112 du 6 décembre 1896, *in Lettres à Wilhelm Fliess, 1887-1904*, Edition complète, PUF, Paris, 2006, p. 272.

[2] « so wäre er gesund wie der Vater » (*Sigmund Freud; Briefe an Wilhelm Fliess 1887-1904*, s. Fischer, 1986, p. 224).

sain » ? Ou estimait-il que de donner libre cours à ses désirs, comme ce serait le cas dans la perversion, serait « sain », contrairement à leur répression qui amènerait des compulsions ? Il ne s'agit en tout cas pas d'une inadvertance, car dans une lettre ultérieure, il réaffirme : « Or, cet homme était, jusqu'à ce qu'il tombe lui-même malade, un pervers, et donc bien portant. »[1] On se perd en conjectures.

En conclusion, il nous apparaît que la perversion et la violence ont été des thèmes majeurs auquel Freud s'est achoppé durant toute sa vie, en tant que personne ou en tant que médecin. La violence qu'il a lui-même subie, particulièrement au cours de son enfance, a marqué sa personnalité adulte, ses relations, mais a certainement donné aussi une impulsion déterminante à ses recherches et à la découverte de la psychanalyse.

Ce qui frappe lorsqu'on considère les diverses situations décrites ci-dessus est la situation existentiellement critique de Freud au sein de sa famille d'origine qu'il a, de façon relativement inattendue à près de quarante ans, affrontée avec détermination. Dans un premier mouvement, il a été amené à investiguer la perversion des parents en tant qu'étiologie de la névrose. Il l'a fait d'une façon extraordinairement courageuse, mais malheureusement centrée sur les comportements, au détriment de tout ce qui pouvait toucher aux *relations* violentes ou malsaines qui entouraient ces agissements. Cette approche trop étriquée du traumatisme ne l'a pas satisfait et il a poursuivi ses recherches dans une direction principalement intra-psychique, élaborant une conception brillante et précieuse du fonctionnement de l'appareil mental humain. Toutefois, cette orientation escamotait du coup toute la réalité externe, à la fois factuelle, comportementale et relationnelle. Les symptômes, les troubles se sont vus automatiquement interprétés à la seule lumière des désirs propres du sujet, conscients ou inconscients. Peu de réflexions, dans le domaine clinique du moins, n'ont porté sur cette personne en tant que membre d'une famille bien réelle, elle-même soumise aux aléas du désir. En réalité, lorsque

[1] *Ibid.*, lettre N° 116 du 11 janvier 1897, p. 283.

ces pulsions prennent une tournure pathologique, le patient se voit emporté, ligaturé, aliéné par elles. Dès lors, la référence au complexe d'Œdipe n'est plus pertinente. C'est, à son opposé, l'incestualité qu'il convient désormais de se référer. C'est elle qui nous permet de comprendre, pour bonne part, les liens pathologiques qui enserrent les membres d'une famille ou d'un groupe social. La logique antœdipienne bafoue toutes les limites de génération, inverse même ces générations, nie les différences de sexe ou d'individualité, valorise le chaos, l'amalgame et le mensonge, au détriment du discernement, de la clarté et de la vérité. Lorsque le patient grandit au sein d'une telle tourmente, toutes ses représentations en sont affectées, les motions d'amour et de haine constitutives du complexe d'Œdipe en premier lieu. Avant de pouvoir les aborder, pour autant qu'il soit nécessaire de le faire, un grand travail de clarification qui tienne compte du contexte de vie du patient se révèle en général indispensable.

L'incestualité chez Freud

Oserions-nous reprendre tous les éléments décrits jusqu'à présent et tenter de les unir en un seul et même récit ? Récit évidemment assez effrayant puisque élaboré à la seule lumière des éléments incestuels pressentis dans sa biographie. Nous nous y sentirions encouragés par ce que nous a appris cette même démarche lorsque nous l'avons effectuée pour nos patients. « Le pire n'est pas toujours certain », prétendait Calderón. Pourtant, l'expérience de nombreux thérapeutes nous indique au contraire que les fantasmagories les plus extravagantes, les hypothèses les plus loufoques sont souvent en deçà de la réalité.

Tentons donc de reconstruire une biographie de Freud qui mettrait l'accent sur tous les épisodes ou les mécanismes propres à l'incestualité. Reprenons-les un par un :

- les biographies de Freud ou les éléments qu'il nous a donnés à connaître de sa vie sont de toute évidence parcellaires, éventuellement édulcorés ou falsifiés. Beaucoup de documents ont été détruits, brûlés ou sont encore aujourd'hui séquestrés dans une bibliothèque américaine. La vie du maître semble avoir été construite pour asseoir la légende ultérieure qu'allaient se répéter fidèlement les disciples.

- Une deuxième femme, Rebekka, a existé. Elle a disparu brusquement. Ce sujet était un tabou, connu de tous, mais dont il ne fallait pas parler.
- Que s'est-il passé au juste entre Amalia, Jakob et son fils Philipp ? L'une des versions pourrait être que Jakob a épousé Amalia et que celle-ci s'est rapidement trouvée enceinte des œuvres de Philipp, son beau-fils. Sigismund en serait le fruit.
- Par la suite, ces relations incestueuses auraient pu se poursuivre, aboutissant éventuellement aux naissances de Julius et d'Anna.
- Une gouvernante perverse fut engagée qui abusa de Sigismund âgé de moins de deux ans, puis qui commit certains larcins.
- Alors que Sigismund avait trois ans et demi, le père décida de mettre un terme à ces (hypothétiques) relations incestueuses. Il envoya alors ses deux fils en Angleterre aux fins de fabriquer de la fausse monnaie.
- Les fils fabriquèrent de faux roubles qu'ils envoyèrent à Jakob et à son frère Joseph pour qu'ils les écoulent.
- La famille vécut sur la base de ces revenus.
- Lorsque Freud eut neuf ans, l'oncle fut attrapé par la police et condamné à dix ans de travaux forcés. L'enquête ne fit que soupçonner Jakob et ses fils, et il est possible que la famille Freud ait continué à vivre de cette fausse monnaie.
- Freud est en train de devenir un vieux garçon lorsqu'il connaît enfin Martha (dont le père avait fait lui-même une année de prison pour faillite frauduleuse). Il est d'emblée très attiré également par sa sœur Minna.

Lorsque celle-ci perd son mari, elle vient s'installer chez Freud qui se partage désormais entre les deux sœurs.

- Il associe sa fille de façon étroite à son travail de recherche et entreprend à plusieurs reprises de la psychanalyser.
- Anna, devenue lesbienne, fait venir chez Freud sa maîtresse avec ses enfants. C'est elle aussi qui veillera aux soins de son père jusqu'à sa mort.

La prévalence de cette incestualité (dont on sait qu'elle est une problématique familiale), tour à tour subie ou infligée, aurait détourné Freud de ses premières investigations sur les abus sexuels intrafamiliaux et l'aurait amené au contraire à privilégier l'exploration du seul appareil psychique individuel. Une confusion entre un traumatisme réel et un traumatisme fantasmé, entre un inceste et le complexe d'Œdipe aurait dès lors été possible. Un tabou aurait au contraire frappé les recherches orientées sur les relations familiales. Les effets de cette sorte d'interdiction se feraient sentir aujourd'hui encore.

En définitive, que la psychanalyse ainsi façonnée par Freud présente des imperfections, des inachèvements ou des dérives, paraît de l'ordre de la logique. Bien plus déplorable fut la vénération idolâtrique qu'il exigeait de ses élèves et que bien des successeurs lui ont effectivement vouée, perpétuant de la sorte les erreurs du maître. Nous allons nous pencher sur quelques exemples des retombées théorico-cliniques de cette confusion entre *œdipe* et *incestualité*.

L'ESCAMOTAGE DE LA PERVERSION ET DE LA VIOLENCE DANS LA PSYCHANALYSE APRÈS FREUD

La confusion entre le registre de la réalité externe et celui de la réalité subjective, interne, s'est perpétuée après Freud. Très bizarrement, ce télescopage, au lieu d'être source d'embarras, a été plutôt magnifié comme une trouvaille ! Bien des analystes, subjugués par cette erreur devenue d'un coup illustre, ont prétendu, contre la logique la plus évidente, qu'entre un traumatisme réel et un traumatisme fantasmé il était difficile de faire la différence, que l'un valait l'autre, etc. Plusieurs firent assaut de subtilité pour démontrer l'inanité de cette logique « extérieure » par rapport à une logique fantasmatique primordiale, pour tenter désespérément de distordre un traumatisme réel et d'en faire un désir intérieur contrarié.

Cette confusion est évidemment gravissime. Après Freud, elle a été véritablement organisée et érigée en doctrine. Cette mystification a commencé avec sa fille Anna, et on peut la suivre à partir de la censure que celle-ci a exercée sur les lettres de son père à Fliess[1]. À la suite de rocambolesques péripéties[2], une version intégrale, non expurgée, put enfin en paraître en 2006[3]. On reste confondu devant ce que nous révèle cette version originale quant au matériel supprimé : contrairement à ce que l'on aurait pu attendre, celui-ci ne concerne pas du tout des anecdotes personnelles, liées à la vie intime de Freud et des siens, mais bien toute une série de cas cliniques passionnants que Freud décrivait à son ami. Bien plus, il s'agissait toujours de cas de violence perpétrée par des adultes pervers sur des

[1] S. Freud, *La naissance de la psychanalyse*, Paris, PUF, 1956.

[2] Janet Malcolm, *Tempête aux archives Freud*, Paris, PUF, 1986.

[3] Jeffrey Moussaieff Masson, *The complete letters of Sigmund Freud to Wilhelm Fliess 1897-1904*, Harvard University Press, Cambridge, Massachusetts and London, 1985, trad. franc. *Sigmund Freud, lettres à Wilhelm Fliess, 1887-1904*, PUF, Paris, 2006.

enfants. Voyons-en le détail, du moins jusqu'au rejet par Freud de sa *neurotica*[1].

L'ESCAMOTAGE DE LA PERVERSION DANS LES LETTRES DE FREUD À FLIESS

Quelles qu'aient pu être les ambiguïtés de Freud quant à la perversion dans sa vie ou dans son œuvre, il n'en demeure pas moins un analyste extraordinairement perspicace de cette pathologie. Au début de sa carrière psychanalytique, lorsqu'il a perçu la destructivité que certains parents pervers pouvaient exercer sur leur progéniture (surtout les pères, dans ce qu'il appelait l'« hypothèse paternelle »), il a élaboré des observations et une théorie remarquables à ce sujet. Elles figurent dans ses lettres à Fliess. Nous y accédons, pourrait-on préciser, après d'invraisemblables incidents. Vendues par Ida Fliess (femme de Wilhelm) à un antiquaire, rachetées par Marie Bonaparte, sauvées de la destruction à laquelle Freud entendait les vouer, elles ont finalement été éditées dans les années cinquante par Anna Freud sous le titre *La naissance de la psychanalyse*. Mais, ce que l'on a appris bien plus tard, lorsque l'édition intégrale fut publiée, c'est que cette correspondance avait été abondamment censurée par Anna. Ernst Falzeder a eu accès au texte original annoté par Anna avant publication. Voici ce qu'il en dit : « Ces lettres témoignent de l'immense influence d'Anna Freud sur cette publication et contiennent de nombreux exemples de ce qu'elle suggérait, voire ordonnait à son analysant Ernst Kris d'exclure du livre (cf., par exemple, dans sa lettre du 11 février 1947 : "devrait être gardé", "couper seulement la seconde partie du premier paragraphe", "sauter", "couper les histoires de

[1] « La volonté d'Anna de proposer des modifications au manuscrit sur Wilson suivait la même logique que la censure silencieuse qu'elle avait exercée sur la publication des lettres de Freud. Par exemple, personne n'est jamais arrivé, pour autant que je sache, à comprendre la logique de sa censure de la correspondance entre Freud et Fliess » (Paul Roazen, *Mes rencontres avec la famille Freud*, Éd. du Seuil, 1993, p. 146).

perversion !", "couper en tout cas", "couper la phrase : mon propre père non exclu". »[1]

Une comparaison attentive de l'édition d'Anna Freud à l'édition originale montre que non seulement une censure a été effectuée (y compris, ô ironie, sur une lettre où Freud décrivait le fonctionnement du refoulement comme celui d'une « censure russe »), mais que la traduction elle-même se révélait gravement fautive, frôlant parfois la falsification. Cette découverte, que nous allons étayer par des exemples, est troublante. En effet, alors que les ambiguïtés de Freud sur le sujet de la perversion, tout en étant fâcheuses, gardaient toute la légitimité du pionnier et du chercheur qu'il était, les censures et les modifications exercées par la suite témoignent, elles, d'une logique différente. On sent là l'exercice d'une idéologie, prête à corriger, voire à travestir, la réalité historique, en l'occurrence ces lettres. Il s'agit donc d'une démarche organisée, concertée, impliquant notamment Marie Bonaparte, la traductrice.

Les lettres

Il vaut la peine de suivre dans le détail cette opération. Voici par exemple un premier extrait de la lettre N° 112, au contenu particulièrement important. Le texte de la première édition expurgée est peu compréhensible, la traduction en étant visiblement boiteuse :

> « L'hystérie me semble toujours davantage résulter de la perversion du séducteur; l'hérédité s'ensuit d'une séduction par le père[2]. Il s'établit ainsi un échange entre générations :
>
> » - 1ère génération: perversion;
>
> » - 2ème génération: hystérie et, en conséquence, stérilité. Il arrive parfois que le sujet subisse une métamorphose. Pervers à la maturité, il devient hystérique après une période d'angoisse.

[1] Ernst Falzeder, « A qui appartient Freud ? », *in* André Haynal, *Dans les secrets de la psychanalyse et de son histoire*, PUF, Paris, 2005, p. 57.
[2] Le texte est souligné par nous en vue d'une comparaison plus aisée.

» Il s'agit, en fait, dans l'hystérie, plutôt du rejet d'une perversion que d'un refus de la sexualité. »[1]

Et voici le texte non expurgé, plus intelligible, de l'édition anglaise, que nous traduisons de la manière suivante[2] :

Il m'apparaît de plus en plus que le point essentiel de l'hystérie est qu'elle résulte d'une perversion de la part du séducteur et de plus en plus que l'hérédité, c'est la séduction par le père. Ainsi s'établit une alternance entre les générations:

» - 1ère génération – perversion

» - 2ème génération – hystérie, et, en conséquence, stérilité.

» Occasionnellement, il s'opère une métamorphose au sein d'un même individu : pervers pendant l'âge de maturité, il devient plus tard, après une période d'anxiété, hystérique. Dans ce sens, l'hystérie n'est pas un refus de la sexualité, mais bien plus le rejet d'une perversion. »

Le ton est ici beaucoup plus catégorique (« point essentiel »). La traduction « l'hérédité s'ensuit d'une séduction par le père » était incompréhensible alors qu'en réalité, Freud se dégageait courageusement d'une vision biologisante de l'origine de l'hystérie et désignait au contraire les abus sexuels paternels comme source des symptômes de l'enfant. Il en va de même des considérations sur l'évolution possible de la perversion chez un même individu. Dans cette lettre, Freud établit une correspondance beaucoup plus forte et plus parlante entre névrose et perversion qu'il ne l'écrira plus tard dans ses *Trois Essais*: la névrose n'est pas seulement l'inverse de la perversion, c'est surtout son *refus*. Refus des actes pervers infligés par d'autres personnes ou refus de la perversion intériorisée en soi. On n'est plus là dans une vision statique ou structurelle, mais bien dynamique et comportant éventuellement d'importantes connotations *morales*. Dans l'idée de refus, on retrouve également la notion de violence, celle d'une victime

---

[1] Lettre N° 112 [52] du 6 décembre 1896 (les chiffres entre crochets se réfèrent à la première édition française).

[2] Les traductions suivantes sont également de notre cru.

qui se débat contre une induction à la perversion (situation que nous avons analysée chez Dora par exemple).

La suite de cette lettre l'illustre parfaitement ; elle a été intégralement censurée. Voici son contenu :

> « Un fragment de mon expérience quotidienne : une de mes patientes dans l'histoire de laquelle son père éminemment pervers joue le rôle principal, a un jeune frère qui est considéré comme une crapule assez quelconque. Un jour celui-ci fait irruption dans ma consultation pour déclarer, les larmes aux yeux, qu'il n'est pas un gredin mais qu'il est malade avec des impulsions anormales et des inhibitions de la volonté. Accessoirement il se plaint aussi de ce qui sont certainement des maux de tête d'origine nasale. Je le dirige vers sa sœur et son beau-frère auxquels il rend effectivement visite. Le même soir la sœur m'appelle parce qu'elle est dans un état d'agitation. Le lendemain, j'apprends qu'après que son frère soit parti, elle a souffert d'une attaque de maux de tête de la pire sorte qui soit – dont autrement elle ne souffre jamais. Raisons: son frère lui a dit que lorsqu'il avait douze ans, son activité sexuelle consistait à embrasser (lécher) les pieds de sa sœur lorsqu'ils se déshabillaient pour aller se coucher. Par association, elle retrouva dans son inconscient le souvenir d'une scène au cours de laquelle, à l'âge de quatre ans, elle avait observé son papa dans un état d'excitation sexuelle extrême lécher les pieds de la nurse. De cette façon, elle comprit que les goûts sexuels du fils étaient issus du père ; que celui-ci avait aussi été le séducteur de celui-là. Alors, elle s'autorisa à s'identifier avec lui et à assumer ses maux de tête à lui. Elle pouvait le faire car, dans la même scène, le père en furie avait tapé l'enfant (qui était cachée sous le lit) à la tête, avec sa botte.
>
> » Le frère abhorre toute perversité, alors qu'il souffre de pulsions compulsives. Autrement dit, il a réprimé certaines impulsions qui ont été remplacées par d'autres accompagnées de compulsions. C'est en général le secret des impulsions compulsives. S'il avait été pervers, il serait sain comme le père. »

Cette lettre se poursuivait donc par un exemple clinique qui n'avait strictement aucune raison légitime d'être censuré. Il s'agit de la description saisissante d'un père ayant abusé sexuellement de son fils, ce qui avait entraîné d'intenses sentiments de dévalorisation chez celui-ci, des troubles de la pensée et des compulsions d'ordre sexuel, avec un dilemme intérieur tragique entre donner libre cours à ses pulsions ainsi perverties ou leur répression. Ce père incestueux avait aussi impliqué sa fille, qui avait assisté à ses ébats avec la nurse. Pourquoi cette vignette a-t-elle été soustraite ? Elle illustrait pourtant parfaitement la théorie énoncée ci-dessus, qui voyait la névrose comme le refus de s'identifier à la perversion d'un parent.

Nous retrouvons ici la phrase déjà évoquée plus haut, qui nous a tant médusés, qui voudrait que, pour Freud, la perversion soit assimilée à une forme de santé mentale. Ici, on croit comprendre qu'il s'agit d'une alternative au conflit interne et aux symptômes compulsifs qui en résultent. S'il n'y a plus de lutte, ces pulsions peuvent se vivre de manière egosyntonique (sans conflit intérieur), apparemment adaptée socialement, ce que Freud paraît assimiler, encore une fois à tort, à la santé.

Poursuivons la comparaison entre la version expurgée et la version originale des lettres à Fliess. Voici, dans la lettre suivante, ce qui avait été censuré :

> « Croiras-tu que l'aversion de boire de la bière et de se raser a pu être élucidée par une scène dans laquelle une nurse s'était assise le derrière nu avec les fesses à l'air dans un plat à raser creux rempli de bière pour se faire ensuite lécher ? »[1]

On voit ici un autre exemple de symptôme « hystérique » clairement mis en relation avec une scène perverse pédophilique infligée par la nurse à un patient durant son jeune âge. Une fois encore, rien ne justifiait son élision par Anna Freud, si ce n'est une probable volonté d'affranchir les adultes de tous les problèmes présentés par les enfants, la critique de ces adultes équivalant peut-être pour elle à une critique contre son père.

---

[1] Lettre N° 114 [53] du 17 décembre 1896.

Freud contre Fliess

Dans la lettre suivante, non expurgée, Freud exprime vigoureusement sa foi dans ses recherches sur les traumatismes pervers, qu'il expose à Fliess.

> « Nous n'échouerons pas. Au lieu du passage que nous cherchons, nous découvrirons peut-être des océans dont nos successeurs devront pousser plus loin l'exploration. »[1]

Plus tard :

> « Tu vois que je suis en pleine période de découverte ; en outre, je me sens fort bien. »[2]

Avec le recul, c'est pourtant avec une certaine perplexité que nous lisons ces lignes. Nous avons en effet plusieurs arguments pour douter de l'intégrité psychique ou morale de l'ami auquel il se confiait peut-être ingénument. On connaît bien sûr les conflits terribles qui ont fini par les opposer, Freud accusant son ancien ami d'être un paranoïaque malveillant (et Fliess de l'avoir trahi). Mais, surtout, le fils de Wilhelm Fliess, Robert, devenu lui-même un brillant psychanalyste aux Etats-Unis, a laissé entendre qu'il aurait été abusé ou maltraité par son père[3].

---

[1] Lettre N° 115 [54] du 03 janvier 1897.

[2] Lettre N° 116 [55] du 11 janvier 1897.

[3] Robert Fliess a été un psychanalyste d'une extraordinaire lucidité et d'un rare courage. Tout en restant scrupuleusement fidèle à Freud, il n'a jamais nié l'existence des traumatismes réels. Bien au contraire, la majorité de son travail, dès les années cinquante, est consacré à l'exploration très perspicace des maltraitances infantiles exercées par des adultes pervers, qu'il nomme « psychotiques ambulatoires », pour caractériser le fait que leur maladie ne se voit pas, si ce n'est par ses effets sur leur progéniture. Voici par exemple ce qu'il dit de ces effets : « L'enfant d'un tel parent est l'objet d'une agression constante (maltraité et battu tout au long de sa vie), et d'une sexualité perverse qui ne connaît pas la barrière de l'inceste (il est séduit de toutes les façons les plus bizarres par son parent et, à l'instigation de celui-ci, par d'autres) » (Robert Fliess, *Erogeneicity and libido,* vol. I, M.D. International Universities Press, New York, 1956 (rééd. 1970), p. xviii). À de très nombreuses reprises, l'auteur souligne que ses observations cliniques [assez épouvantables] sont authentiques et méritent d'être crues. Pour étayer cette conviction, voici ce qu'il ajoute dans une note de bas de page : « La publication de la biographie de Freud m'oblige à adjoindre une remarque que je n'aurais jamais faite autrement. Quoi qu'il en soit, l'initiative n'est plus la mienne. Dans le premier volume de sa biographie, Jones a donné une description de mon père qui permet au lecteur psychiatre de faire son propre diagnostic. Certains de ces lecteurs, peut-être se défendant contre la reconnaissance de l'incidence [de ces « psychoses

Quant à sa mère, Ida, voici ce qu'en dit Freud en 1911 : « Intelligente mais stupide, venimeuse, une hystérique avérée ; bref, perverse : non névrosée, mais perverse. »[1] On saisit dès lors tout le paradoxe de Freud, chercheur passionné sur la trace des méfaits des perversions dans les familles, qui en fait candidement la confidence à un ami qui pourrait avoir eu en tout cas des traits de ce type ! L'inconscient de Freud pourrait bien en avoir eu l'intuition et, au fil des lettres, on lit la réticence croissante qu'il éprouve à se confier à son ami. Ainsi par exemple :

> « Mon très cher Wilhelm,
>
> » Le tumulte dans ma tête a vraiment l'air de beaucoup t'amuser.
>
> » (...) Tu me fais douter de mon explication de l'épilepsie, mais elle n'est pas encore entièrement obscurcie. »[2]

Puis, dans une rhétorique qui laisse transparaître l'amorce de certaines tensions :

> « C'est gentil de ta part de prendre mes demandes aussi sérieusement. Mais le cas des convulsions n'est certainement pas l'un de ceux que j'attends. Je crois toujours pleinement au sujet lui-même. La plupart de mon travail in neuroticis s'est par la suite révélé véridique (...).[3] Même les relations chronologiques deviennent incertaines. »

Il persévère néanmoins :

---

perverses »] dans leur propre famille, pourraient être tentés de rejeter mes observations au titre d'une projection. Qu'ils prennent note de ceci : en suivant le conseil de Freud pour les analystes, de refaire une tranche d'analyse, j'ai mis au clair l'image de mon père grâce à deux psychanalyses complètes, par des analystes chevronnés, la dernière au milieu de ma vie avec Ruth Mack Brunswick ; et j'ai eu une discussion approfondie avec Freud lui-même au sujet de son ami d'antan. » Cette note est encore signalée dans un ouvrage ultérieur, preuve de l'importance qu'y accordait l'auteur. S'il n'y a pas de dénonciation *expressis verbis*, du moins y a-t-il des éléments étayant une suspicion de maltraitance.

[1] Lettre de Freud à Abraham, 13 février 1911, cité par Gay (1988), vol. I, p. 301.

[2] Lettre N° 118 [56] du 17 janvier 1897.

[3] Lettre N° 119 [57] du 24 janvier 1897.

« En tout cas j'aurai beaucoup de matériaux à te soumettre à Prague. »[1]

Mais son inconscient le travaille :

Rêve : « ... Cette conversation raviva mon regret récent d'ignorer ton adresse et d'être sans nouvelles de toi. J'aurais voulu que tu sois mon public pour te communiquer quelques-unes de mes idées ainsi que le résultat de mes récentes recherches. Mais je ne pouvais risquer de t'envoyer ces notes à l'aveuglette. (...) Je me sentais irrité contre toi, comme si tu exigeais toujours des choses spéciales ; de plus je blâmais ton peu d'intérêt pour le Moyen-Âge. »

Le combat intérieur se fait âpre :

« Jamais je n'ai été atteint d'une paralysie intellectuelle pareille à la présente. »[2]

Jusqu'à ce témoignage d'une sincérité confondante :

« Je continue à ne pas comprendre ce qui m'est arrivé. Quelque chose venu des profondeurs abyssales de ma propre névrose s'est opposé à ce que j'avance encore dans la compréhension des névroses et tu y étais, j'ignore pourquoi, impliqué. »

Freud renonce alors à aller retrouver Fliess pour passer des vacances ensemble.[3]

C'est dans ce contexte particulier que vient ensuite la fameuse lettre du 21 septembre 1897 :

« Je ne crois plus à ma neurotica. »

Dans cette perspective, signerait-elle une sorte de reddition dont les ressorts seraient ceux de ne pas poursuivre ses investigations dans une voie si opposée à son ami, qu'il risquerait éventuellement de dévoiler ?

---

[1] Lettre N° 120 [58] du 8 février 1897.
[2] Lettre N° 131 [65] du 22 juin 1897.
[3] Lettre N° 132 [66] du 7 juillet 1897.

Retour aux lettres falsifiées

Revenons aux contenus censurés. Dans la lettre N° 54 du 3 janvier 1897, Freud étaie sa démonstration : après vérification, faite par les patients eux-mêmes, il apparaît qu'ils ont effectivement été abusés dans leur enfance. Pourtant, une fois traduit, ce texte prend une tournure bien édulcorée :

> « Depuis l'année dernière je suis sans nouvelles du patient atteint de névrose obsessionnelle que je ne soignais que depuis sept mois. Madame F. m'a dit qu'il était retourné dans son pays pour y vérifier l'exactitude de ses souvenirs et obtenir de sa séductrice encore vivante (sa nourrice maintenant fort âgée) certaines confirmations. »

En réalité, voici le texte original :

> « Actuellement tout, à ce qu'il me semble, converge vers la première période de la vie jusqu'à trois ans. Depuis une année, je n'avais plus eu de nouvelles d'un patient qui souffrait d'idées obsessionnelles et que j'avais traité pendant sept mois. Hier, j'ai appris de Mademoiselle F. (qui l'a entendu du Prof. Sulz) que cet homme a fait le voyage jusqu'à sa ville d'origine pour établir la réalité de ce qu'il s'était remémoré et qu'il avait reçu la pleine confirmation de sa séductrice qui est toujours en vie (sa nurse, maintenant une vieille femme). »

Le premier texte dit simplement que le patient « cherche à obtenir » des preuves, le second, original, qu'il a « reçu la pleine confirmation » de ces abus. Ne serait-on pas en droit d'y voir une sorte de falsification ?

Voici d'ailleurs la suite, encore plus grave, sous la forme d'une phrase presque incompréhensible :

> « L'exactitude des faits trouvent une preuve valable et précieuse dans les concordances avec les versions décrites que Krafft *[sic]*. »

En réalité, Freud avait écrit très clairement :

> « (...) La concordance [de mon matériel] avec les perversions décrites par Krafft[-Ebing] est une nouvelle confirmation précieuse de leur réalité. »

Autrement dit, « perversions » a été traduit par « versions » ! On constate, s'il en était encore besoin, l'acharnement déployé par les traducteurs contre le concept même de perversion et ses incidences sur la réalité.

Dans la lettre suivante, cette altération du texte devient très subtile, et seule une lecture attentive la révèle. Voici en premier lieu le texte traduit de façon,, de nouveau, édulcorée :

> « La condition déterminante d'une psychose, et non pas d'une névrose (je veux dire d'une amentia ou psychose confusionnelle, psychose par débordement comme je disais naguère), réside, semble-t-il, dans un mésusage sexuel ayant précédé la fin du premier stade intellectuel (avant l'achèvement, sous sa première forme, de l'appareil psychique, avant 1 an et 3 mois à 1 an ½). Il peut se faire que ce mésusage remonte à une date assez lointaine pour que ces expériences précoces se dissimulent derrière des incidents plus récents et qu'il soit possible d'y recourir de temps en temps. C'est de la même époque, je crois, que date l'épilepsie... Il faudra que j'explique autrement le tic convulsif que j'avais situé à la même époque... »

Une fois de plus, le texte original est beaucoup plus clair :

> « La détermination d'une psychose (je veux dire d'une amentia ou psychose confusionnelle, psychose par débordement comme je disais naguère), opposée à la névrose, semble résider dans le fait que l'abus sexuel a lieu avant la fin de la première étape intellectuelle, c'est-à-dire avant l'achèvement, sous sa première forme, de l'appareil psychique (d'avant 1 an ¼ à 1 an ½). Il est possible que ces abus remontent si loin que ces expériences soient masquées par d'autres, ultérieures, et qu'elles puissent être revécues de temps en temps. L'épilepsie, je crois, appartient à cette même période (comme dans la dispute au sujet de Sophie dont je t'ai parlé). Il faudra que j'aborde différemment le tic convulsif que j'avais situé à la même époque. »

On voit tout l'effort que Freud déploie pour circonscrire la période précise au cours de laquelle la vulnérabilité de l'enfant aux traumatismes sexuels est la plus grande. Ils sont d'ailleurs clairement nommés « abus sexuels », et non « mésusage sexuel » terme peu compréhensible, voire ambigu. Pour Marie

Bonaparte, ces « mésusages » pourraient se dissimuler derrière des « incidents », alors que Freud parle clairement d'abus qui peuvent en masquer d'autres plus anciens. Ceux-ci pourraient aussi donner lieu à des revécus étranges, comme l'épilepsie ou les tics, hypothèse considérable, qui est très mal formulée dans la première version.

Voici la suite de la traduction, toujours de la même veine :

> « (…) puis se produisirent entre ce séducteur et mon malade, des scènes auxquelles assista parfois la petite sœur de ce dernier, âgée alors de moins d'un an. Plus tard il y eu certains rapports avec celle-ci qui à la puberté fut atteinte de psychose. Tu vois là comment une névrose peut se transformer en psychose à la génération suivante (c'est ce que les gens qualifient de dégénérescence), simplement parce que le sujet, à l'âge le plus tendre, s'y est trouvé impliqué. »

Alors qu'il eût fallu traduire :

> « De tels échanges ont eu lieu entre ce séducteur et mon patient, certains d'entre eux impliquant sa petite sœur qui avait moins d'une année. Le patient a eu des relations sexuelles avec elle plus tard et elle devint psychotique à la puberté. Tu peux maintenant comprendre de cet exemple comment une névrose croît jusqu'à une psychose à la génération suivante – ce qu'on appelle alors dégénérescence – simplement parce que le sujet, à l'âge le plus tendre, s'y est trouvé impliqué. »

Freud nous livre sans faux-fuyants la description d'une situation consternante. En clair, un pervers a abusé du patient et de sa petite sœur de moins d'une année, puis c'est le patient lui-même qui abusé de sa sœur. Elle en est devenue folle. Freud formule une autre hypothèse, très intéressante, d'enchaînement des pathologies ; alors que, plus haut, il posait la perversion comme susceptible d'entraîner l'hystérie ou des compulsions, ici c'est carrément à la psychose qu'elle amène.

La lettre suivante fut entièrement censurée[1]. Une fois de plus, elle traitait de la perversion et de ses dégâts sur les enfants :

[1] Lettre N° 117 du 12 janvier 1897.

« Cher Wilhelm,

» Pourrais-tu s'il te plaît rechercher (plus tard ou bien dans tes souvenirs) un cas de convulsions chez un enfant chez lequel tu pourrais retrouver la trace d'un abus sexuel, plus précisément de lictus [lécher] (ou doigt) dans l'anus. Après tout, il doit y avoir des indications ou des raisons de soupçonner ceci, là où ça s'est passé. Ceci alors recouvrirait la catégorie fonctionnelle bien connue: irritation intestinale, dyspepsie et d'autres choses analogues. En ce qui concerne mes récentes découvertes, je suis capable de retracer l'histoire avec certitude d'un patient qui souffre d'attaques qui ressemblent principalement à de l'épilepsie et qui a subi un traitement pareil avec la langue de la part de sa nurse. À l'âge de deux ans. – Substitue l'enfance précoce et tu auras la ressemblance de la psychose épileptique avec la reproduction de cette scène. J'ai une bonne confiance dans cette nouveauté ainsi que celle d'hier à propos de la précondition de l'âge pour la psychose. »

Étranges et peut-être intéressantes associations entre abus sexuel et épilepsie.

Et Freud poursuit :

« Dans le cas de R. L. qui a été le sujet de la dispute entre B. et moi, des convulsions sont survenues une fois avant l'âge d'un an, deux jeunes sœurs sont tout à fait saines malgré que le père (que je connais comme étant un type répugnant) a été persuadé des effets destructeurs de ses caresses. »

On note qu'ici Freud sort de sa réserve scientifique, qualifie, à juste titre, le pervers abuseur de « répugnant » et non seulement évoque les effets *destructeurs* de ses attouchements mais semble même avoir confronté ce père à ses actes.

La lettre suivante[1] commence par un paragraphe censuré. Il concernait une patiente commune dont le traitement, opéré chirurgicalement par Fliess, fut désastreux (il oublia une gaze dans un sinus, ce qui faillit aboutir au décès de la patiente – ce qui fournit le thème du célèbre rêve « l'injection faite à Irma ») :

[1] Lettre N° 118 [56] du 17 janvier 1897.

> « [Souviens-toi], Eckstein a une scène où le diable lui enfonce des aiguilles dans les doigts et ensuite place une chandelle sur chaque goutte de sang... »

La suite de la lettre se réfère effectivement à des supplices infligés aux femmes, mais là encore la traduction est presque incompréhensible :

> « Et voilà que les inquisiteurs se servent à nouveau de leurs épingles pour découvrir les stigmates diaboliques et les victimes recommencent à inventer les mêmes cruelles histoires (aidées peut-être par les déguisements du séducteur). Victimes et bourreaux se souvenaient alors de la même manière de leurs jeunes années. »

Voilà ce qu'il fallait lire :

> « Une fois de plus, les inquisiteurs enfoncent leurs aiguilles pour découvrir les stigmates du diable et, dans cette situation analogue, la victime se réapproprie, sous une forme romancée (peut-être aidée par les déguisements des abuseurs), l'ancienne histoire cruelle. Ainsi, ce n'étaient pas seulement les victimes qui se souvenaient de leur prime enfance, mais également leurs bourreaux. »

Freud évoque ici les tortures endurées au Moyen-Âge par certaines femmes convaincues de sorcellerie. Dans cette situation, mises en condition par les déguisements de leurs bourreaux, elles se remémorent les scènes d'abus sexuels qu'elles ont subis antérieurement. Freud ajoute que les bourreaux, eux aussi, devaient être d'anciennes victimes d'abus sexuels, qui, eux, les revivaient sous une forme inversée, active.

Ici, Freud fait montre d'une pensée indubitablement visionnaire. Il a compris plusieurs caractéristiques essentielles de ces pathologies : la propension des victimes à revivre, dans une sorte d'hallucination, des abus subis durant l'enfance ; la possibilité, en regard de ce même type de traumatismes, d'adopter la posture sadique, autrement dit de s'identifier à l'abuseur (ce que font ici les bourreaux). Il s'agit là, nous décrit-il en outre, d'une *mise en scène* à l'âge adulte de cet abus infantile. Ce sujet nous intéresse particulièrement en tant que thérapeutes de couples, qui percevons fréquemment dans les *scènes de ménage*, la même *mise en scène* d'abus infantiles. Enfin, Freud pousse encore plus loin son idée (ou était-ce Emma Eckstein ?) dans une dimension psycho-historique passionnante : dans quelle mesure ces problématiques d'abus sexuels peuvent-elles pénétrer le tissu social, s'y développer et donner naissance à des constructions, à des mises en forme politiques, théologiques ou artistiques ? Voilà un sujet de réflexion capital pour qui voudrait comprendre les rouages de notre société postmoderne, traversée de courants et d'idéologies probablement tout aussi erratiques que ceux de l'Inquisition moyenâgeuse[1].

La lettre suivante[2] débute elle aussi par un paragraphe qui fut ensuite censuré :

> « C'est gentil de ta part de prendre mes demandes aussi sérieusement. Mais le cas des convulsions n'est certainement pas l'un de ceux que j'attends. Je crois toujours pleinement au sujet lui-même. La plupart de mon travail in neuroticis s'est par la suite révélé véridique. En fait, toute cette histoire est basée sur un cas chez lequel des convulsions épileptiformes ont avec certitude pu être mises en relation avec des excitations similaires dans les mois suivants. Je n'ai pas encore de matériel nouveau. La période précoce avant l'âge d'une année est en train de devenir encore plus importante. J'essaie même de distinguer plusieurs périodes à l'intérieur d'elle. Ainsi j'ai été capable de retracer avec certitude l'histoire d'une hystérie qui s'est développée dans le contexte d'une dépression périodique légère, de retracer son histoire jusqu'à une séduction qui est survenue pour la première fois à onze mois et je pouvais entendre de nouveau les mots tels qu'ils étaient échangés entre deux adultes à ce moment ! C'était comme s'ils venaient d'un phonographe... »

Freud se défend visiblement des accusations de son ami qui met en doute la véracité des dires de ses patientes : « La plupart de [son] travail *in neuroticis* s'est révélée véridique » ! Et, loin de se laisser décourager, il persévère dans l'analyse fine des

[1] Cf. par exemple Philippe Muray, *Moderne contre moderne (Exorcismes spirituels, tome IV)*, Les Belles Lettres, 2005.

[2] Lettre N° 119 [57] du 24 janvier 1897.

différentes périodes au cours desquelles les jeunes enfants auraient subi des abus sexuels. Ces symptômes, décrit-il, sont en relation directe avec l'abus subi alors, et l'enfant, même de nombreuses années plus tard, peut réciter précisément les phrases qu'il avait entendues mais évidemment pas comprises. Fliess se serait-il senti menacé par cette éventualité ?

La séquence suivante de cette lettre est très connue et a donné lieu à plusieurs interprétations. Pourtant, elle était considérablement tronquée :

> « Je suis près de croire qu'il faudrait considérer les perversions dont le négatif est l'hystérie comme les traces d'un culte sexuel primitif qui fut peut-être même dans l'Orient sémitique une religion (Moloch, Astarté). »

Voici la version complète, autrement passionnante :

> « Je suis en train de saisir une idée: c'est comme si dans les perversions, dont l'hystérie est le négatif, nous avions devant nous les vestiges d'un culte sexuel primitif qui était autrefois − ou est peut-être encore − une religion dans l'Est sémitique (Moloch, Astarté). *Imagine-toi, j'ai obtenu une scène au sujet de la circoncision d'une fille. L'ablation d'un morceau d'une petite lèvre (qui est plus courte même aujourd'hui), l'aspiration du sang après quoi on a donné à manger à l'enfant un morceau de la peau. Cette enfant, à l'âge de treize ans, dit une fois qu'elle était capable d'avaler une partie d'un ver de terre et a commencé à le faire. Une opération que tu as effectuée autrefois a été troublée par une hémophilie qui a commencé de cette façon.* »

Il est vraiment regrettable que cette association avec une religion ancienne ait été amputée de l'exemple clinique qui l'illustre et sans lequel cette relation perd son véritable sens clinique. Une fois de plus, bien sûr, c'est d'une scène perverse qu'il s'agit. Dans son exemple, la fillette semble avoir *remis en acte*, treize ans plus tard, l'ingestion d'un matériel horrible (autrefois sa propre peau des petites lèvres, plus tard un ver de terre). L'allusion à la patiente est peu claire. Quant à l'hypothèse de la perversion en tant que vestige d'un culte sexuel primitif, elle n'a malheureusement, à notre connaissance, pas été vraiment développée (à la notable exception des travaux de Janine Chasseguet Smirgel[1]).

La suite, elle aussi, a été trafiquée :

> « Les actes sexuels pervers sont d'ailleurs toujours les mêmes, ils comportent une signification et sont calqués sur un modèle qu'il est possible de retrouver. »

Au lieu de :

> « Les actions perverses d'ailleurs sont toujours les mêmes, pleines de sens et mises en scène selon un schéma qui, un jour, pourra être élucidé »

ce qui est évidemment plus clair.

Enfin, la conclusion est, une fois de plus, adultérée :

> « Un détail encore: dans les exigences que formulent les hystériques amoureux, dans leur soumission à l'objet aimé ou dans leur incapacité à se marier par suite à une aspiration à des idéaux inaccessibles, je décèle l'influence du personnage paternel. La cause se trouve évidemment dans la grandeur du père qui condescend à s'abaisser jusqu'au niveau de l'enfant. Dans la paranoïa, compare la combinaison de mégalomanie avec la création de mythes relatifs à l'origine de l'enfant. C'est le revers de la médaille. »

Et voici la version originale sans « novlangue » :

> « Un détail encore. Dans l'hystérie, je reconnais le Pater dans des demandes ardentes amoureuses, dans leur soumission à l'amoureux ou dans leur incapacité de se marier en raison d'idéaux inaccomplis. La cause en est évidemment la hauteur depuis laquelle le père s'est rabaissé vers l'enfant. Compare ceci, dans la paranoïa, à la combinaison de délire de grandeur et aux récits d'aliénation du rapport de parenté. C'est le revers de la médaille. »

---

[1] Par exemple : Janine Chasseguet-Smirgel, *Ethique et esthétique de la perversion*, Éd. L'Or d'Atalante, Champ Vallon, 1984, p. 234, ou *Les religions du diable : quelques réflexions sur les significations historiques et sociales des perversions*, *in Les troubles de la sexualité*, Monographie de la *Revue française de psychanalyse*, PUF, 1993, pp. 102-118.

Deux détails qui n'en sont certainement pas : le timide « je décèle l'influence du Pater » ne correspond pas au catégorique « je reconnais le Pater ». Et « condescendre à s'abaisser » du haut de sa grandeur paraît fort aimable alors qu'il s'agit en fait de déchoir de sa position élevée d'adulte pour s'« abaisser » au niveau d'un enfant.

Par ailleurs, une fois de plus, le texte de Freud est lapidaire. Son intuition concernant les « récits d'aliénation du rapport de parenté » pourrait bien concerner non seulement l'abus sexuel lui-même mais aussi tout ce que nous appelons aujourd'hui l'*antœdipe*, le fait que le rapport des générations soit inversé dans les familles incestuelles et que ce soient les enfants qui se sentent amenés à être les parents de leurs parents.

Au vu de cette suite de falsifications, on n'est évidemment guère surpris de la censure de cette phrase à la signification terrible qui apparaît dans la lettre N° 58 :

> « Pourquoi ne pas me rendre moi-même dans la nurserie et y faire des expériences ? »

alors qu'il avait originellement écrit :

> « Pourquoi ne pas aller à la nurserie et faire l'expérience avec la petite Annerl ? »

La réponse ne fait guère référence à des considérations d'ordre moral :

> « Car, travaillant douze heures trente par jour, je n'en ai pas le temps (…). »[1]

La suite de la lettre décrit encore un abus sexuel. Une fois de plus cette description a été presque complètement tronquée :

> « Frissons hystériques: être enlevé d'un lit chaud... »

… est loin d'être explicite, contrairement au texte original :

[1] Commenté par François Robert, traducteur des éditions complètes des lettres de Freud à Fliess, comme suit : « Freud a d'abord été un père tendre, amusé et séduit par ses enfants. » (*in Sigmund Freud : lettres à Wilhelm Fliess, 1887-1904*, PUF, Paris, 2006, p. 19).

« Frissons de froid hystériques = être sorti d'un lit chaud. Les maux de tête hystériques avec des sensations de pression sur le sommet de la tête, sur les tempes et ainsi de suite sont caractéristiques de scènes au cours desquelles la tête a été maintenue fixement pour effectuer certaines actions dans la bouche. (Plus tard aversion des photographes qui tiennent la tête immobile et serrée.) »

Et, à la suite de ces descriptions scabreuses, vient le terrible aveu, évidemment censuré dans la version traduite :

« Malheureusement mon propre père était un de ces pervers et est responsable de l'hystérie de mon frère (dont tous les symptômes sont des identifications) et de celles de plusieurs de mes jeunes sœurs. La fréquence de cet état m'étonne souvent. »

Constat dramatique et courageux quoiqu'on reste un peu interrogatif devant cette forme si laconique, un peu comme si, une fois de plus, Freud ne saisissait pas pleinement la gravité de ses observations. La phrase même n'est pas non plus très claire : faut-il comprendre que le père a abusé sexuellement du frère de Freud ? De ses sœurs aussi ?

La lettre suivante[1] mentionne d'autres éléments concernant l'environnement familial, eux aussi évidemment censurés :

« Fait surprenant, l'âge où l'enfant a acquis ces notions [sexuelles] est très précoce : à partir de six ou sept mois! Ton beau-frère Oscar[2] me supplie d'abandonner ce dernier point précis (il a probablement été envoyé avec cette mission)... Que Messieurs les assassins commencent. » [cf. Alphonse Karr : « Si l'on veut abolir la peine de mort, en ce cas, que Messieurs les assassins commencent ! »]

Le dévoilement de ces comportements pervers semble s'être heurté à des résistances du côté de son beau-frère. Le texte est malheureusement très lapidaire : pourquoi ce beau-frère veut-il, lui aussi, faire renoncer Freud à sa théorie sur les abus sexuels

---

[1] Lettre N° 123 [59] du 6 avril 1897.

[2] Frère de sa femme, Ida Bondy, celle que Freud qualifiait de « perverse » dans une lettre à K. Abraham.

précoces, « à partir de six ou sept mois » ? Qui l'a ainsi « envoyé » ?

On peut en tout cas admirer encore une fois ici le courage de Freud, qui ne se laisse pas intimider.

Étonnamment, la lettre N° 60 nous est arrivée intacte, quoiqu'elle aussi relative à un inceste et à des abus sexuels :

> « Et j'apprends alors que ce soi-disant noble et respectable père avait pris l'habitude de la faire venir dans son lit pour se livrer sur elle à des éjaculations externes (il la mouillait). Cela s'est passé entre sa 9ème et sa 13ème année). Dès cette époque, elle éprouvait de l'anxiété. Une de ses sœurs plus âgée qu'elle de six ans, à laquelle elle s'était plus tard confessée, lui avait avoué avoir eu la même aventure. Une cousine lui avait raconté qu'à l'âge de quinze ans, elle s'était vue obligée de résister aux tentatives de son grand-père. Quand je lui déclarai que des faits semblables et même pires avaient dû se produire dès sa prime enfance, elle n'y trouva rien d'incroyable. »

Freud décrit très bien la multiplicité des actes pervers au sein d'une famille, ce qui est la règle. Malheureusement, encore une fois, Freud s'en tient aux seuls « faits ».

La lettre N° 61[1], elle, a encore été expurgée du tronçon suivant :

> « Une autre confirmation de mes scènes protohystériques. Dans le cas de G., j'ai compris il y a quelques semaines que sa dépression légère imitait une dépression légère de son père, survenue alors que lui-même n'avait même pas deux ans. Ceci put être établi de la façon suivante: la dépression du père était liée à une maladie qui pourrait bien être une vieille syphilis (le vieil homme a actuellement une ptose bilatérale). L'homme fut soumis à un traitement d'embrocations qui le rendirent impuissant et l'inclinèrent à la mélancolie. L'interruption de relations sexuelles conjugales fut utilisée par un autre homme qui sut forcer l'attention de la jeune femme, sur quoi le mari, lorsqu'il apprit la grossesse de son épouse, eut des doutes quant à sa paternité et envisagea le divorce. Bien; cet enfant a deux ans et demi de moins que mon patient, les événements relatés survinrent durant les

[1] Lettre N° 126 [61] du 2 mai 1897.

premiers mois de la grossesse, c'est-à-dire durant la période où il était âgé de 21 à 24 mois. Il arriva ceci: le père, qui avait alors 62 ans, dit à son fils, dont la santé l'inquiétait, « Tu vois, c'est ce qui arrive lorsqu'on consulte des médecins, on ne sait jamais. En fait, moi aussi j'ai été une fois déprimé, il y a trente-cinq ans, lorsque tu n'avais pas encore deux ans : je me suis rendu chez notre médecin de famille, il m'a fait voyager pendant six semaines et j'ai été guéri. »

Situation bien complexe que celle de cet homme syphilitique, puis impuissant, puis trompé par sa femme, épouse qui tombe enceinte des œuvres de l'amant ! Méritait-elle d'être censurée ?

Nous en arrivons ainsi à la fameuse lettre du 21 septembre 1897, dans laquelle Freud récuse sa neurotica.

Là encore, au lieu de :

> « Puis aussi la surprise de constater que, dans chacun des cas, il fallait accuser le père de perversion..., la notion de la fréquence inattendue de l'hystérie... »

il faut lire :

> « Puis aussi la surprise de constater que, dans chacun des cas, il fallait accuser le père de perversion, <u>y compris le mien</u>, la notion de la fréquence inattendue de l'hystérie... »

En fait, cette lettre est plus curieuse qu'il n'y paraît. Sous l'influence des traducteurs, elle a longtemps été considérée comme la pierre angulaire sur laquelle se serait édifiée la psychanalyse. Depuis, plusieurs auteurs se sont interrogés sur ce reniement qui semble avoir été, dans la réalité, tout sauf radical[1]. Bien plus : le scrupule de ternir l'image de son propre père pervers pourrait certes paraître honorable, mais Freud en avait déjà évoqué l'éventualité avec courage dans une lettre précédente. En regard de cet aveu, qui comprenait les conséquences sur son frère et ses sœurs, cette rétractation paraît assez peu fondée.

---

[1] Voir par exemple Nicholas Rand et Maria Torok, *Questions à Freud*, Les Belles Lettres, 1995.

Nous en arrivons ainsi à la lettre N° 151, du 22 décembre 1897, où cette censure devient carrément cocasse, s'appliquant à une propre lettre de Freud qui se terminait justement de la sorte :

> « As-tu jamais eu l'occasion de voir un journal étranger censuré par les Russes au passage de la frontière ? Des mots, des phrases, des paragraphes entiers sont caviardés, de telle sorte que le reste devient inintelligible. C'est une sorte de "censure russe" qui apparaît dans les psychoses et qui donne lieu à des délires en apparence dénués de sens. »

En réalité, ce paragraphe concluait la description d'une fillette victime d'un père épouvantablement pervers, texte qui, précisément, s'est trouvé censuré ! Le voici dans sa version intégrale :

> « L'authenticité intrinsèque des traumatismes infantiles apparaît dans le petit incident suivant que la patiente assure avoir observé lorsqu'elle avait trois ans. Elle se rend vers une chambre obscure où sa mère se déshabille et écoute à la porte. Elle a de bonnes raisons de s'identifier à cette mère. Le père appartient à cette catégorie d'individus qui poignardent les femmes[1] dont les blessures sanglantes sont un besoin érotique. Lorsqu'elle était âgée de deux ans, il l'avait brutalement déflorée et infectée avec la gonorrhée, ce qui l'a rendue malade ; sa vie a été mise en danger par des pertes de sang et une vaginite. Sa mère maintenant se tient dans la chambre et hurle : "Espèce de criminel taré, qu'est-ce que tu me veux ? Je n'en veux rien savoir. Qui penses-tu que tu as en face de toi ?" Ensuite elle arrache ses habits avec une main alors qu'avec l'autre main elle les presse contre elle, ce qui crée une impression très particulière. Ensuite elle fixe un point particulier de la chambre, son visage convulsé de rage, couvre ses organes génitaux avec une main et repousse quelque chose loin d'elle. Ensuite elle lève les deux mains, lacère l'air devant elle et le mord. En hurlant et jurant, elle se courbe fortement vers l'avant en recouvrant à nouveau ses organes génitaux avec la main ; ce faisant, elle tombe vers l'avant, sa tête heurtant presque le sol ; finalement, elle s'étend sur le sol tranquillement sur le dos. Ensuite elle se tord les mains, s'assied dans un coin et avec des traits distordus de douleur, elle pleure.

[1] Souligné par Freud.

» Pour l'enfant, la phase la plus frappante est lorsque la mère, debout, se voit pliée vers l'avant. Elle voit que la mère recroqueville ses orteils fortement vers l'intérieur »! »[1]

» Alors que la fillette avait six ou sept mois (!!), sa mère était étendue dans son lit, saignée pratiquement à mort par une blessure infligée par le père. Lorsqu'elle fut âgée de seize ans, elle a de nouveau vu sa mère saignant par l'utérus (carcinome), ce qui a déclenché le début de sa névrose. La suite se manifeste une année plus tard lorsqu'elle entend parler d'une opération d'hémorroïdes. Peut-on mettre en doute que le père force la mère à se soumettre à un coït anal ? Quelqu'un pourrait-il ne pas reconnaître dans les attaques de la mère les phases distinctes de cet assaut : tout d'abord la tentative de la prendre par devant ; ensuite de la rabaisser par l'arrière et de la pénétrer entre ses jambes, ce qui la force à recroqueviller ses pieds vers l'intérieur. Finalement, comment la patiente sait-elle que dans ces attaques, les deux personnes sont généralement mises en scène (automutilation, meurtre de soi-même) ainsi que cela s'est passé ici lorsque cette femme d'une part s'arrachait les vêtements avec une main, comme le faisait son agresseur, et avec l'autre les garde accrochés sur elle, comme elle le fit alors ? »

Suit le paragraphe sur la « censure russe ». Puis cette magnifique conclusion émouvante et très humaine :

« Que t'a-t-on donc fait, mon pauvre enfant ? »

On ne saurait démonstration plus claire des liens évidents entre la violence perverse parentale et les manifestations « hystériques » de leurs enfants une fois devenus grands.

Voici donc quelques-unes des principales modifications ou falsifications de ce recueil de lettres. Résumons : un père qui a abusé de son fils et qui « léchait les pieds de la nurse », une nurse qui [devant l'enfant] s'asseyait « le derrière nu avec les fesses à l'air dans un bol à raser creux rempli de bière pour se faire ensuite lécher » (?), une autre nurse qui léchait l'anus d'un enfant de deux ans, un « père dégoûtant qui caressait son fils », une fillette de onze mois abusée, une fillette mutilée (« ablation

[1] Lettre N° 151 [79] du 22 décembre 1897.

d'un morceau d'une petite lèvre »), un enfant tiré du lit et dont on maintient la tête pour une fellation, son « propre père [i.e. le père de Freud] qui était pervers », une femme trompant son mari syphilitique et ayant un garçon de son amant, un mari qui « appartient à cette catégorie d'hommes qui blessent les femmes avec leur couteau, pour lesquels les blessures sont un besoin érotique », qui abuse de sa fille de deux ans et l'infecte avec la gonorrhée, fillette qui assiste au viol anal de sa mère avec du sang partout. Toutes ces descriptions cliniques, effectivement scabreuses mais évidemment essentielles à la compréhension des troubles qui en sont résultés ultérieurement chez les victimes, ont été purement et simplement écartées du recueil de lettres par les réalisateurs de l'ouvrage.

Si l'on ajoute à cela plusieurs notes infrapaginales des traducteurs, insistant lourdement sur le fait qu'à l'époque, Freud « croyait encore en la réalité des traumatismes subis », on saisit aisément qu'il y avait bien là une intention – éventuellement une idéologie – motivant ainsi ces personnes qui, pour des raisons théoriques ou personnelles, ne voulaient rien savoir ni de la perversion, ni de la violence, ni en définitive d'une partie de la réalité.

DÉNI DE LA VIOLENCE ET CONFUSION ENTRE ŒDIPE ET INCESTE CHEZ LES SUCCESSEURS DE FREUD

Malheureusement, effectivement, après Freud, nombre de psychanalystes rivaliseront de subtilité pour aller dans le sens de cette mystification des victimes, telle qu'elle fut initiée par le maître. Le « manque d'indice de réalité de l'inconscient », les « souvenirs-écran », le « travail d'élaboration dans l'après-coup » ou la « réalité psychique qui seule compte », toutes notions appropriées à la cure des névrosés, seront brandis comme des talismans, protecteurs d'un abord trop franc d'une réalité *réellement* traumatique. Ferenczi d'abord, puis bien d'autres thérapeutes rétifs à cet escamotage, seront cruellement brocardés comme « crédules », « réducteurs », « adeptes d'un psychologisme simpliste », « phénoménologiques » (?) ou

« fixant leurs patients sur des positions victimaires » et, à ce titre, impitoyablement marginalisés et boycottés. Cette dynamique a pu prendre des tournures invraisemblables et, en ce qui nous concerne, nous gardons le souvenir pénible de nombreuses présentations de cas cliniques dans lesquels la violence, les abus, voire même les incestes subis étaient systématiquement déclarés non avenus au profit d'une vision exclusivement fantasmatique et intrapsychique.

D'une façon générale, et ce jusqu'à ce jour, on constate malheureusement que la violence n'est en effet pas un sujet psychanalytique. Pis, les descriptions cliniques les plus scabreuses de meurtres, de patients qui deviennent fous furieux, se prostituent, se droguent, agressent ou se font agresser, persécutent les autres (éventuellement les analystes) ou se suicident, abandonnent leurs enfants ou procréent par des moyens invraisemblables, alternent ou se confondent même avec le récit de rêves, de désirs ordinaires ou du trauma que représente la simple difficulté de vivre, d'aimer ou de grandir. Les manifestations de la violence se voient régulièrement évacuées ou distordues, très souvent même pas validées – sans parler d'une éventuelle prise de position critique ou morale. Pour l'illustrer, nous allons emprunter certains exemples aux plus grands.

Même Piera Aulagnier, psychanalyste à maints égards visionnaire et proche des travaux de Racamier, évoque sans sourciller le fait qu'un de ses jeunes patients ne peut se soustraire aux injonctions de sa mère délirante qui lui interdit de penser et de percevoir – sans qu'à aucun moment, elle ne fasse état d'une prise en compte de la violence réelle et actuelle à laquelle est soumis cet enfant ainsi colonisé par sa mère et ainsi psychiquement dévasté[1]. D'autres patients sont encore évoqués par elle, qui ont été « ligotés par leur mère pendant des après-midis entières aux deux pieds de la table de la salle à manger » ou enfermés dans un placard à balai, dans la terreur d'y être surpris et tués par leur père paranoïaque violent : ces souvenirs ne sont que mentionnés, sans commentaire aucun.

[1] Piera Aulagnier, *L'apprenti historien et le maître sorcier*, PUF, Fil rouge, 1984.

Une autre forme de ce déni de la violence incestuelle pourrait être perçue chez Élisabeth Roudinesco, qui évoque de manière assez désinvolte le fait, pourtant gravissime, que Mélanie Klein, ait, elle aussi, comme Freud, psychanalysé ses propres enfants[1] comme s'il s'agissait d'un simple détail biographique :

« L'année 1914 voit la mort de sa mère et la naissance de son troisième enfant, Erich Klein (futur Éric Chyne), qu'elle analysera comme Hans et Melitta, le frère et la sœur aînés. Mais cette année 1914 est aussi celle de sa première lecture d'un texte de Sigmund Freud… », etc.[2]

Aucune analyse ni prise de position ne vient connoter cet abus en tant que tel.

La violence en général n'est décidément pas un sujet pour la psychanalyse, malgré son importance cruciale dans l'histoire des patients et dans la formation de leurs symptômes. Un exemple navrant nous viendrait d'un tout grand psychanalyste, Donald Winnicott, tel que le raconte Margaret Little, qui était en analyse chez lui : « Dans une séance avec D.W., je me sentis complètement désespérée de ne jamais réussir à lui faire comprendre quoi que ce soit (…). Je m'en pris finalement à un grand vase de lilas blancs que je brisai et piétinai. En un éclair, il avait quitté la pièce mais revint juste avant la fin de la séance (…). Le lendemain, le vase et les lilas avaient été remplacés à l'identique. »[3] Linda Hopkins, qui relate ce récit de Margaret Little, estime, comme nous, que l'attitude de Winnicott, qui, visiblement décontenancé, tenta d'en faire un « acte symbolique », passait à côté du fait qu'il n'y avait rien de symbolique dans cette destruction, au contraire bien réelle. Elle conclut à juste titre : « L'attitude de Winnicott consistant à ne pas montrer d'affect ni parler d'un incident très pénible de la vie réelle frise le bizarre. »

---

[1] Analyses dont elle tira des publications.

[2] Élisabeth Roudinesco, *Dictionnaire de la psychanalyse*, Éd. Fayard, Paris, 1997, p. 571.

[3] Cité par Linda Hopkins, *in* « L'analyse de Masud Khan par D.W. Winnicott », *Revue française de psychanalyse*, 3/2003, pp. 1033-1958.

Le lecteur aura saisi, nous l'espérons, que nous ne nous érigeons pas en critiques de cet éminent analyste que fut Donald Winnicott, mais que cet exemple démontre à quel point même un tel analyste se trouve désemparé par rapport à cette dimension clinique. La violence en question pourrait bien être, une fois encore, celle de l'élision de la réalité hors du champ de l'analyse (lorsque la patiente évoque le point de départ de cette crise clastique, elle dit : « je me sentis complètement désespérée de ne jamais réussir à lui faire comprendre quoi que ce soit », ce qu'on peut entendre dans le sens que l'interlocuteur ne veut rien savoir de la violence réellement subie par la patiente, qu'il reste sourd et aveugle aux dommages qu'elle a *réellement* subis. En cela, il devait répéter, *dans la réalité*, l'attitude des parents pervers, déniant la souffrance qu'ils infligeaient à leur fille.

Dans notre livre *La haine de l'amour*[1], nous avions déjà pointé comment Masud Khan avait lui aussi eu recours à des figures rhétoriques regrettables pour légitimer l'inceste qu'avait subi sa patiente de la part de son beau-père, qui, selon lui, l'avait abusée « pour l'aider à surmonter la douleur » du deuil de son père[2]. Depuis, plusieurs auteurs ont dévoilé les facettes sulfureuses et plus ou moins méconnues de cet analyste – dont certaines vues sur la perversion restent toutefois pertinentes.

Nous devons à André Green, coauteur avec Jean-Luc Donnet de *L'enfant de ça*[3], le concept précieux de « psychose blanche ». Mais peut-être n'est-il pas inutile de rappeler que le « ça » dont était issu le patient, était le rapport sexuel entre sa mère et le compagnon de sa sœur. Encore une fois, l'aveu de ces relations incestueuses ne suscite *aucun commentaire* par le psychiatre qui mène l'entretien (pas plus d'ailleurs que bien d'autres maltraitances familiales mentionnées par le patient). Aucune analyse particulière non plus lorsque ce fragment est repris dans la suite de l'ouvrage, qui commente la première partie. Voici précisément ce qui en est dit : [Le patient] : « "On était, eh ben,

---

[1] Maurice Hurni et Giovanna Stoll, *La haine de l'amour*, Éd. L'Harmattan, Paris, 1996.
[2] Masud Khan, « L'œil entend », *Nouvelle Revue de psychanalyse*, N° 3/1971, pp. 53-69.
[3] Jean-Luc Donnet et André Green, *L'enfant de ça*, Paris, Éd. de Minuit, 1973.

c'est, vous savez, c'est compliqué, voilà, ma mère a couché avec son gendre et c'est moi l'enfant de ça". » Et le commentaire de cet aveu tragique : « Répondant à l'oscillation décelée plus haut, le "on" surgit qui soude "je" à la communauté familiale. Le "on était" reviendra plus loin pour désigner le milieu d'élevage. De telle sorte qu'ici il s'interprète soit comme trace de son identification à la communauté… », etc.

« On » en reste ébahi. De toute évidence, la séduction de son gendre par cette mère, le fait de tromper sa propre fille, la concrétisation de ces relations incestueuses dans une grossesse puis leur incarnation dans un enfant, rien de cela ne semble interpeller les thérapeutes. « Z », le patient, disait pourtant clairement subir une influence néfaste de sa famille, et plus précisément de sa mère qui, disait-il, « l'influençait » (ce qui pour nous fait figure d'abus narcissique évident fut interprété comme un « syndrome d'influence ») ; quant à ses frères, il se plaignait qu'ils lui faisaient « faire des choses » (abus sexuel ? nous ne le saurons jamais).

« Z » était donc une sorte de rescapé, de survivant d'un milieu familial épouvantable qu'il dénonçait avec force : « Si par exemple je retourne chez ma mère, c'est un poids qui s'abat sur moi et elle jouit d'une influence qui me paralyse. » Cet appel au secours pathétique tombe, de nouveau, dans le vide, les analystes restant obstinément focalisés sur le seul patient et aveugles à tout ce qui l'entoure. Enfin, l'absence de toute réflexion d'ordre moral dans leurs commentaires nous interroge. Nous la retrouvons tout au long de notre inventaire critique sans qu'elle soit forcément un gage d'élévation philosophique. Elle signerait plutôt un très curieux symptôme érigé en qualité : le renoncement à une élaboration du point de vue moral serait consubstantiel de l'attitude psychanalytique. En réalité, le thème de la morale est omniprésent dans toutes les problématiques ayant trait à la perversion. Ne pas le prendre en compte est une grave erreur. Pour revenir à « Z » et à sa mère, craignons que cet *Hippolyte* et cette *Phèdre* modernes ne doivent encore attendre longtemps leur Euripide ou leur Racine pour dépeindre leur véritable dimension tragique.

Un autre grand maître de la psychanalyse, Didier Anzieu, nous fournit, lui aussi, un exemple navrant de cette « case blanche » dans laquelle sombrent les informations les plus scandaleuses sans susciter de réaction. Dans une discussion avec Gérard Decherf[1], il évoque le scandale de la redécouverte des lettres originales de Freud à Fliess, après la censure de la version française effectuée par Anna Freud. Nous avons vu (cf. ci-dessus) à quel point le matériel supprimé était en réalité précieux. Il touchait précisément à la perversion et aux violences exercées sur les enfants. Anzieu le reconnaît explicitement : « Le second élément, qui avait été censuré par Anna Freud, qui avait jugé la chose horrible, c'est tout le relevé clinique des observations de léchage des organes sexuels par des parents, par des gouvernantes sur les enfants ou demandant aux enfants de le faire. »

On ne saurait décrire plus clairement des incestes ou des abus sexuels. Pourtant, la suite des commentaires nous paraît terriblement loin de cette réalité clinique, sans parler, une fois de plus, de la réalité morale : « Léchage qui me semblait, pour continuer l'hypothèse que je vous présente, un bel exemple de contact peau à peau, qui serait peut-être le premier contact peau à peau, mais il faut donc compléter l'idée d'un travail du deuil comme le père n'étant plus présent… », etc.

Chez d'autres auteurs, les confusions les plus graves sont entretenues entre agresseur et victime. On en voudrait comme exemple le commentaire que fit le professeur S. Lebovici du livre de Racamier *L'inceste et l'incestuel* : « Désespérée de voir son fils, Néron, s'écarter d'elle, Agrippine *[sic]* n'avait qu'un recours, l'offrande incestueuse (…) Elle s'offrit plusieurs fois à lui, joyeusement parée. (…) Elle dut payer de sa vie cette invitation (…) P.-C. Racamier nous dit être reconnaissant à Agrippine et à Néron, car leur histoire presque incestueuse… »[2] On ne saurait davantage passer à côté des saccages que cette mère

---

[1] Didier Anzieu, « Questions à Didier Anzieu », *Groupal*, Éd. du Collège, N° 1, 1995, p. 127.

[2] S. Lebovici, Notes de lecture : *L'inceste et l'incestuel*, de P.-C. Racamier, *Le Carnet Psy*, octobre 1996, p. 11.

perverse a infligés à son fils. L'inceste se voit ici édulcoré (« l'offrande », cette « invitation », « joyeusement ») ou même partiellement nié (« presque incestueuse »). La mère abusive est, elle, posée en victime et plainte (« désespérée ») ou légitimée (« elle n'avait d'autre recours ») ; et c'est le fils, sexuellement abusé, qui est désigné comme responsable (il voulait s'écarter de sa mère !).

C'est à Racamier, une fois de plus, que nous devons une opposition clairement affirmée entre l'œdipe et l'inceste[1] : le premier « complexe », inventé par Freud, correspondant à un travail extraordinairement intense d'élaboration pulsionnelle du jeune enfant, qui va l'amener à une étape déterminante pour la compréhension de lui-même et des autres (différences des sexes et des générations) ; le second, pure catastrophe de violence physique, sexuelle et psychique, qui va durablement l'affecter ou le détruire (confusion, déni des différences). Ces deux entités n'ont évidemment rien en commun. Ce qui paraît aujourd'hui une évidence ne l'a, de loin, pas toujours été, ainsi qu'en attestent des innombrables récits psychanalytiques qui confondent régulièrement ces deux registres.

Dans une contribution à un livre paru sous l'égide d'André Green, on trouve, sous la plume de France Tremblay, une description très pertinente des innombrables maltraitances qu'a subies une de ses patientes : abus sexuel par son père, qui la « prêtait » aussi à ses amis, et par son frère ; coups, blessures, injures, rejet violent de la mère. Par la suite, elle fut abusée par un prêtre. Cette malheureuse jeune fille se trouvait prise à partie de tous côtés, comme le décrit l'auteur : « Elle dit que sa mère refusait qu'elle l'appelle "maman" et que le prêtre, rapidement, lui a demandé de l'appeler "papa"... sous cette forme : "Mon petit papa d'amour...". Quand ils allaient dans les motels, il la faisait passer pour sa fille. » On reste évidemment interdit de-

[1] « Inceste : le contraire de l'œdipe (ainsi qu'on sait depuis longtemps)… » (Paul-Claude Racamier, *Le génie des origines*, Éd. Payot, Paris, p. 198).

vant tant d'abjection[1]. « "Tout cela s'est mêlé dans ma tête", dit-elle. » On le comprend aisément, mais la thérapeute ne le valide pas : « J'interviens en lui disant que la confusion dans laquelle elle se trouvait dénotait peut-être bien ce désir, ce fantasme chez tout(e) enfant de vouloir être l'amoureux(se) du parent de sexe opposé... Et, comme il y avait mise en acte de ce fantasme avec le prêtre, elle a pu éprouver le geste comme une transgression de l'interdit de l'inceste. »[2] Mais c'est bien d'une transgression qu'il s'agissait ! Et c'était bien d'un inceste réel qu'il s'agissait aussi ! On peut suivre là, mot à mot, le processus par lequel une victime abusée est progressivement mise en position de séductrice responsable. Par exemple, l'abus est « désincarné » : « il y avait mise en acte de... » au lieu de nommer clairement l'abuseur. Pis, dans cette manœuvre, la perception, initialement juste, de ses réactions internes de confusion et de probable révolte, se trouve « délégitimisée » et pointée comme une réaction anormale, explicable par ses désirs intérieurs œdipiens (méconnus). C'est ainsi sur la patiente qu'est déplacé le problème. Quant au « fantasme de vouloir être l'amoureuse de son père », notre expérience avec les victimes d'inceste nous a rendus pour le moins prudents dans l'abord de ce sujet avec elles. Plutôt qu'au complexe d'œdipe, c'est à l'inceste ou à la *Confusion des langues* de Ferenczi que nous nous référerions ici[3].

Un exemple plus complexe peut encore être pris dans un article de Georges Pragier et Sylvie Faure-Pragier, qui touche le cœur de notre sujet, puisqu'il concerne Anna Freud et son analyse par son père[4]. En réalité, la majeure partie de l'article est consacrée à une revue de l'évolution des théories de Freud sur la sexualité féminine et sa lente mise au jour du complexe d'Œdipe. Puis on en vient enfin à évoquer l'attitude répréhensible de Freud à

[1] Notons au passage la mystification portant sur les liens familiaux et les origines, thème très important pour la survenue ultérieure des délires (ici figurés peut-être par ce sentiment de confusion).

[2] France Tremblay, « Situations extrêmes », *in Les voies nouvelles de la thérapeutique psychanalytique*, sous la direction d'André Green, PUF, Paris, 2006, p. 440.

[3] Sandor Ferenczi, *op. cit.*

[4] Georges Pragier et Sylvie Faure-Pragier, « Une fille est analysée », *Revue française de psychanalyse*, 2/1993, pp. 447-457.

l'égard de sa fille, qu'il tient entièrement et consciemment sous son emprise. Nous avons vu qu'il éloignait activement ses prétendants, affirmant vouloir la garder près de lui. (Il est même allé jusqu'à se réjouir de son échec dans une formation d'institutrice qui l'aurait émancipée de sa tutelle.) Pourtant, ces événements ne suscitent aucune réflexion chez les auteurs, un peu comme si leur esprit était paralysé. Loin d'une pensée critique, voire d'une dénonciation de cette attitude qui a certainement entravé l'épanouissement affectif et familial d'Anna, ils relèvent ses désirs prétendument *œdipiens* envers son père : lorsqu'il part en voyage avec sa mère – sans elle – elle se montre fort dépitée, ce qui est ainsi commenté : « Il semble que ses sentiments œdipiens persistent avec la même violence, malgré la cure analytique. » En fait, c'est bien plutôt « à cause de » la cure analytique (incestueuse) qu'Anna se sentait placée sur pied d'égalité avec sa mère, dont elle était instituée la rivale. Il y a là une méprise quant à l'interprétation de ce dépit : il s'agit bien plutôt du comportement typique des victimes d'abus narcissiques (ou sexuels), qui soit se révoltent, soit, effectivement, adoptent jusqu'à la caricature le comportement dépendant (ou séducteur) qui leur a été imposé ; cela n'a rien en commun avec des désirs œdipiens.

Même Gérard Bonnet, pourtant éminent spécialiste de la perversion, méconnaît à notre avis certaines facettes de la violence perpétrée sur les enfants. Arrêtons-nous sur une des vignettes cliniques qu'il nous propose dans son ouvrage *La perversion, se venger pour survivre*[1]. Il nous décrit Madeleine, vingt ans, qui consulte pour une dépression grave. Elle « a d'abord mené une vie très libre à l'adolescence, "se faisant" garçon sur garçon, sans jamais s'attacher à personne », puis s'est liée à un homme plus âgé, mais elle connaît des états de profond désespoir dès qu'il s'éloigne d'elle. Ses parents ont divorcé au début de son adolescence, après des disputes continuelles. « "Heureusement, ajoute la jeune fille, ils se rattrapaient au lit." "Comment le savez-vous ?", demande pertinemment l'analyste. "On le savait, répond la jeune fille, parce qu'ils ne se cachaient

[1] Gérard Bonnet, *La perversion, se venger pour survivre*, PUF, Paris, 2008, p. 154.

pas pour faire l'amour. Quand ça les prenait, ils filaient dans leur chambre, souvent sans même prendre la peine de fermer leur porte, et ils ne nous faisaient grâce de rien. Un jour même, j'avais sept-huit ans et on était en pique-nique en forêt, ils se sont déshabillés et ils ont fait ça alors qu'on jouait à côté. " » L'auteur relève à bon escient, que « tout cela [était] dit d'un ton très naturel, comme s'il s'agissait d'une chose tout à fait courante. » Cette dernière notation correspond à la présentation des abus telle que nous l'avons souvent entendue. Les causes en sont multiples, mais l'une d'elles pourrait être le fait que les victimes ne savent pas précisément à qui elles se confient et qu'il s'agit donc de tester leur interlocuteur. Pour notre part, le commentaire qu'en fait le psychanalyste ne nous convainc pas : « En matière de libération sexuelle, les parents de Madeleine étaient des champions. » Voilà un début troublant. Même si cette proposition peut être lue comme ironique au deuxième degré, il nous semble que l'humour, par rapport à ce saccage qui a eu tant de répercussions gravissimes, n'a pas sa place ici. En réalité, on pourrait imaginer que ce commentaire reflète, malheureusement, l'alibi idéologique qui a été invoqué par des parents pervers pour s'exhiber devant leur fille. L'abus sexuel y est détourné en « libération » et l'ignominie du comportement transformée en performance de « champions ». L'auteur poursuit : « Pourtant il apparaît vite au fil des entretiens que toute l'attitude de la jeune fille se noue autour de ce comportement excessif… » Ce qualificatif d'« excessif » soulève une problématique que nous avons très souvent rencontrée et qui voudrait que l'acte pervers soit un acte normal, mais simplement trop intense. Il y a là à notre sens une méprise sur la notion de perversion dont la logique, la qualité pourrait-on dire, est diamétralement opposée à la névrose. L'inceste n'est pas un « œdipe » trop intense ni l'exhibition un élan trop fougueux. Il n'y a pas de continuité entre un acte, un geste, une logique normo-névrotiques et leurs équivalents pervers. Non seulement, d'ailleurs, le comportement pervers n'est pas un comportement normal « trop intense », mais, au contraire, il se camoufle fréquemment derrière une façade de normalité. Nous touchons là un des points qui nous paraît essentiel, la démonstration que la violence d'une logique perverse ou délirante est d'autant plus destructrice qu'elle est souvent masquée derrière une apparence de banalité.

Puis, dans le même paragraphe : « … et que le divorce des parents est insupportable à Madeleine, non pas tant du fait que tel ou tel parent la quitte – d'ailleurs elle vit avec l'un d'eux et peut voir l'autre sans problème –, mais du fait que la jouissance assez ostentatoire qu'ils représentaient à ses yeux a tout à coup disparu de son horizon. » Nous ne pouvons suivre l'auteur dans cette interprétation. Passons sur la banalisation du divorce, ramené ici à la somme de deux relations individuelles, qui ne tient aucun compte du rapport essentiel de l'enfant au *lien* entre ses deux parents ; ce n'est pas le centre du présent débat. Mais c'est surtout la présomption que la fille souffrirait de ne *plus* être victime de l'exhibitionnisme de ses parents qui nous paraît erronée. À nos yeux, le fait d'être impliquée, au titre de spectatrice obligée et probablement excitante, dans les rapports intimes de ses géniteurs n'était rien de moins qu'une forme de maltraitance. C'était un équivalent d'inceste, avec tout ce que cela implique comme saccage commis par des parents sur le psychisme, la sexualité, la sensibilité, les fantasmes, les désirs de cette fille.

À notre avis, ce n'est que sur la base de prémisses qui prennent clairement en compte la cruauté de ces parents – ce dont témoigne par exemple la pathétique locution employée par la patiente : « ils ne nous faisaient grâce de rien » – que peuvent être envisagées les hypothèses cliniques sur les conséquences de leur divorce pour elle. C'est dans ce sens uniquement que nous pourrions rejoindre l'auteur qui la décrit comme n'ayant alors « plus que deux solutions à sa disposition : ou bien s'adonner à une conduite assez perverse où elle se moque elle aussi de toutes les règles, ou bien au contraire se fixer à un partenaire dont elle devient totalement dépendante, en restant inconsciemment sous la gouverne d'une scène primitive trop réelle dont elle ne parvient pas à s'affranchir ». Le concept de « scène primitive trop réelle » est-il utilisé à bon escient dans cet abus ? Cela paraît discutable, mais l'essentiel est encore une fois la méconnaissance de la violence perpétrée sur l'enfant et des préjudices qu'elle a entraînés, de nombreuses années plus tard.

Ces exemples pourraient être multipliés à l'envi, dans d'autres écrits théoriques récents. Claude Le Guen, par exemple, auteur d'un volumineux *Dictionnaire freudien*[1], commence par admettre qu'« il existe *réellement*[2] des cas de séduction précoce infligeant, eux, de graves traumatismes à l'enfant – mais, ajoute-t-il immédiatement, d'une certaine façon, ils sortent du cadre de la psychanalyse. Dans la conduite de la cure, *il importe d'ailleurs assez peu de savoir ce qui, dans les récits des patients appartient plutôt au souvenir ou plutôt au fantasme*[3], d'autant qu'il va de soi que, le plus souvent, le patient l'ignore lui-même. » Comment comprendre cette position de la part d'une personne supposément attachée plus que quiconque à la recherche de la vérité ? Comment peut-il abdiquer de la sorte et renoncer (fièrement) à distinguer la réalité de la fiction ?

D'autres psychanalystes escamotent différemment la violence. Ils dépeignent par exemple l'« agonie psychique » de l'enfant en se focalisant sur sa seule détresse intrapsychique sans que n'apparaisse jamais explicitement d'où celle-ci provient ; en clair : *qui la provoque*, qui est l'agresseur, voire le meurtrier responsable de cette agonie. Cette violence est donc présentée comme *sans origine*, en quelque sorte tombant du ciel. Le patient, lui, est considéré comme déconnecté de tout lien avec ses proches. On sent derrière cette description tronquée toute l'angoisse que suscite l'hypothèse d'une violence d'origine parentale. Cette difficulté a été analysée en détail par Alice Miller[4].

C'est ce qui ressort de tant de descriptions psychanalytiques et qui provoque un tel malaise au lecteur : la violence y est à la fois décrite (parfois même précisément) mais ignorée. Elle ne constitue pas un sujet. Cette coïncidence d'existence et de non-

---

[1] Claude Le Guen, *Dictionnaire freudien*, PUF, Paris, 2008, p. 1453.
[2] Souligné par l'auteur.
[3] Souligné par nous.
[4] Alice Miller, *Notre corps ne ment jamais*, Éd. Flammarion, Paris, 2004.

existence, proche de l'hallucination négative, correspond exactement à la définition des dénis partiels. Et surtout, pour la victime, elle implique une souffrance indicible, innommable, qu'elle est même souvent incapable de se représenter elle-même.

Parfois, certains collègues ont été plus loin, révélant alors une position de refus actif face au thème de la violence, argumentant par exemple que la psychanalyse « ne cherche pas à savoir qui a commencé, de l'enfant et de la mère, qui est coupable et qui est pervers ».[1]

La logique de cette éviction de la violence, de cette forme de déni de la réalité est bien curieuse. On pourrait la ramener à une sorte de loyauté paradoxale : alors que la psychanalyse se veut un outil d'élucidation, de compréhension, de curiosité ou de vérité, elle imposerait dans la pratique à ses membres de ne rien vouloir savoir des traumatismes réels et, lorsque cela se révèle impossible, d'en esquiver tous les paramètres au seul profit d'une recherche des déterminants pulsionnels internes au sujet. En réalité, la prise en compte de la réalité externe, notamment violente, n'est nullement contradictoire avec un abord nuancé de l'intériorité individuelle, y compris fantasmatique et inconsciente. À la lumière d'une pleine et entière reconnaissance des facteurs extrinsèques, l'abord de l'intériorité est au contraire dégagé de toute utilisation défensive.

---

[1] Steven Weinrib, « Solutions perverses, malaise dans le contre-transfert », *Groupal,* N° 13, Éd. du Collège, Paris, p. 132.

« Tous les efforts de la violence ne peuvent affaiblir la vérité et ils ne servent qu'à la relever davantage. Toutes les lumières de la vérité ne peuvent rien pour arrêter la violence et ne font que l'irriter encore plus. »

Pascal, deuxième lettre aux Provinciales

CONCLUSION

LA DUPLICITÉ DE LA VIOLENCE ESCAMOTÉE – MAIS AGISSANTE

Au terme de nos pérégrinations en quête des origines, celles de la psychanalyse comme celles de Freud, il y a lieu de nous interroger sur la nature de ce que nous avons récolté durant notre périple.

Le récit que Freud nous a transmis du traitement de Dora nous a permis, au prix de certains efforts et au risque de certaines conjectures, de pénétrer un système familial et social apparemment banal pour y débusquer des intrigues et des manœuvres d'une rare perversion, susceptibles à la limite de rendre fou. Nous avons pu ainsi esquisser les contours de deux registres, entièrement opposés. L'un, superficiel, qui présente l'apparence d'une famille bourgeoise respectable, partant en vacances ou aux bains, entretenant avec ses amis les relations les plus cordiales. L'autre, masqué, recherchant à travers la tromperie, le mensonge et l'exploitation sexuelle des enfants, leur prédation et leur destruction.

L'analyse de ce cas est susceptible de nous fournir le modèle d'une institution, ici en l'occurrence une famille et ses amis, exposant une certaine forme, banale, mais dont le contenu a été vidé de tout ou partie de son sens. Une telle « famille » n'est en définitive qu'une coquille vide, un trompe-l'œil. On n'y retrouve rien de l'affection entre les conjoints, rien de la sollicitude des parents envers leurs enfants, rien de l'insouciance de ceux-ci à grandir et à se développer en sécurité. Cette duplicité, qui fait coexister deux logiques antagonistes est probablement vécue avec une sorte de jouissance[1] par les adultes pervers, mais évidemment avec horreur par les enfants qui la subissent. De plus, c'est sur les épaules de ces derniers que repose l'existence même de ces familles, la cohésion de leurs membres, la pérennité de leurs relations et l'affirmation des valeurs qui la portent. Outre l'aspect paradoxal de cette tâche, il s'agit là d'une charge au-dessus de leurs forces et de leurs capacités, qui pèse sur ces enfants qui vont se sentir investis d'une responsabilité constante quant aux faits et gestes et aux relations de leurs proches[2]. Ils vont les surveiller, les contrôler, le cas échéant les manipuler, afin que le groupe ne se disloque pas au gré des impulsions désordonnées et irresponsables des uns et des autres. À noter toutefois que, ce faisant, ils vont malheureusement contribuer, malgré eux, à l'édification de cette scénographie composée d'actes, de comportements aveugles et de réactions tout aussi aveugles.

Cette duplicité, que l'on peut entendre ici à la fois dans son sens de fonctionnement dual et de dissimulation hypocrite, n'est évidemment pas le lot de la seule famille de Dora. Celle-ci constitue, au contraire, une sorte de modèle du genre qui pourrait aisément être étendu à des fonctionnements sociaux contemporains. Les exemples abondent en effet de groupes, comme la famille ou autres institutions, d'identités comme celle de père ou de mère, de mots comme celui d'amour ou de respect, qui se voient aujourd'hui d'une part glorifiés, mais d'autre part vidés de leur sens. Eux aussi sont réduits à des

---

[1] Nous devons admettre que la jouissance perverse reste une énigme. Nous savons qu'elle n'est certainement pas ce plaisir extra-ordinaire que les pervers eux-mêmes s'échinent à nous présenter ; elle a en revanche beaucoup à voir avec la mégalomanie et l'ivresse de se situer au-dessus des lois. Bien sûr, elle relève directement aussi de cette envie (kleinienne) de détruire les avantages dont l'autre jouit (pour Dora, la jeunesse, la sexualité, l'insouciance, les fantasmes…).

[2] « Toute la famille ne tient pas, c'est moi qui dois tout tenir. Je fais la chambre d'écho pour tenir ensemble », nous disait une patiente. Un autre : « Chez moi il n'y avait plus de structure familiale dès seize ans. C'était chacun pour soi. Nous, en quelque sorte, on était "en pension". D'ailleurs, on n'osait pas inviter des amis, de peur qu'ils constatent cette indifférence de nos parents. Ils n'étaient pas reçus. Il n'y avait pas de lien. "Chacun est seul et doit se démerder tout seul." Moi je m'en accommodais. »

coquilles vides destinées à leurrer ceux qui croient que leur forme correspond à leur contenu et à rendre fous ceux qui en sont captifs.

Une illustration de la destruction insidieuse du contenu d'une telle « entité » (personne, relation, concept…), qui s'en prendrait au contenu tout en préservant la forme, pourrait être ce que nous avions appelé la *désymbolisation* de la sexualité, autrement dit le fait de la considérer en la vidant de toute sa substance symbolique, en ne prenant en compte que ses aspects concrets et fonctionnels, en la désinsérant, en la désolidarisant en quelque sorte, de son tissu psychique ou culturel. Ce processus est proche de ce que Racamier appelait la *concrétude*[1] aboutissant à l'*inanisation* (anéantissement de tout ce qui serait de l'ordre du sens)[2]. En fait, il représente une forme de violence considérable infligée au psychisme de tout un chacun, qui y anéantit la vie fantasmatique, en ne proposant qu'une dimension concrète de la vie. En outre, cette désymbolisation compromet toute éthique car, comme l'a montré Janine Chasseguet, « la capacité de symbolisation est constitutive de la morale »[3] (par la possibilité donnée aux pulsions de s'écarter de leur objet primitif ; elle l'illustrait avec le sacrifice d'Isaac symbolisé par celui d'un animal, puis par de simples offrandes).

Dans cette perspective, on ne s'étonnera donc pas que la sexualité soit considérée et proposée par divers instigateurs pervers comme une activité *très simple* ne suscitant pas l'ombre d'un trouble intérieur. C'est bien ainsi qu'elle apparaît jour après jour dans une multitude de journaux (et bien d'autres médias). Ainsi, un quotidien régional tout à fait ordinaire relatait-il incidemment l'ouverture d'une *maison d'échangisme* dans l'ancien hôtel d'un petit village, photo de l'établissement et du maire à

---

[1] « Caractérise ce qui est concret ; résultat de processus de concrétisation, ayant pour propriété de commuer la réalité psychique et symbolique en réalité factuelle et tangible. Provient d'une désymbolisation » (Paul-Claude Racamier, *Cortège conceptuel*, *op. cit.*, p. 90).

[2] « L'inanisation est un procédé typiquement "schizophrénien" consistant à vider un être de substances signifiantes [à l'emplir d'inanité], sans pour autant le faire cesser d'exister » (Paul-Claude Racamier, *Le génie des origines*, *op. cit.*, p. 81).

[3] Janine Chasseguet-Smirgel, *Le corps comme miroir du monde*, PUF, Paris, 2003.

l'appui, comme une chance pour l'économie locale, au même titre que si l'on y avait installé une entreprise d'informatique. On voit là une activité perverse délibérément présentée (par le maire et par le journaliste) comme anodine. Ce message paradoxal associe étroitement une excitation (voyeuriste) à un déni (« il n'y a là rien de particulier »). Nous avions relevé de telles conduites dans les familles incestuelles, où par exemple les parents se promenaient fréquemment nus devant leurs enfants ou entraient dans la salle de bain où leur fille prenait sa douche, en déniant toute connotation sexuelle à leur comportement. Nous l'avions nommé le *paradoxe de la sexualité désérotisée* (et omniprésente)[1], stratégie qui participe à la déprédation de la sexualité de l'enfant, lequel perd tout repère sur son intimité et finit souvent par manifester un comportement sexuel précoce, désinhibé et privilégiant la promiscuité – ou, au contraire, comme chez Anna O. peut-être, à chercher à inhiber toutes les motions sexuelles possibles.

Dans l'article de journal évoqué, cette *transgression organisée, contractuelle*, de la fidélité conjugale n'était aucunement mentionnée en tant que telle, mais ramenée à une activité comme une autre. Nous y voyons aussi une façon de *saccage du fantasme de la scène primitive*, les partenaires des rapports sexuels y étant décrétés multiples, interchangeables, permutables. Cela peut être perçu comme une sorte d'idéologie perverse présentée comme normale et bénéficiant pour cela du crédit qui est accordé de manière générale à l'écrit ; en outre, mine de rien, elle se voyait diffusée à la population de toute une région.

En définitive, personne ne sort indemne d'un tel ensemble d'actes : chacun de ces individus (le propriétaire-vendeur, le maire, le journaliste, les lecteurs), chacun de ces objets (la maison, le contrat, le journal), chacune de ces démarches (vendre, acheter, cautionner, écrire, informer, s'informer), chacune des identités professionnelles des participants impliqués, tous sont emportés dans une terrible dégradation, tout en maintenant une apparence extérieure de normalité. Le maire y apparaît naïf ou

[1] Maurice Hurni et Giovanna Stoll, *La haine de l'amour, op. cit.*, 1996.

corrompu, le journaliste cynique et le lecteur transformé en voyeur. Mais, une fois encore, ce saccage humain, relationnel, symbolique s'effectue en toute impunité et dans le plus grand silence.

Ce type de dévastation sociale insidieuse n'avait pas échappé à certains romanciers exceptionnellement lucides, tel Bernanos : « Une civilisation ne s'écroule pas comme un édifice ; on dirait beaucoup plus exactement qu'elle se vide peu à peu de sa substance, jusqu'à ce qu'il n'en reste plus que l'écorce. »[1]. Ou : « Pour moi, je ne suis qu'un témoin, je rends témoignage de ce que je vois. Je vois se construire un monde où ce n'est pas assez dire, hélas ! que l'homme n'y pourra vivre ; il pourra vivre mais à la condition d'être de moins en moins homme.
» Et d'ailleurs, ce monde ne se construit pas, on voudrait me faire croire qu'il se construit. Il ne se construit pas, il donne l'illusion de se construire parce qu'on y tronque, mutile, retranche tout ce qui appartenait jadis à l'homme libre, tout ce qu'on avait fait à son usage et qui pourrait rappeler demain, au robot totalitaire, la dignité qu'il a perdue, qu'il ne retrouvera plus jamais. »[2]

Comment mieux exprimer cette perte de sens que nous voyons se produire tous les jours, dans les domaines les plus proches de notre vie quotidienne, sous les coups de boutoirs convergents d'une modernité folle, d'un capitalisme effréné et de certains groupes de pressions ou lobbys qui connaissent aujourd'hui une prolifération sans limite ?

Paul-Claude Racamier avait saisi que le dessein véritable de toutes ces dévastations était d'anéantir les origines. Voici ce qu'il en dit dans *L'Inceste et l'incestuel*, au chapitre « La déconstruction des origines » : « Les points les plus décisifs (...) touchent aux origines : aux perspectives mêmes de la vie psychique. Ils la déconstruisent.

---

[1] Georges Bernanos, *La France contre les robots*, Éd. Plon, 1999, p. 46.
[2] Georges Bernanos, *ibid.*, p. 166.

» – *La confusion des générations différentes*[1] aplanit, renverse ou dissout les séquences généalogiques. La "déparentisation" des ascendants coïncide avec la "défiliation" des descendants.
» – *La rupture du fil des origines* se manifeste lorsqu'on remonte dans le souvenir des ascendants ; il se trouve un moment (c'est-à-dire une personne) où le fil semble se rompre et la mémoire se perdre : on rencontre le vide du non-dit, du non-à-dire et du non-à-savoir : une faille dans le tissu des repré-sentations de la famille et du sujet, le lieu d'un *secret.* »[2]

En d'autres termes, nous pourrions dire que deux logiques sont à distinguer. L'une, curieuse aussi bien du passé, des origines, que créatrice du futur, valorisant les différences comme la pensée et son exercice partagé. L'autre, recourant aux mensonges, à la dissimulation ou aux amalgames, pétrie d'actes insensés, vise à paralyser la pensée et à obturer tout le questionnement ayant trait aux origines, en vue de laisser secrets certains méfaits. C'est cette dernière logique que nous qualifions d'incestuelle ou d'antœdipienne.

Psychanalyse et violence

Dans quelle mesure la psychanalyse a-t-elle pâti, de près ou de loin, d'une telle duplicité, avec son aveuglement opiniâtre sur tout ce qui concerne les relations perverses et violentes ? Cette forme de dynamique semble en tout cas avoir concerné les familles des patient(e)s de Freud et peut-être bien sa propre famille. En aurait-il été inconsciemment captif ? Autrement dit, serait-il concevable que Freud, impliqué dès sa naissance dans des relations perverties et de graves secrets de famille, peut-être plongé dans une société qui favorisait l'un et l'autre, n'ait pas eu la possibilité de les mettre entièrement au jour et de dévoiler la violence dont ils étaient porteurs ? Pourrait-on imaginer que cette inhibition ait eu des effets favorables (découverte de toute la conflictualité interne) mais d'autres désastreux : la confusion instaurée entre la réalité interne (imaginaire, subjective) et la

[1] Souligné par l'auteur.
[2] Paul-Claude Racamier, *L'inceste et l'incestuel*, Éd. du Collège, Paris, 1995, p. 186.

réalité externe (plus ou moins objective), amalgame qui, loin d'avoir été reconnu et corrigé, aurait été par la suite au contraire valorisé, élevé au rang d'une « compréhension supérieure » des phénomènes psychiques et finalement posé comme pierre angulaire de la théorie. C'est sous cette forme que cet aveuglement aurait perduré jusqu'à ce jour.

Cette cécité ne porte pas seulement sur des catégories logiques, mais aussi sur des catégories morales. Il s'agit là d'un sujet particulièrement délicat, et nous tenons avant tout à souligner notre rejet d'une psychiatrie qui se voudrait « moralisante » ou moralisatrice. Ce n'est absolument pas de cela qu'il s'agit. Les exemples décrits plus haut chez Freud, mais surtout chez une cohorte de ses successeurs, nous démontrent plutôt une position théorique fondée sur l'absence de prise en compte de tout registre moral. Les récits les plus explicites, les aveux les plus troublants faits par les patients tombent visiblement dans le vide, une sorte de registre défaillant dans le psychisme des thérapeutes. Alors même que ce néant se voit parfois même dans de telles situations qualifié de « neutralité », il constitue au contraire une des plus mauvaises et des plus dangereuses réponses parmi celles que sont en droit d'attendre des patients maltraités.

L'éviction du thème de la violence, la confusion entretenue autour de la réalité des faits pourraient, à notre sens, être assimilées à une pathologie familiale incestuelle. Dans notre expérience clinique, à l'origine se situe fréquemment un fait crapuleux sordide, qui a pu être dissimulé : tel petit frère a été noyé, tel père précipité dans l'escalier, telle sœur poussée au suicide, telle fille abusée sexuellement, tel neveu spolié financièrement, tels voisin juif dénoncé à la Gestapo, etc. Ce secret délictueux prend place au sein d'une logique incestuelle qu'il va avoir pour effet de sceller autour de lui, à jamais ou en tout cas pour un grand nombre de générations. Autour de celui qui a commis le forfait gravitent en effet ceux ou celles qui l'ont induit (souvent dans l'ombre, comme nous l'avons supposé pour la mère de Dora), les complices actifs ou passifs et les témoins, tous protagonistes qui vont en porter, peu ou prou, une part de responsabilité. Progressivement, ce délit impuni va infiltrer des relations familiales de plus en plus éloignées, dans l'espace ou dans le temps, sous une forme de plus en plus travaillée, modifiée, éventuellement « symbolisée », mais toujours insolite, attirant l'attention, forme de compromis entre un dévoilement et une dissimulation. Dans le champ médical, ces signes vont prendre la forme de symptômes énigmatiques, dépositaires de cette mission paradoxale d'être compris sans que le tabou du secret ne soit pour autant levé. Freud avait d'ailleurs très bien pressenti cette ligne de raisonnement, fort différente du questionnement intrapsychique. Il l'avait même pratiquée : avec beaucoup d'autorité, il avait par exemple déclaré à Marie Bonaparte que sa frigidité et son horreur de certains médicaments provenaient d'une scène qu'elle avait vécue en très bas âge, scène au cours de laquelle elle avait été témoin de rapports sexuels entre son oncle et sa nourrice, et ce couple adultérin, quand même perturbé par sa présence, l'avait alors droguée pour la faire dormir. Marie Bonaparte, interloquée, était restée dubitative devant cette reconstruction mais était allée retrouver sa gouvernante, qui avait confirmé les faits.

Actuellement, c'est la voie de l'approfondissement d'une psychanalyse familiale, qui prend en compte les interactions, les influences des différents membres les uns sur les autres, des générations les unes sur les autres qui est la plus prometteuse. Voie trop négligée jusqu'à présent, écartée comme simpliste, en réalité incroyablement riche et complexe.

Au cours de nos explorations, nous sommes tout à fait conscients du changement de paradigme que nous avons adopté. Nous nous sommes éloignés d'une recherche de type symbolique, recourant éventuellement à la sémantique, et au contraire rapprochés d'une reconstruction parfois proche d'une rhétorique de roman policier. Qui était le vrai père de Freud ? Qui était complice de l'oncle Joseph ? Anna O. ou Dora auraient-elles été abusées par leur père ? Qui était l'instigateur principal ? Ces questions pourront paraître triviales, mais elles ont du moins l'avantage de replacer le sujet dans son contexte historique, politique et éventuellement légal. À l'inverse, des considérations et des interventions portant uniquement sur le matériel intrapsychique peuvent apparaître parfois futiles, voire même complaisantes face à un système pervers. On pourrait même aller jusqu'à dire que toute la dramaturgie autour de Dora, tous ces actes dépsychisés, ces expulsions, ces agir en grappe, tous ces traitements médicaux ne sont en définitive qu'un immense théâtre-écran qui attire le regard et l'attention mais empêche la pensée de s'intéresser aux véritables origines de ses souffrances.

L'incestualité a été pour nous un outil majeur dans l'approche des liens familiaux perturbés. Son étude est loin d'être terminée et diverses voies de recherche s'annoncent prometteuses : quel rapport l'incestualité entretient-elle avec le délire ? Quelle est la nature exacte de ces délires « masqués » qui sous-tendent bon nombre d'interactions au sein de ces familles ou de ces groupes ? Et, surtout, comment ces considérations sur l'incestualité et la perversion peuvent-elles être appliquées à notre société actuelle, elle aussi passablement déboussolée ? La question reste ouverte.

Juin 2013

Remerciements

Nos plus vifs remerciements à tous les collègues et amis qui, par leurs remarques, commentaires ou critiques ont contribué à cet ouvrage, ainsi qu'à Anne Lahzami et Claire Hurni pour leur scrupuleuse et diligente relecture de ce texte.

TABLE DES MATIÈRES

Psychologie et psychanalyse

aux éditions L'Harmattan

Dernières parutions

REGARD D'UN PSYCHANALYSTE SUR LA SOCIÉTÉ
Brodeur Claude
Lorsqu'un psychanalyste va dans la cité, il s'interroge : qu'est devenu le désir de l'homme dans une société de la marchandise et du capital ? Et son lieu propre n'est-il pas dans la sphère de la culture face au monde envahissant de l'économie ? Ou encore : la liberté n'est-elle pas un trop lourd héritage ? Tout comme Marx pour la chose marchande, Freud a libéré la chose sexuée ; celle-ci ne doit jamais être un objet fétiche et ainsi échapper au désir profond de l'homme.
(Coll. Psychanalyse et civilisations, 13.50 euros, 126 p.)
ISBN : 978-2-343-00948-3, ISBN EBOOK : 978-2-296-53923-5

FIGURES DE L'INFANTILE
La psychanalyse dans la vie quotidienne auprès des enfants
De Lajonquière Leandro
La psychanalyse permet d'interroger le statut de la parole adressée aux enfants et ainsi d'élucider les conditions de l'éducation, soit familiale, soit scolaire. C'est à partir de cette thèse - développée sans recours au langage obscur trop répandu dans le champ - que le débat actuel autour de la disparition de l'enfance moderne, dont participent cliniciens, pédagogues, historiens et sociologues intéressés à l'enfance, est revisité par Leandro de Lajonquière.
(Coll. Enfance éducation et société, 24.00 euros, 246 p.)
ISBN : 978-2-343-00680-2, ISBN EBOOK : 978-2-296-53722-4

HOMME (L') ÉMOTIONNEL
Margaron Henri
La conscience naît-elle de nos émotions ? S'appuyant sur une connaissance approfondie des neurosciences, l'auteur nous propose une lecture de la nature et du rôle de nos émotions. De ce dialogue entre biologie et sciences humaines se dessine le profil d'un homme libéré de toute exigence métaphysique sans être réduit pour autant à son simple cerveau et qui apprend à devenir lui-même grâce à ses extraordinaires capacités de se rapporter à ses semblables.
(22.00 euros, 220 p.)
ISBN : 978-2-336-00727-4, ISBN EBOOK : 978-2-296-53891-7

SCHIZOPHRÉNIE ET CRÉATION ARTISTIQUE
Bela Mitricova-Middelbos
L'auteur s'interroge sur les relations entre la schizophrénie, affection psychique grave conduisant à la désagrégation de la personnalité, et le processus créateur. À l'aide des théories de la psychanalyse, l'activité créatrice est analysée ici comme

un processus qui passe parfois par des étapes particulièrement douloureuses de la «descente aux enfers», ou le retour aux souvenirs du passé lointain. L'art est-il une «folie contrôlée « ? La folie est-elle une source inspiratrice de l'art ?
(Coll. Art-thérapie, 15.50 euros, 152 p.)
ISBN : 978-2-343-00400-6, ISBN EBOOK : 978-2-296-53734-7

AVEC LE TEMPS
Se reconstruire après la violence conjugale
Van Hooland Michelle
Les histoires de résilience présentées dans cet ouvrage ont été réalisées suite à une violence conjugale, dans le cadre d'un travail spécifique de promotion de la résilience. Ce dernier vise notamment le travail des pensées et des émotions ainsi que la réalisation d'histoires de résilience, suivant certaines consignes d'écriture. Il s'agit de devenir auteure de son vécu de violence conjugale en passant du récit de soi au récit de fiction puis en allant vers des histoires de résilience.
(Coll. Histoires de résiliences, 11.50 euros, 80 p.)
ISBN : 978-2-343-01095-3, ISBN EBOOK : 978-2-296-53945-7

THÉÂTRAL (LE) COMME LIEU D'EXPÉRIENCE DES NEUROSCIENCES COGNITIVES
À la recherche du principe d'adhésion
Bressan Yannick
Comment le spectateur de théâtre peut-il, par instant, percevoir le personnage au sein d'une réalité fictive alors qu'il voit un comédien sur des planches de théâtre ? Cette question de l'émergence d'une réalité, outre ses implications psychologiques, concerne un large champ disciplinaire. L'adhésion est en effet un métaphénomène au fondement même de notre inscription au sein d'une réalité. Voici une enquête passionnante sur ce phénomène cognitif essentiel à notre relation au monde perçu.
(Coll. Univers théâtral, 21.00 euros, 212 p.)
ISBN : 978-2-343-00232-3, ISBN EBOOK : 978-2-296-53874-0

FAIM DE BOEUF
Témoignage d'une boulimique
Foissac Véronique
V. entre à la clinique pour boulimie/anorexie sévère. Ce travail d'écriture est un témoignage poignant sur la vie au quotidien d'une jeune femme boulimique et vise à montrer que la rencontre avec un psy «à la hauteur» a pu permettre un échange d'une durée de onze ans, riche en émotions et en batailles pour la vie contre toutes ces «petites morts».
(Coll. Récits de vie, 47.50 euros, 492 p.)
ISBN : 978-2-336-29363-9, ISBN EBOOK : 978-2-296-53573-2

PSYCHANALYSE (LA) COMME PARCOURS POÉTIQUE
Une odyssée de soi
Taranto-Tournon Gabriela
Loin de toute ambition théorique, la voix du patient se fait entendre en toute sincérité, ponctuée ici et là par la voix du thérapeute, dans un «dialogue» d'écriture à écriture qui aspire à restituer la vérité et le vécu. Il s'agit également

d'une approche littéraire de la psychanalyse qui, en la complimentant d'être proche de la poésie, met l'accent sur l'extraordinaire ressemblance qui existe entre L'*Odyssée* et un cheminement thérapeutique, qui est toujours une odyssée intérieure, une odyssée de soi.
(Coll. Psychanalyse et civilisations, 13.00 euros, 112 p.)
ISBN : 978-2-336-29299-1, ISBN EBOOK : 978-2-296-53514-5

SUR LES PSEUDO-HALLUCINATIONS
Khrisanfovitch Kandinsky Victor - Traduit du russe par Anik Maufras du Chatellier
Nous ne devons pas considérer cet intérêt pour le travail de Victor Khrisanfovitch Kandinsky comme un simple hommage rendu à un classique de la science psychiatrique, mais comme un point de départ possible pour l'élaboration de nouvelles hypothèses. Cette monographie contient quantité de phénomènes psychopathologiques que l'auteur s'est efforcé d'interpréter selon le niveau de la science de son temps. Notons que ces interprétations concernaient des phénomènes que l'auteur avait vécus personnellement.
(Coll. Psychanalyse et civilisations, série Trouvailles et Retrouvailles, 25.50 euros, 250 p.) *ISBN : 978-2-343-00145-6, ISBN EBOOK : 978-2-296-53674-6*

AU-DELÀ DE LA PAROLE
Mémoire d'une analyse pas comme les autres
Matoré Yolande
Paris, 1975, Yolande Matoré est en analyse chez un psychanalyste réputé. Celui-ci décide alors de changer le cours de la thérapie ; il introduit dans les séances freudiennes classiques des pratiques sexuelles, les justifiant par la nécessité de débloquer certaines défenses pour faire avancer l'analyse. Abus sexuel, acte thérapeutique ? Cet ouvrage est le récit de cette aventure scandaleuse et bien surprenante, qui a transformé la vie de l'auteur pour toujours.
(Coll. Récits de vie, série Psychanalyse et Écriture, 20.00 euros, 196 p.)
ISBN : 978-2-343-00160-9, ISBN EBOOK : 978-2-296-53381-3

PATHOLOGIES (LES) REBELLES
Essai de psychopathologie clinique à l'usage de la psychothérapie
Schmitt Olivier
Cet essai a un double fondement : d'une part le constat d'une augmentation des troubles du comportement et de l'humeur dans nos sociétés occidentales et d'autre part l'augmentation du nombre de ces patients chez les psychiatres en cabinet de ville. Dans le souci de réinterroger, voire d'actualiser la nosographie française, Olivier Schmitt poursuit une réflexion sur ces pathologies qu'il qualifie de rebelles.
(Editions PENTA, Coll. Psychanalyse, médecine et société, 19.00 euros, 180 p.)
ISBN : 978-2-917714-07-2, ISBN EBOOK : 978-2-296-53429-2

SOPHROLOGIE ET VIE QUOTIDIENNE
XXXXVe Congrès de la Société française de sophrologie
Sous la direction de Claudie Terk-Chalanset et Véronique Rousseau
Parce que le monde change et semble aller d'une marche forcée vers l'aveuglement et la dureté, mené de main de fer par une économie ultralibérale, il nous oblige

à chercher consciemment dans notre quotidien des forces de ressources, de refuge et de résilience. Médecins, philosophes, psychologues cliniciens, mais aussi sociologues et sophrothérapeutes de terrain, tous animés du désir d'aider chacun à réenchanter sa vie jour après jour, s'expriment sur le quotidien et ses problématiques.
(22.00 euros, 224 p.)
ISBN : 978-2-343-00434-1, ISBN EBOOK : 978-2-296-53472-8

MÉTAPHYSIQUE ET PSYCHANALYSE
Bérard Bruno, Brun Alain, Dawalibi Paul, Lucas David, Cazenave Michel, Reniers Dominique
Métaphysique et psychanalyse sont, l'une comme l'autre, hybrides d'un certain point de vue : la psychanalyse est un «art» et une science, la métaphysique une science et une «voie» ; de là, les controverses continues dont elles peuvent faire l'objet. Six contributeurs, des horizons variés de la psychanalyse, de la psychologie ou de la philosophie, délivrent ici un dialogue sans concessions, entre métaphysique et psychanalyse.
(Coll. Métaphysique au quotidien, 18.00 euros, 178 p.)
ISBN : 978-2-343-00543-0, ISBN EBOOK : 978-2-296-53347-9

ESPRIT (L') DE LA CLINIQUE
Sous la direction de Danièle Césaréo
C'est dans la volonté d'inscrire les pratiques sociales et la clinique de l'acte analytique dans une démarche de recherche ouverte que l'association ALTERS propose cet ouvrage. Il interroge sur la médecine générale «humaniste» et la médecine de l'organisme, sur la clinique psychiatrique et la maladie mentale, sur la clinique psychanalytique et la réalité psychique et tente de définir s'il existe une clinique spécifique du travail social.
(Coédition ALTERS, 24.00 euros, 234 p.)
ISBN : 978-2-336-29057-7, ISBN EBOOK : 978-2-296-53257-1

POUR UNE DÉMARCHE CLINIQUE ENGAGÉE
Ouvrage coordonné par Ruth Canter Kohn
C'est parce que la réalité se présente comme complexe et changeante que les auteurs de ce livre se sont engagés dans des méthodes de recherche originales. Le qualificatif «clinique» s'est imposé pour qualifier et approfondir la démarche : il s'agit d'approcher des cas individuels, des situations et des processus singuliers saisis dans leurs histoires et leur complexité.
(Coll. Savoir et formation, 15.50 euros, 144 p.)
ISBN : 978-2-343-00261-3, ISBN EBOOK : 978-2-296-53177-2

L'HARMATTAN ITALIA
Via Degli Artisti 15; 10124 Torino

L'HARMATTAN HONGRIE
Könyvesbolt ; Kossuth L. u. 14-16
1053 Budapest

L'HARMATTAN KINSHASA
185, avenue Nyangwe
Commune de Lingwala
Kinshasa, R.D. Congo
(00243) 998697603 ou (00243) 999229662

L'HARMATTAN CONGO
67, av. E. P. Lumumba
Bât. – Congo Pharmacie (Bib. Nat.)
BP2874 Brazzaville
harmattan.congo@yahoo.fr

L'HARMATTAN GUINÉE
Almamya Rue KA 028, en face du restaurant Le Cèdre
OKB agency BP 3470 Conakry
(00224) 60 20 85 08
harmattanguinee@yahoo.fr

L'HARMATTAN CAMEROUN
BP 11486
Face à la SNI, immeuble Don Bosco
Yaoundé
(00237) 99 76 61 66
harmattancam@yahoo.fr

L'HARMATTAN CÔTE D'IVOIRE
Résidence Karl / cité des arts
Abidjan-Cocody 03 BP 1588 Abidjan 03
(00225) 05 77 87 31
etien_nda@yahoo.fr

L'HARMATTAN MAURITANIE
Espace El Kettab du livre francophone
N° 472 avenue du Palais des Congrès
BP 316 Nouakchott
(00222) 63 25 980

L'HARMATTAN SÉNÉGAL
« Villa Rose », rue de Diourbel X G, Point E
BP 45034 Dakar FANN
(00221) 33 825 98 58 / 77 242 25 08
senharmattan@gmail.com

L'HARMATTAN TOGO
1771, Bd du 13 janvier
BP 414 Lomé
Tél : 00 228 2201792
gerry@taama.net

655791 - Mai 2016
Achevé d'imprimer par
1livre.com
du rêve à la réalité !